《工程建设施工企业质量管理规范》
GB/T 50430—2017 实施指南

中国建筑业协会工程建设质量管理分会　主编

中国建筑工业出版社

图书在版编目(CIP)数据

《工程建设施工企业质量管理规范》GB/T 50430—2017 实施指南/中国建筑业协会工程建设质量管理分会主编 .—北京：中国建筑工业出版社，2017.11

ISBN 978-7-112-21361-0

Ⅰ．①工… Ⅱ．①中… Ⅲ．①建筑施工企业-质量管理-管理规范-中国-指南 Ⅳ．①F426.9-65

中国版本图书馆 CIP 数据核字(2017)第 256584 号

本书是理解和实施《工程建设施工企业质量管理规范》GB/T 50430—2017 的指导性工具书。全书共分十二章，按照《工程建设施工企业质量管理规范》GB/T 50430—2017 的结构进行撰写，重点对条文进行了深入的分析和解读，同时说明了各章节、各条文之间的关系及其与《质量管理体系　要求》GB/T 19001—2016 的联系，为此专门列出了本规范与《质量管理体系　要求》GB/T 19001—2016 标准条款的双向对照表，以支持读者更好地掌握和实施本规范。特别是增加了每节的实施重点，为相关质量管理的重点环节提供具体提示与引导。同时，本书在有关章节中编入了来自施工企业实践的相关案例，附录了《建设工程施工质量验收统一标准》GB 50300—2013 和《建设工程施工质量评价标准》GB/T 50375—2016 两个与施工企业质量管理密切相关的国家标准，并通过培训实践完善了书稿。本书是企业完善质量管理体系，进行质量管理创新培训的首选教材，也可供培训机构、咨询机构开展培训或认证审核参考使用。

* * *

责任编辑：王　磊　付　娇　石枫华
责任校对：王　瑞　李美娜

《工程建设施工企业质量管理规范》GB/T 50430—2017 实施指南
中国建筑业协会工程建设质量管理分会　主编

*

中国建筑工业出版社出版、发行 (北京海淀三里河路 9 号)
各地新华书店、建筑书店经销
北京红光制版公司制版
北京圣夫亚美印刷有限公司印刷

*

开本：787×960 毫米　1/16　印张：24　字数：480 千字
2017 年 12 月第一版　2018 年 2 月第二次印刷
定价：**68.00** 元
ISBN 978-7-112-21361-0
(31096)

本书指导委员会

主　任：吴慧娟　吴　涛

副主任：刘　辉　王有为　毛志兵　刘汝臣　宗敦峰

　　　　王　建　方东平　刘　军　樊剑平　倪道仁

　　　　王苗夫　王海云　黄道元

委　员：杨　龙　李凤超　彭　峰　曹信红　李福生

　　　　杨鸿良　陈硕辉　李铁良　吴　昊

本书编写委员会

主　任：吴　涛

副主任：景　万　李　菲　李秋丹

委　员：李　君　施　骞　高冬兰　杨生荣　乔　磊

　　　　白　鸽

序　言

2017 年，注定是不平凡的一年。经过长期不懈努力，虽然我国产品与工程质量总体水平稳步提升，质量安全形势稳定向好，有力支撑了经济社会发展，但也要看到，我国产品与工程质量距离人民群众的期望与社会文明进步的需求还存在比较大的差距。在这种情况下，提高供给质量是供给侧结构性改革的主攻方向，全面提高产品和服务质量是提升供给体系的中心任务。因此，2017 年 9 月中共中央 国务院发布了《关于开展质量提升行动的指导意见》，着重指出：

——坚持以企业为质量提升主体。加强全面质量管理，推广应用先进质量管理方法，提高全员全过程全方位质量控制水平。弘扬企业家精神和工匠精神，提高决策者、经营者、管理者、生产者质量意识和质量素养，打造质量标杆企业，加强品牌建设，推动企业质量管理水平和核心竞争力提高。

——确保产品、工程和服务质量明显提升。经过质量提升行动，应该实现这些目标：质量突出问题得到有效治理，智能化、消费友好的中高端产品供给大幅增加，高附加值和优质服务供给比重进一步提升，中国制造、中国建造、中国服务、中国品牌国际竞争力显著增强。

——提升建设工程质量水平。确保重大工程建设质量和运行管理质量，建设百年工程。加快推进工程质量管理标准化，提高工程项目管理水平。加强工程质量检测管理，严厉打击出具虚假报告等行为。健全工程质量监督管理机制，强化工程建设全过程质量监管。因地制宜提高建筑节能标准。完善绿色建材标准，促进绿色建材生产和应用。大力发展装配式建筑，提高建筑装修部品部件的质量和安全性能。推进绿色生态小区建设。

从上述政策不难看出，工程建设质量管理提升行动已经迫在眉睫，必须大力推进。

《工程建设施工企业质量管理规范》（2017 版）（简称《规范》）正是在这样一个质量时代发布了。该规范适逢其时，与时俱进，展现了工程质量管理事业的崭新里程碑。特别是《规范》在理念、价值观与质量提升行动一脉相承，为施工企业质量管理提供了基于国际化视野的提升途径。可以说，贯彻《规范》不仅是实施工程质量提升行动的重要组成部分，而且是施工企业创新进取、提升市场竞争力的重要突破口。

我们要认真落实国务院的质量提升行动战略，以贯标《规范》为契机，结合实际研究制定实施方案，抓紧出台企业质量提升的具体实施措施，明确责任分工和时间进度要求，确保各项工作举措和要求落实到位。期望工程建设领域的专家、学者、领导、员工都能够深入参加质量提升行动，以贯彻本规范作为载体，构建科学、适宜、有效的质量管理体系，持续提升工程建设行业的总体质量水平，建设百年工程。

本书指导委员会

前　言

2007 年，国家标准《工程建设施工企业质量管理规范》GB/T 50430—2007 颁布实施；2017 年，国家标准《工程建设施工企业质量管理规范》GB/T 50430—2017 修订发布，这是我国工程建设施工企业质量管理的两件大事。

一、国家标准《工程建设施工企业质量管理规范》编写与发布的背景

通过改革开放，我国工程建设取得了举世瞩目的成就，创造出了"中国奇迹"。但是，施工企业质量管理整体水平不高、工程质量状况不平衡的情况没有得到根本性的改变。回顾质量管理的发展历程，施工企业从 20 世纪 80 年代开始贯彻执行 ISO 9000 族质量管理国际标准，并且迅速在整个行业内普及。但是，工程建设施工质量仍然存在许多问题，原因是多方面的。其中最主要的是：ISO 9000 族质量管理标准是以欧美制造业为基础产生的，虽经多次修订，可以适用于各种行业，但由于在具体贯彻执行时未能解决结合行业特点进行改造的问题而缺少可操作性和行业实质性的指导，给许多施工企业有效实施 ISO 9000 族质量管理标准造成了困难。如何尽快改变这种状况，全面提升工程施工质量的有效性与精准性，已经成为非常迫切需要解决的问题。而解决这一问题的基础是完善工程建设施工行业的质量行为规范，并由此促进企业健全质量管理体系。这就需要一个比 ISO 9000 族质量管理国际标准更具有行业特征的质量管理规范给予支持，以利于工程建设施工企业开展质量管理和实施对工程建设施工企业质量管理活动的监督。从长远看，将有助于进一步推进工程建设施工企业的现代化发展进程。

因此，建设部在 2003 年召开"全国建筑市场与工程质量安全管理工作会议"，明确提出要制订一个关于施工企业质量管理的标准。这个标准是对 ISO 9000 族质量管理国际标准的本土化和行业化，要有中国特色，要适合施工企业的特点，并正式立项为国家标准开始编制。经过四年的努力，《工程建设施工企业质量管理规范》在社会各方的支持下终于在 2007 年完成并发布了。《工程建设施工企业质量管理规范》是我国工程建设质量管理的重要里程碑，标志着施工企业的质量管理进入到了一个崭新的提升阶段，对于建设行业具有不可低估的现实意义和长远意义。

二、国家标准《工程建设施工企业质量管理规范》修订与发布

2013 年，根据住房和城乡建设部《关于印发〈2013 年工程建设标准规范制订、修订计划〉的通知》（建标〔2013〕6 号）的要求，由中国建筑业协会会同有关单位在原《工程建设施工企业质量管理规范》GB/T 50430—2007 的基础上

对其进行修订完善。

1.《规范》的修订背景

《工程建设施工企业质量管理规范》GB/T 50430—2007 已经发布实施了近 10 年。经过工程建设施工企业质量管理的实践过程，存在以下修订需求：

（1）工程建设施工质量管理的环境条件发生了比较明显的变化，一是与质量管理有关的法律法规发布与修订的内容越来越多，二是建设行业的改革发展的步伐越来越快，三是建设市场顾客的质量要求越来越高，因此形成了修订《规范》的外部需求。

（2）工程建设施工企业质量管理的内部条件也发生了令人瞩目的变化，一是企业质量管理的水平整体上升，二是一些新的市场与企业因素导致质量管理风险加大，三是项目管理模式的不断创新对企业质量管理提出了新的要求，四是在质量管理水平不平衡的情况下，施工企业质量管理的灵活性与原则性对于质量管理的底线要求越来越明显。因此，形成了修订《规范》的内部需求。

（3）比较严峻的全国建设工程质量现状产生了改进施工企业质量管理的必要性。2014 年 9 月住房和城乡建设部召开了全国工程质量两年治理行动大会，体现了市场、顾客与政府对于工程质量问题的强烈关注。因此，施工企业提升稳定、可靠、科学的质量管理能力，确保工程结构安全与使用功能的紧迫压力，形成了修订《规范》的直接需求。

（4）国际质量管理新的管理理念与方法，特别是 2016 年版质量管理体系要求的正式发布，要求工程建设施工企业的质量管理必须与时俱进，同步跟进，以满足市场与相关方质量管理的新需求。因此，形成了修订《规范》的基本专业需求。

（5）施工企业质量管理的实践经验和体系认证结果，说明《规范》本身存在需要完善的内容。一是《规范》的可操作性不强，二是《规范》的管理深度与范围不适宜，三是《规范》的一致性与文字表述水平不到位。因此，形成了修订《规范》的技术性需求。

2.《规范》修订后的特点

修订后的《规范》具有系统提升企业质量管理水平的诸多特点：

（1）顺应质量管理的发展趋势与需求，体现了近 10 年国内、外发布的与质量有关的法规及标准、规范的最新要求，特别是包含了国际标准化组织发布的 2016 年版质量管理体系要求的最新规定。

（2）符合工程建设质量管理的内在规律，体现了近 10 年来工程建设项目质量管理的最新改革成果，包括明确施工详图设计纳入工程设计范围，强化了设计与施工一体化的集成化要求，与工程建设行业整体发展与改革的需求相适应。

（3）对最高管理者提出了更多的管理职责要求，增加了理解企业及其环境的规定，强调基于风险的思维，突出把质量管理体系要求融入业务过程的需求，提升了关于知识管理的层次，项目质量管理的理念有了崭新的提升。

（4）本着简单高效的原则，大大简化质量管理的程序与内容。在保证质量管理精准有效的前提下，不再强调企业管理制度（程序）的文件化，不再关注记录的数量规定，不再要求改进必须实施的复杂程序，不再强求效率不高的预防措施。围绕保障工程质量，通过更加适宜的规定给予施工企业应有的灵活性，增强企业自主强化质量管理的原则性。

（5）在全面考虑不同企业质量管理的差异性基础上，比较适宜地强化了质量管理的底线要求。在遵循工程质量管理基本规律的基础上，本《规范》修订版比较客观地解决了工程建设企业质量管理的基本合格要求，既符合一般企业质量管理的基本情况，又兼顾了大型企业高水平质量管理的需求，相互兼容，彼此支撑，形成了比较完整的工程建设质量管理体系。

三、《〈工程建设施工企业质量管理规范〉GB/T 50430—2017 实施指南》的编写与出版

国家标准《工程建设施工企业质量管理规范》GB/T 50430—2017 的修订与颁布，不仅是工程建设施工企业质量管理改进与提升的重要措施，而且是新的知识与理念的融合与应用引领。在实践中认真、有效地贯彻执行这个规范，需要一个学习、理解和掌握的过程。为了有助于更好地学习、理解和广泛宣贯新版《工程建设施工企业质量管理规范》，主编单位中国建筑业协会在住房和城乡建设部工程质量安全监管司和标准定额司的支持和指导下，在原《〈工程建设施工企业质量管理规范〉实施指南》（2007 年版）的基础上，组织撰写了新版《实施指南》。

《〈工程建设施工企业质量管理规范〉GB/T 50430—2017 实施指南》是理解和实施《工程建设施工企业质量管理规范》GB/T 50430—2017 的指导性工具书。全书共分十二章，按照《工程建设施工企业质量管理规范》GB/T 50430—2017 的结构进行撰写，重点对条文进行了深入的分析和解读，同时说明了各章节、各条文之间的关系及其与《质量管理体系　要求》GB/T 19001—2016 的联系，为此专门列出了本规范与《质量管理体系　要求》GB/T 19001—2016 标准条款的双向对照表，以支持读者更好地掌握和实施本规范。特别是增加了每节的实施重点，为相关质量管理的重点环节提供具体提示与引导。同时，本书在有关章节中编入了来自施工企业实践的相关案例，附录了《建设工程施工质量验收统一标准》GB 50300—2013 和《建设工程施工质量评价标准》GB/T 50375—2016 两个与施工企业质量管理密切相关的国家标准，并通过培训实践完善了书稿。本书是企业完善质量管理体系，进行质量管理创新培训的首选教材，也可供培训机构、咨询机构开展培训或认证审核参考使用。在使用过程中，应注意联系本组织的实际，不照搬照抄，准确理解各条款的含义，使《工程建设施工企业质量管理规范》真正成为指导企业建立和改进质量管理体系的依据。

  《〈工程建设施工企业质量管理规范〉GB/T 50430—2017 实施指南》由参与规范编写的主要执笔人编写。其中，第 1、2、12 章由施骞、李菲执笔编写，第 3、4、5 章由扬生荣、李秋丹执笔编写，第 8、9 章由高冬兰、李秋丹执笔编写，第 6、7、10、11 章由李君、李菲执笔编写。全书由李菲、李秋丹、李君、施骞统稿。在拟定编写大纲、撰写和审稿期间，主编单位多次组织分析研讨，得到有关施工企业、设计单位、监理单位、认证机构和专家的大力支持，谨此表示感谢。

  由于时间紧迫，加上作者水平所限，《〈工程建设施工企业质量管理规范〉GB/T 50430—2017 实施指南》一书中还存在许多不足，恳请各位读者予以批评指正，共同为进一步推动建筑业的质量管理提升、促进建筑业持续健康发展作出应有贡献。

本书编写委员会

目　　录

1 总　　则

【条文】

1.0.1　为加强工程建设施工企业质量管理工作，规范质量管理行为，提升质量管理水平，制定本规范。

【条文解读】

本规范的制定旨在为切实保证我国工程质量、全面提高工程建设施工企业质量管理水平提供依据。通过本规范的制定和执行，促使工程建设施工企业规范自身的质量管理行为，完善质量组织机构，健全质量管理工作流程，提高质量创新能力。

本规范是对《工程建设施工企业质量管理规范》GB/T 50430—2007 标准的更新、改进和完善。本规范的编制引入了国际标准化组织 2016 年版 ISO 9000 系列标准的更新内容，同时也兼顾了我国工程建设施工企业质量管理发展趋势的变化。本规范可以作为施工企业质量管理的标准以及对施工企业监督、检查和评价的依据。

【条文】

1.0.2　本规范适用于施工企业的质量管理活动。

【条文解读】

本规范适用于所有工程建设施工企业的质量管理活动，不同类型的施工企业，在开展质量管理活动的过程中，可以有针对性地参考本规范的相应内容。例如 10.3 工程设计，有些专业分包企业不涉及这一方面的质量活动，可以不采用该条款的要求，但基于配合总包企业的管理需求，可以作为专业分包企业的相关知识内容了解参考。

【条文】

1.0.3　施工企业的质量管理活动，除应符合本规范外，尚应符合国家现行有关标准的规定。

【条文解读】

本规范是工程建设施工企业开展质量管理活动的基础性标准，工程建设施工企业在开展质量管理活动中，还应符合国家现行的各项法律、法规、标准和规范的规定。

2 术 语

【条文】

2.0.1 施工企业 construction enterprise

依法设立、具备市场准入条件，从事工程施工相关活动，并履行社会责任的经济组织。

【条文解读】

施工企业涵盖不同规模、不同类型的各种从事施工生产和服务的相关企业。如从事工程设计＋施工（DB 模式）或者工程设计＋采购＋施工（EPC 模式）的工程总承包企业，也包括从事施工活动的施工总包企业和各种类型的分包企业。目前，我国施工企业实行市场资质准入制度。

【条文】

2.0.2 质量管理活动 quality management activity

为达到质量管理要求而实施的活动。

【条文解读】

质量管理活动包括所有与质量管理相关的各项活动，开展这些质量活动的目的旨在应对施工企业质量管理的挑战和机遇，满足工程建设的质量目标要求，提高施工企业的质量管理水平。

施工企业的质量管理活动包括但不仅限于与施工企业质量管理体系相关的各项策划、建立、实施改进活动；施工企业质量管理组织构建和人力资源管理相关的各项活动；工程投标及合同管理相关活动；施工机具与设施管理相关活动；工程材料、构配件和设备管理相关活动；分包管理相关活动；工程项目质量管理相关活动；工程质量检查与验收相关活动以及与施工企业质量管理检查、分析、评价及改进相关的活动。

目前，施工企业特别是大型的工程建设施工企业的质量管理活动内容正伴随着市场需求的变化也在发生着一些变化。例如，随着 PPP 项目在我国的实施，一些施工企业的自身定位也在从工程承包企业向城乡建设综合服务企业转型，其质量管理活动不仅涉及与设计、采购和施工有关的施工生产活动，而且包括向工程价值链上下游延伸的其他互动，例如融资、设施管理服务等活动。

【条文】

2.0.3 质量管理制度 quality management statute

按照质量管理要求建立的适用于一定范围的质量管理活动准则。质量管理制度规定了质量管理活动的过程、程序、方法、职责。

【条文解读】

施工企业质量管理的各项制度应根据质量管理的需要建立并实施。

施工企业质量管理制度的制定必须符合我国相关法律法规的要求。在建立过程中，应充分考虑企业的自身情况和外部的环境条件。

质量管理制度是企业管理制度的一个组成部分，应该与企业的其他管理制度结合制定。同时，由于工程项目管理的需要，施工企业的质量管理制度还应与建设单位的质量管理制度相协调。

质量管理制度一般应形成文件，并传达到所有的相关部门和个人。为了使质量管理制度得以贯彻实施，应通过文件的形式规定制度的目的及要求，实施的步骤和程序、实施的主要内容以及相关的措施等。质量管理制度所形成的文件按照管理的层次，可以分为控制性、指导性和操作性的文件。

【条文】

2.0.4 质量信息 quality information

反映工程质量和质量活动过程的数据、资料和知识。

【条文解读】

质量信息包括从多种渠道所获得的与施工企业质量管理有关的数据、文件资料、图纸、报表、记录、情报和知识等。

质量信息的概念可以分为狭义的和广义的两种。狭义的质量信息是指反映施工质量和质量活动过程的文件、记录及相关证据；广义的质量信息是指所有能为实施质量管理活动所使用的各种声音、图像、文字、数字和符号等依据。

质量管理的信息可以分为组织类、管理类、经济类、技术类和法规类信息。

质量信息应通过收集、整理、加工、存储、传递等过程的管理使其在合适的时间、以合适的方式传递给合适的人。

【条文】

2.0.5 施工机具与设施 construction machinery and facilities

为了满足施工需要而使用的各类机械、设备、工具、临时道路、供水排水设施、供电设施、供热设施、供气设施、通信设施、应急救援设施、检验试验设施、装置、生产用房（棚）、办公用房等。

【条文解读】

施工机具与设施实际是为了满足施工需要，施工企业在施工过程（包括施工准备与施工实施）中使用的基础设施：一方面包括各类机械、设备、工具、设施等，另一方面包括企业自有、租赁和分包方的设备。比如：起重设备、脚手架、电梯、吊篮等。施工机具与设施也是施工企业从事施工活动的基本工作手段，其配备、进场验收、安装、拆除与验收、使用维护等的管理过程是施工质量管理的重要组成部分。

3 基 本 规 定

3.1 一 般 规 定

【条文】

3.1.1 施工企业应结合自身特点、相关方期望、应对风险和机遇及质量管理需要，建立质量管理体系并形成文件。

【条文解读】

施工企业质量管理的各项要求是通过质量管理体系实现的。质量管理体系是在质量方面指挥和控制组织建立质量方针和质量目标并实现这些目标的相互关联或相互作用的一组要素。建立健全质量管理体系，是企业经营管理的重要内容之一。施工企业建立质量管理体系，必须清楚自身所处的行业性质、特点、企业发展愿景、资源状况、管理现状，了解企业内外部环境、质量管理发展趋势和方向、相关方的需求和期望，识别企业面临的风险、机遇和挑战，掌握国家及行业有关质量管理的法律、法规和强制性标准，并在企业内部将与工程质量有关的所有质量活动予以规范。施工企业应将所建立的质量管理体系的要求形成必要的文件，作为企业质量管理的内部法规。

施工企业应将本规范作为建立、保持和改进质量管理体系的基本依据，并成为企业文化的一个重要组成部分。本规范提出了一般施工企业质量管理体系的基本要求，各企业应在原有质量管理体系基础上，对照本规范的要求，结合自身的管理需要进一步完善。已经贯彻《质量管理体系　要求》GB/T 19001 标准的企业，也可以根据本规范的要求对原有体系进行进一步完善。

企业的质量管理体系应是在一个系统的质量管理思想的指导下建立并有效运行。企业不应根据不同的质量管理标准建立不同的质量管理体系，或质量管理制度（文件）与实际脱节，避免形成质量管理的"两张皮"或"多张皮"现象。

本规范中确定的质量管理体系要求，符合国际通用的质量管理原则。施工企业在实施本规范时需关注以下几点：

1. 施工企业质量管理的首要关注点是，满足发包方要求并努力超越发包方的期望。企业应识别、确定发包方的需求和期望，还要赢得和保持发包方及其他有关的相关方信任才能获得持续成功。企业最高管理层要明确识别、获取价值的发包方和相关方，理解他们的需求和期望，在整个企业范围内沟通这些需求和期望，并将要求落实到对工程产品质量和施工服务的策划与过程中，测量和监视发包方的满意情况，主动对有影响的过程和环节采取措施。由于发包方的需求和期望在不断变化，企业的质量目标也应随之进行动态管理，与发包方的需求和期望始终保持一致并努力超越其要求。

2. 施工企业的最高管理者应确立企业统一的质量目标及宗旨方向。应在企业范围内沟通企业的使命、愿景、战略、方针；宣扬企业文化，创建共同的价值观；履行质量承诺，创造并保持使员工能充分参与实现企业目标的内部环境；重视人才、尊重员工，为员工提供发展机会、资源支持，鼓励和表彰他们为企业所作的贡献。

3. 施工企业员工应树立工作责任感，清楚自己的职责、权限，做好本职工作，为企业发展作出贡献；企业要创造一个良好的、宽松的环境，促进员工积极参加实现企业的质量目标；在制订质量方针和目标、工程施工及各项质量活动中，鼓励员工积极参与，提出合理化建议，并参与适当的决策和过程改进，增强员工的个人成就感，促进员工内部协作、分享知识，为企业发展多作贡献。

4. 施工企业的质量管理是通过对其内部相互关联的过程的理解、协调、统筹来实现的，企业需要确定自身与工程质量相关、依赖的各项管理过程，并确定各过程实施的方法，配备充足的资源，明确职责、权限和义务，检查和分析各项工作的过程和结果，识别过程输出和整体目标实现的风险，管理识别的施工风险，提高施工企业整体绩效。

5. 持续改进是施工企业质量管理一个永恒的过程和目标。企业应提高对内外部风险、机遇的预测和反应能力，识别内外部条件的不断变化，提高质量管理体系的绩效。最高管理者应建立机制，营造环境，提供资源，促进企业在所有层级建立改进目标，并定期跟踪、评审以实现持续改进。企业的其他员工也应积极参与到开展创新性持续改进的活动中来。

6. 正确的决策依赖于真实、充分的事实，而事实由一组组的数据和信息构成，企业管理者要作出各种决定，需要大量的数据和信息。质量管理体系的实施与改进应注重对数据和信息的收集、分析、传递、汇总、沟通和应用，达到施工企业中某一过程以至整个体系的改进。

施工企业应采用适宜的统计方法对收集到的数据和信息进行科学、客观的分析，应确定、测量和监视关键指标，以证实组织的绩效，确保人员有能力分析和评价所需的数据，得出定性或定量的分析结果，找到企业的差距，将它作为改进依据，输入到决策过程。施工企业应建立信息传递网络，将数据、信息和分析结果及时传递到各相关职能部门及决策者，相互沟通。决策者汇总、运用有关的数据、信息及分析结果而作出决策。

7. 施工企业的业绩与相关方的关系密不可分。比如，在社会分工日益细化的今天，供方已成为施工企业不可缺少的资源之一，它提供的产品质量不同程度地影响着施工企业提供给发包方的工程实物质量。施工企业将供方作为企业经营战略中的重要组成部分，有利于企业之间的专业化协作，以及培养适应市场的快速反应能力，形成共同的竞争优势，同时可以优化本企业的成本和资源。因此，施工企业应管理所有相关方的关系，发挥相关方对企业绩效的协同、支撑作用，建立战略协作，实现共享资源、共担风险、共图利益、共同发展。

【条文】

3.1.2 施工企业应对质量管理体系的各项活动进行策划，并确保质量管理体系有效运行。

【条文解读】

策划是指为达到一定目标，在调查、分析有关信息的基础上，遵循一定的程序，对未来某项工作进行全面的构思和安排，并基于风险思维制订和选择合理、可行的执行方案，并根据目标要求和环境变化对方案进行修改、调整的活动。

施工企业在策划质量管理体系的各项活动时，应特别关注质量管理体系要实现的目的或达到的预期结果，识别过程活动的风险和机会。质量管理活动的策划应体现策划—实施—检查—改进的持续改进的原则。对质量活动的策划，是保证质量活动能在受控状态下进行的基础。

施工企业质量管理活动的策划可以采取以下方法：

1. 确定质量管理活动实现的目标；

2. 依据施工企业现状、能力，确定质量活动所需的资源和约束条件；

3. 确定质量活动的职责、权限和义务；

4. 制定相关管理制度，在制度中确定质量管理活动的准则和方法；

5. 制订质量管理活动计划、方案或措施；

6. 策划质量活动时，应考虑对质量整体结果影响的风险及可能产生的变更导致影响整个体系的风险。

实施质量活动策划时，要明确质量活动目的、范围、过程和方法。可根据需要，将质量策划形成适合于施工企业的管理或者操作性文件。

【条文】

3.1.3 施工企业应检查、分析、评价和持续改进质量管理活动的过程和结果。

【条文解读】

施工企业对质量管理活动的过程和结果应采取适宜的方式进行检查、监督和分析，以确定质量管理活动的有效性，明确改进的必要性和方向。企业应根据质量管理体系运行规律和质量活动策划的结果，对质量管理活动的过程和结果进行检查和评价。

对质量活动的过程或结果通过相应措施进行检查，以提高应对风险和机会的措施有效性，使质量活动的结果达到策划的目标。可以采取以下方式进行：

1. 对管理活动过程的监督；

2. 各种方式的工作检查；

3. 报告计划的完成情况；

4. 计划完成情况的报告和测评；

5. 质量管理活动结果分析。

对检查结果进行分析的目的是明确质量活动的有效性，以便通过改进活动的实施使质量管理水平得以不断提高。

本 节 实 施 重 点

质量管理体系的建立是一个复杂的系统工程。施工企业应该：在策划、建立、实施、监测与改进质量管理体系时，要结合自身实际和特点，依据本企业发展战略与阶段性主要经营指标、自身基础条件（如现阶段发展状况、资源、面临风险与机遇等）、内部运行层面落实与控制措施、具体绩效指标等，充分考虑和应用本节的要求。其中，重点管理内容包括：

（1）识别企业环境特点、特征、风险与机遇的充分性；

（2）考虑相关方、特别是顾客需求的适宜性；

（3）策划质量管理体系的有效性；

（4）建立质量管理体系的制度规定。

3.2 质量方针和质量目标

【条文】

3.2.1 施工企业应制定质量方针并形成文件。质量方针应体现企业质量管理的宗旨和战略方向，在界定的质量管理体系范围内应符合下列要求：

1 应依法服务于发包方，增强其满意程度；

2 应履行社会责任，树立企业形象和品牌；

3 应持续改进质量管理绩效。

【条文解读】

质量方针是施工企业经营管理总方针的重要组成部分，是由施工企业的最高管理者制订的企业总的质量宗旨和方向。

企业建立质量方针有以下目的和意义：

1. 质量方针的要求包括：遵守国家法律、法规，满足合同约定的质量要求；在工程施工过程中及交工后，认真服务于发包方和社会，增强其满意程度，树立施工企业在市场中的良好形象；追求质量管理改进，提高质量管理水平。

2. 质量方针是统一全体员工质量意识的准则。质量方针的制订与发布，可以将员工的质量意识提高到一个统一的水平上来，并且都能运用其来规范员工的质量意识和各种活动。

3. 质量方针是建立质量管理体系的基础。质量方针为质量管理体系的建立规定了方向和原则。

4. 质量方针是检验质量管理体系运行效果的最高标准。质量管理体系运行的各方面是否符合要求，运行效果是否达到预期的目的，都应该用质量方针进行分析和评审。

质量方针制订的步骤会由于企业惯性差异而存在一定的差别，但基本有以下不可缺少的步骤：

1. 理解企业的内外部环境。分析内外部环境时，尤其要注意相关方的需求和期望，分析企业自身的工程管理及服务历史、现状和管理水平。通过分析，确定本企业的质量管理和产品所应遵循的原则和在市场中的地位和水平。

2. 明确企业的质量管理思想。根据对企业内外部环境的分析结果，确定企业质量管理的发展战略。

3. 经过反复讨论、修改形成质量方针。质量方针是质量行为的依据，应能反映企业的质量管理特点，而且应使各部门员工加深对企业质量方针的认识和理解，便于今后的顺利贯彻。

4. 质量方针经最高管理者批准后生效。质量方针可以单独发布或并入企业的特定管理文件中发布。保留文件化信息。

5. 质量方针的内涵应清晰、明确，便于员工对质量方针的理解、传递和实施。

【条文】

3.2.2 最高管理者应对质量方针进行定期评审，根据需要进行修订。质量方针应在企业内部得到沟通，并可为相关方所获得。

【条文解读】

对质量方针的评审和修订是施工企业质量管理改进的重要手段之一。施工企业应根据内外部条件的变化，评价质量方针是否符合企业发展战略、是否满足质量目标、是否达到相关方的期望、是否得到员工的理解和认同，以保持质量方针的适宜性。

对贯彻实施质量方针的效果进行评价需收集以下信息：

1. 质量目标的实现情况；

2. 各项质量管理制度的执行情况；

3. 发包方对工程质量的评价；

4. 各项质量管理要求与内外部环境的适应性。

对质量方针的调整会涉及质量目标、组织机构、职责权限、管理的范围、管理制度等方面，应予以重视和搞好协调。

质量方针应在企业内部得到沟通和理解，可以通过恰当方式，使相关方获取。

【条文】

3.2.3 施工企业应根据质量方针制定质量目标，明确企业质量管理应达到的水平，质量目标应与企业发展目标相适应。

【条文解读】

确保施工企业的战略方向和质量方针的实施，施工企业需在质量管理体系所需的相关职能、层次和过程中设定形成文件化的质量目标。质量目标的建立应能为企业及其员工提供质量工作的方向，激发员工的积极性，帮助企业合理分配和利用资源，实现预期结果。质量目标的制订应达到如下要求：

1. 与质量方针保持一致，体现施工企业的宗旨和方向；

2. 质量目标应是可测量的，便于实施和考核；

3. 质量目标应在各职能和层次沟通；

4. 质量目标应增强发包方的满意度；

5. 质量目标应进行必要的更新，以对目前质量目标进行变更或修订和增加附加的或新的目标。

质量目标可以有各种表现形式，包括长期目标、阶段性目标、年度目标等，并且可以与各类工作计划相结合，所确定的各类质量管理目标中的指标，应通过适当的方式明确其内涵并尽可能量化。可以通过定量、排序或水平对比等方法体现质量目标的可测量性。

【条文】

3.2.4 施工企业应建立和实施质量目标管理制度。质量目标应分解到相关管理职能、层次和过程，并定期进行考核。

【条文解读】

施工企业应制定质量目标管理制度，明确质量目标的制订、分解、实施和考核的具体措施和职责，形成制订、分解、实施、考核的管理机制。企业各管理层次应按照质量目标管理制度的要求，监督检查质量目标的分解、落实情况，并对其实现情况进行考核。

质量管理目标必须在相关职能和各层次机构中分解展开，建立各自的质量管理目标，使其能在相关职能和层次机构中具体落实，增加质量管理目标的可操作性和可评审性。质量目标可以结合各部门、各岗位的工作职责和计划加以分解和展开，具体施工项目的工程质量目标应作为企业质量管理目标分解展开的结果之一。

实施质量管理目标考核时可以采取针对各管理层次由下至上的方法，质量管理目标的考核应符合既定的质量管理目标中各项指标的内涵，质量目标考核结果应成为质量管理水平评价和质量管理改进的依据，成为重新确定和修订质量管理目标的依据。

质量目标管理的机构应贯穿于企业的各个管理层，以监督、管理质量目标的落实和分解，并对目标实现情况进行考核，同时将考核结果按照规定的要求传递，保证企业总体质量目标的考核评价信息的准确性。

本 节 实 施 重 点

质量方针与目标是施工企业战略管理的重要组成部分。施工企业应该关注：确保质量方针与目标内容的准确性与前瞻性，包括质量方针与目标的行业特点、质量管理宗旨和方向与企业战略方向保持一致的程度。其中，重点管理内容包括：

（1）质量目标及其分解的合理性；

（2）实现质量目标的方法与途径；

（3）质量目标考核方式的有效性。

3.3 质量管理体系的策划和建立

【条文】

3.3.1 施工企业应分析内外部环境，确定与企业发展目标和战略方向相关的影响质量管理体系的关键因素，明确质量管理体系相关方的需求及期望，界定质量管理体系的适用范围，并对改进机会进行识别。

【条文解读】

施工企业应分析影响其实现宗旨、目标和可持续发展的各种因素，这些因素包括外部经济环境（政策法规、经济走向、技术因素）、经营环境（行业结构、竞争对手）和内部环境（生产能力、财务能力、技术开发能力、人才能力）等。

施工企业的生存发展离不开相关方，理解相关方的需求和期望对施工企业的工程及相关活动业绩和信誉会产生重要影响。施工企业不仅要增加发包方的满意度，还要赢得和保持发包方及其他有关的相关方信任才能获得持续成功。施工企业应确定与自身质量管理体系有关的相关方，并定期监视和评审相关方的需求和期望。

施工企业确定质量管理体系范围时，应考虑影响质量管理体系预期结果的各种内外部因素、相关方的要求，考虑国家政策、法律法规、行业规范、相关方（建设方、供方、政府、间接顾客等）需求和期望，并与企业管理现状相结合。质量管理范围涉及工程产品范围和职能范围，质量管理范围的确定应与所承揽的项目类别相适应。施工企业的质量管理体系范围应作为形成文件的信息加以保持。

质量管理体系范围应描述所覆盖的施工范围和服务类型。若施工企业认为其质量管理体系的应用范围不适用本规范的某些要求，应说明理由。那些不适用施工企业的质量管理体系的要求，不能影响施工企业确保产品和服务合格、法律法规要求以及增强发包方满意度的能力或责任，不能声称符合本规范。

施工企业应对当前和预期的未来需求可导致改进和变革的机会进行识别，以寻求质量管理体系的不断改进和完善。

【条文】

3.3.2 施工企业应根据质量管理体系范围确定质量管理内容。

【条文解读】

按照质量管理体系范围，施工企业应确定质量管理内容并予以实施。企业质量管理是针对与工程质量的形成有关的各项工作的管理，明确管理内容是确定管理目标和方法的前提。应分别就以下与工程质量相关的工作实施质量管理：

1. 识别内外部因素和相关方需求，识别风险和机遇，确定和落实质量管理方针，制订质量目标，将质量目标作为施工企业发展的方向，策划实现质量目标方法，并通过目标的落实、分解及考核，确定改进的方向。

2. 根据质量管理的范围和内容，确定组织机构，明确管理职责。

3. 实施人力资源管理，确保人员能力满足质量管理要求，各项质量活动的职责得以落实；确保员工能分享和使用知识。

4. 对工程项目实施全过程管理，切实履行工程承包合同。

5. 对工程分包、劳务分包、设备租赁、技术服务等供方实施管理。

6. 对工程施工所需的材料、设备（包括监视测量设备）实施管理，保证项目施工资源充分。

7. 按照国家和地方有关规定，对工程施工全过程应进行的质量检查和验收。

8. 明确监视和测量质量信息的对象，用什么进行监视和用什么方法进行监视、测量、分析、评价，以确保有效结果所需要的评价方法；实施监视和测量的时机；分析和评价监视、测量结果的时机；收集、传递、分析和利用工程质量、管理质量信息，评价工程质量和质量管理水平并确定改进方向。

9. 对质量管理和工程质量实施改进，不断提高质量管理效率。

【条文】

3.3.3 施工企业应进行质量管理体系策划，确定风险和机遇的应对措施，评估潜在影响，使质量管理体系满足适宜性、充分性、有效性的要求。策划应包括下列内容：

1 质量管理活动及相互关系；

2 质量管理组织机构与职责；

3 质量管理制度；

4 质量管理所需的资源。

【条文解读】

在建立质量管理体系进行策划时，施工企业结合本规范第 3.3.1 和 3.3.2 条款的要求，进行风险、机遇的识别和评估，确定风险、机遇的应对措施，确保质量管理体系能够实现预期结果，增加有利影响，预防和减少不利影响，实现持续改进。

1. 风险和机遇识别的依据：

（1）应考虑外部、内部事宜以及利益相关方（结合规范第 3.3.1 条款）对质量管理体系达成其目标结果的影响（影响可以是正面的或负面的），在施工企业战略层面可依据自身在行业中或国内外的优势、劣势、机会、挑战进行风险分析和评估。

（2）应在明确质量管理体系范围的基础上进行策划（结合规范 3.3.2）。质量管理体系的范围是根据与工程质量相关的各项工作的覆盖面来确定的，应根据质量管理工作范围确定质量管理的职能范围，策划组织机构及相互关系，并合理进行职责划分，确定各职能的管理范围及管理的深度与方法。

2. 工程建设施工企业的风险识别，一般有以下几种情况：

——经营风险：资金不到位、流动资金困难等造成不能确保质量、安全和环境投入，机具材料、工资等无法支付。

——施工技术风险：由于对新技术、新工艺、新产品的技术性能不掌握，在施工中造成质量安全风险。

——施工分包管理风险。

——国外施工法律法规、生活习俗、战争战乱、疾病健康等风险。

——异常气候、暴风暴雨暴雪、地震、海啸、泥石流、山体滑坡等自然灾害所带来的风险。

——工程建设施工企业的机遇：

（1）可能发展会带来的一项新的业务；

（2）可能会有新的施工项目；

（3）可能在一个新地区发展新业务、新工程；

（4）可能带来国外某项新工程；

（5）可能引进新的人才；

（6）可能通过施工增添新设备；

（7）由于项目的施工要求，必须改变组织机构，可能使内部管理更加合理。

3. 针对风险和机遇识别结果，施工企业是否策划了解决措施，并将已确认的措施纳入质量管理体系过程和施工企业的各业务活动，同时评价了这些措施的效果。如施工产品实现的策划、产品设计与开发、产品及服务的检查、不合格品控制、监视和测量、校准、纠正措施以及规定方法和工作指导书；培训及使用有能力的人员等。

应对风险可选择规避风险、寻求机遇承担风险、消除风险源，改变风险的可能性或后果，分担风险或通过信息充分的决策而保留风险。机遇方面如：通过评价市场需求可识别机遇，例如提供新产品和服务，或使用新技术来建立诸如顾客或供应链在线服务的更好系统。对质量管理体系过程进行绩效分析，则可识别出减少浪费或提高结果和绩效的机遇。施工企业应针对所追求达成的机遇进行措施策划等。

施工企业最高领导者是质量管理体系的建立、实施与改进的第一责任人，应结合本企业的实际，确定管理的方针和方法。最高管理者也可委托管理层中的其他人，负责质量管理体系的建立、实施和改进活动，并通过适当的方式明确其责任和权利。

施工企业应明确所有各项工作之间存在的接口关系，梳理风险以便确定各项管理工作的合理顺序。必须合理地确定工作流程，使其高效地达到期望的工作效果。不应存在管理的死角，也应避免交叉、重复的管理步骤。

对所有质量管理活动都应采取适当的方式进行检查与监督，明确检查、监督的职责、依据和方法，将检查、监督的结果进行分析，并根据分析结果明确改进的目标，采取适当的改进措施，增强质量管理活动的效果。

施工企业应从人员、技术、资金、设备、信息等方面考虑确定各项质量管理工作所需的资源，应根据管理的范围、深度及方法合理地确定资源的需求，对资源管理也是质量管理内容的一部分。

质量管理体系的策划可以采取以下方法：

（1）制定相关制度，确定质量管理活动的准则和方法，确定规避、减少风险措施是否在相关制度中落实。

（2）制订质量管理活动的计划、方案或措施。

施工企业应在原有管理的基础上，在确定的管理范围内建立管理所需要的、适用的管理制度，使所有工作都有章可循，这些制度应具有可操作性，符合企业自身的需要，须考虑：原有管理基础的完善程度、管理工作的复杂程度、人员的素质等方面的因素。质量管理制度的结构、层次、格式以及篇幅等都可根据需要确定。质量管理制度的编制要考虑企业的职能分工，但必须注意制度之间的接口关系，不可在制度的各项规定中产生矛盾。

一定数量的文件化制度是必须的，这与制度使用者掌握制度要求的熟练程度有关。

各项管理制度内容应侧重于对各项工作的操作性规定，当某些质量活动可以用相关法规、标准、规范来表述时，制度中可以直接引用。

文件化质量管理制度可以采用任何媒体形式。

有效实施是制度制定的目的，企业应落实制度的措施和要求，必要时，可以辅以适当的奖惩机制，以有效推行质量管理制度落地。

【条文】

3.3.4 施工企业应明确质量管理体系所需的知识，规定获取知识的渠道、方法、时机和程序，并进行知识更新。

【条文解读】

1. 施工企业应考虑如何确定和管理实现工程质量和施工服务符合性及满足施工企业目前与将来需求所需的知识。这些知识主要包括：科技成果、专利技术、工法、QC 成果、经验、技能、外部交流、来自相关方的知识等。

2. 施工企业应对自身获取知识的渠道、方法、时机作出规定。施工企业在确定和维护知识时，宜考虑从失败、临近失败的情况和成功中汲取经验教训、获取施工企业内部人员的知识和经验；从顾客、供应商和合作伙伴方收集知识、获取企业外部的知识（隐性的和显性的）；与相关方分享施工知识，以确保施工企业的可持续性、根据改进的结果更新必要的组织知识。

3. 施工企业应对员工获取知识、岗位能力考核和意识的培养作出规定。根据不断变化的市场需求和发展趋势，分析现有的人员结构和知识层次，找出知识缺陷，采用教育培训、内外部交流、会议、互联网等形式使员工获得必要的、更新的知识，以满足岗位需要。这些知识应得到保持、保护，需要时便于获取。

4. 施工企业技术质量部门应通过对专利技术、工法、论文、科技进步、科技研发、QC活动等进行管理，使这些知识应得到保持、保护，需要时便于获取。

项目部对来自相关方的知识应进行识别、评价、应用。

知识的载体可以是员工技能、经验、软件、专利、数据库、文档等。

5. 施工企业应对变化的需求和趋势进行分析，确定现有的知识基础，获取施工企业必需的更多知识。

这里的"知识"不是指个人的知识，是施工企业所拥有的知识，包括施工企业内部自身发展生成的知识和外部对企业生存发展有用而内化为企业所拥有的知识。

施工企业知识不仅来源于企业内部，还来源于顾客、供应商和合作伙伴等相关方。施工企业知识示例：

（1）企业基本信息，包括公共关系信息、年度报告、出版物、企业总体介绍等。

（2）企业组织结构信息，包括地址、代理商、分公司、服务中心等信息。

（3）产品和服务信息，包括技术专长、服务特点等。

（4）业务流程、业务技术信息（这是最大量的）。

（5）关于专利、商标、版权及使用其他企业技术方法许可证的信息。

（6）建设方信息。

按施工企业知识的存在形式进行分类，施工企业的知识可分为显性知识和隐性知识两大类。

（1）显性知识是系统的知识，可在企业内和企业间传递，并能得到法律保护；隐性知识则是一种只可意会不可言传的知识类型。

施工企业内以文字、软件、数据库等形式记载的工作规程、操作指导书、历史档案、计算机数据库、领导者指令、会议记录、报告、论文等，都是为了企业知识的传播和记忆，而以一定的符号体系和规则体系表达的显性知识。

（2）隐性知识则大量存在于企业成员中。例如：某种无法形成文字、语言的作业技巧；对某事物的直觉判断力等。

隐性知识只有被显性化或被传递后才能充分发挥其作用。因此，企业要通过制度设计、激励、文化营造等手段克服障碍以实现隐性知识在企业内部的共享。充分开发利用隐性知识的方式也是多种多样的。例如：

创建知识社区；形成"知识库"。

开展专业内、专业间的交流会。

将项目小组优秀的工作方法作为标准加以推广，予以借鉴。

施工企业应对知识进行管理，管理的目的是：

（1）避免企业丧失其知识，如：由于员工更替，未能获取和共享信息。

（2）鼓励企业获取知识，如：总结经验，专家指导，标杆比对等。

施工企业至少应该有专职或兼职人员负责知识管理，实现知识转化、共享、创新：

（1）确定企业所需的知识；

（2）识别、获取所需的知识；

（3）促使企业的显性知识和隐性知识互相转化；

（4）促使知识共享；

（5）促进企业知识创新；

（6）对知识产权进行管理。

知识管理应渗透到业务流程中去，在业务流程中形成知识、积累知识、储存知识、共享知识、更新知识。

【条文】

3.3.5 对质量管理体系变更进行策划时，施工企业应识别和评价变更的风险与机遇，并保持其连续性和完整性。

【条文解读】

施工企业应有计划、系统地识别风险和机遇，以保持和改进质量管理体系绩效。由于施工企业所处的客观环境的不断变化，包括法律法规、所处市场、新技术的出现、质量概念及顾客的要求和期望的变化，客观上带来了施工企业的质量管理体系变更。这种变更既来自于企业的外部环境变化的要求，也来自于最高管理者为树立企业的良好形象，达到长期成功的自身要求及内部产品、过程、资源等变化的要求，所以企业应及时调整原有的为实现质量方针和目标而构成的一组关联的或相互作用的质量管理体系过程。实施体系变更时，要对变更活动实施策划。策划应考虑变更目的合理性及潜在后果，识别和评价变更的风险与机遇，保持其连续性和完整性，确保资源的再获取，职责和权限的再分配。

【条文】

3.3.6 施工企业质量管理体系文件应包括下列内容：

1 质量方针和目标；

2 质量管理体系范围及说明；

3 质量管理制度；

4 质量管理作业文件；

5 质量管理活动记录。

【条文解读】

编制和完善质量管理体系文件，是建立和完善管理体系的重要任务之一。建立文件化的质量方针和目标，须经最高管理者批准执行。

质量管理体系说明是企业质量管理体系的最高质量法规和准则，是对企业的质量管理体系作系统、具体而又是纲领性的阐述，规定质量管理体系的基本结构，反映企业质量管理体系的总貌，因而是企业实施和保持质量管理体系应长期遵循的、具有法规、政策效力的指导性文件。

质量管理体系说明的内容应包括：质量管理体系的范围，各项质量管理制度（或引用），应对风险可选择规避风险、寻求机遇承担风险、消除风险源，改变风险的可能性或后果，分担风险，或通过信息充分的决策而保留风险，各项质量管理活动之间相互关系、相互影响的说明。质量管理说明可采取适宜的形式和结构，可单独形成文件，也可与其他文件合并。

当企业规模较小且管理层次较少时，质量管理体系说明可以和质量管理制度合并。

质量管理制度是以往实践经验的结晶，所规定活动的方法是恰当和有效的，只要连续地按质量管理制度执行，便可排除人为的随意性，连续地保持各项质量活动的有效性，恰当而连续地控制各项质量活动；同时，质量管理制度明确规定了每个活动过程的输入、转换、输出，以及活动之间的接口关系，而且事先对失控时的纠正方法和预防措施作了安排，减少了发生质量问题的风险，确保整个体系运行具有最佳的秩序和最佳的效果，使质量管理体系具有预防控制和及时纠偏的能力；质量管理制度上承质量管理体系说明，下接作业文件，它通过对质量管理体系要求的策划，把质量管理体系说明规定的原则进行具体展开，成为质量管理体系说明的支持性文件。在质量管理体系文件中，质量管理制度起到主体作用，部分质量管理制度，在合同环境下，还可作为质量管理体系适用性证实之用。

必要的支持性文件的对象是质量活动中的某个作业。其内容是该作业的操作、控制、验证的方法和管理要求，是技术/管理性文件，也是质量管理制度的支持性文件，必要的支持性文件可以分为两类：

1. 用于生产活动的操作指导文件，如工法、操作规程等；

2. 用于指导具体作业管理的规章制度、工作细则等。

一个质量管理制度需要进一步编制哪些支持性文件，由企业根据需要自主确定。

【条文】

3.3.7 施工企业应确定与质量管理体系有关的沟通活动，对沟通的对象、时机、内容、步骤、方式、责任人作出规定。

【条文解读】

经过策划并有效开展的内部（如整个施工企业内）和外部（如有关相关方）的沟通，可提高施工企业人员的参与程度并更加深入地理解施工企业所处的优势、劣势、机会、挑战，理解施工企业发包方和其他相关方的需求和期望及质量管理体系。

1. 施工企业信息沟通主要有：

（1）与顾客要求和顾客满意、法律法规、规范/标准、施工过程、工程质量、工作环境的改变等相关的信息及其他内外部信息；

（2）管理体系运行（包括审核和评审）情况及其绩效；

（3）发包方沟通信息包括：有关产品项目的信息、发包方询问问题的处理信息、发包方反馈信息（包括满意程度和抱怨）等。

2. 沟通方式：

日常通过文件、网络、会议、通知、培训、简报、内部刊物、标语、走访等进行沟通和信息交流。

企业结合月度、季度或年度技术质量、生产等工作会进行交流；内部相关信息沟通与处理。

与建设方沟通可通过现场协调会、洽商、走访等方式进行，必要时以会议记录、工程洽商记录、工程交验证明等予以证实。

与建设相关方涉及施工管理和服务要求的信息沟通。

本 节 实 施 重 点

质量管理体系的策划与建立是施工企业质量管理的基础性工作。施工企业应该关注：在建立质量管理体系进行系统策划时，了解可能影响质量目标和期望结果的内外部因素，把握相关方期望及相关风险、机遇的识别质量。其中，重点管理内容包括：

（1）选择适合的方式识别风险和机遇，包括可导致改进和变革机会的识别；

（2）策划相关措施并将已确认的措施计划纳入质量管理体系过程和业务过程；

（3）定期监视和评审相关方的需求和期望；

（4）知识管理的系统性、及时性与有效性。

3.4　质量管理体系的实施和改进

【条文】

3.4.1　施工企业应确定并提供质量管理体系运行所需的人员、技术、资金、设备、设施、信息和其他资源，工程和服务所需的环境应满足要求。

【条文解读】

资源是质量管理体系的物质基础。为了实施质量方针并达到质量目标，施工企业各级管理者应确定资源要求并提供必须的充分且适宜的基本资源。同时，要评估资源缺失可能带来的风险。

企业领导应尽量在满足以下原则的基础上，配置质量管理体系所必需的资源：

1.根据施工管理服务设计与开发、施工服务控制、工程质量检验、试验、工程质量验收与交付、工程交付后的活动等方面的实际需要，配备必需的设施、设备、仪表和各种必要的手段。

2.重视人员的素质因素，特别应注意其职业道德和质量责任心。

3.适应企业今后技术开发的需要，有利于技术引进和技术改造。

施工企业应确定、提供并维护所需要的环境，来确保获得合格工程和满意的施工服务。质量管理的资源提供需考虑环境的控制需求，从资源提供的角度，环境条件本身也是一种资源。

施工企业各级管理者要关心员工工作和生活，了解员工在环境中的心理状态和环境行为，尊重员工，建立良好的人际关系和工作氛围，激发员工的爱岗敬业精神。企业应确保充足的人员轮班、排班或停工时间，以稳定情绪，预防人员疲劳过度。

施工企业要按照国家或行业规定要求，对办公、施工生产、办公和生活场所配置必要设施及运行环境进行策划，如：施工混凝土生产要保持适宜的温度及安全卫生的环境等。对现场施工服务时须强制佩带劳保用品的施工过程进行控制，以确保现场环境条件和作业人员职业健康安全符合国家有关劳动保护法律法规的规定。

【条文】
3.4.2 施工企业应集成实施质量管理体系的各项要求。

【条文解读】
施工企业需考虑质量管理集成化的实施需求，考虑将各种对质量管理结果有影响的因素进行系统融合。如把技术、质量、建筑材料、进度、施工环境、社会责任、成本等与质量管理各要素进行系统融合，尤其是施工过程中各功能要素的变化，更需要集成管理，以达到质量管理综合增值的目的。

【条文】
3.4.3 施工企业应建立质量管理体系的检查和监督机制。

【条文解读】
施工企业建立质量管理体系检查、监视、分析和评价机制，是企业战略决策的主要手段。

明确规定各管理层次对各项质量管理活动监督检查的职责、依据和方法，是正确评价质量管理活动的基础。通过检查、监督、分析和评价，有利于施工企业稳定提供满足各相关方要求和适用法律法规要求的工程及服务能力，有利于对面临的环境、目标及相关风险和机遇等进行有效管理，促进持续增强顾客满意的机会，实现施工企业质量管理体系的预期结果。

施工企业建立质量管理体系检查、监视、分析和评价机制应与自身检查和监督制度一致，明确检查内容、时机和方法。

顾客和第三方认证机构都可以对企业的质量管理体系有效性进行评价。

【条文】
3.4.4 施工企业应评审和改进质量管理体系的有效性和效率。

【条文解读】
质量管理体系持续的有效性是指通过完成质量管理体系所需要的过程（或活动）而达到质量方针和质量目标的程度。这就需要把顾客反馈、过程绩效、产品的符合性等作为评审的输入与规定的质量方针、质量目标进行对比，以判定质量管理体系的有效性。

质量管理体系的效率是指得到的结果与所使用的资源之间的关系。要评审各项目质量活动所需的时间、各类资源的相互作用、对结果的影响程度、与同行业中的标杆效率比较，比如劳务力与施工产值、利润率等。

企业可以探求适合于自身的方式，通常可以采用以下方法：

1. 专题研讨评审法：如"四新"应用、原有施工工法适应性与创新评审等。

2. 集体讨论评审法：如企业经理施工生产例会。

3. 标杆比较法：与行业内优秀企业、项目、单项管理进行比较分析，确定改进需求。

4. 采用有效、实用、简便、科学的能达到评审目的和要求的其他方式，例如印发征求意见提纲或专题采访等。

本 节 实 施 重 点

提供施工和服务满足要求所需的资源，是施工企业实施质量管理的关键性工作。施工企业应该关注：确定、提供和评价质量管理体系运行所需的人员、技术、资金、设备、设施、信息和其他资源的充分性和有效性，确保质量管理体系实施过程和结果的质量，并且得到持续改进。其中，重点管理内容包括：

（1）集成实施质量管理体系各项要求的绩效；

（2）施工质量控制水平、建筑材料定额管理、施工机具利用率、施工进度完成对比分析等；

（3）成本控制、主要材料、构配件及工程寿命周期成本分析与财务核算；

（4）市场占有率及流失率、发包方满意度测量结果，包括减小因失去顾客和市场所付出的代价；

（5）测量并分析质量管理体系有效性与效率的水平。

3.5 文件和记录管理

【条文】

3.5.1 施工企业应建立并实施文件和记录管理制度，明确文件和记录管理的范围、流程、职责和要求。

【条文解读】

施工企业应确定与质量有关的文件和记录，包括：规定产品要求（含顾客要求、法律法规要求和标准）和质量管理体系及作为各项活动依据的所有文件、规定记载所完成的活动及结果的记录等。记录是指阐明所取得的结果或提供所完成活动的证据文件。记录是为了实施质量保证，用以证实产品和质量管理体系符合规定的要求。记录还是确保追溯产品质量和测量装置溯源的依据，并可用作验证，以及分析不合格原因、采取纠正措施的依据。

记录也是特殊形式的文件，各企业在日常管理活动中都会形成大量的记录，而且有不同媒体形式的记录，如电子媒体、纸质媒体等。各类媒体的记录也有多种类型，如：工程质量的有关记录，包含：工程合同及信息、工程策划、工程开工、图纸会审、质量检验、试验、评定、验证、质量问题、施工记录、施工文件以及各项工作所产生的音像资料等，对于这些不同类型的记录，应充分考虑其所起的作用不同而规定不同的管理办法。

文件的媒体可以是纸张、计算机磁盘、光盘、电子媒体或它们的组合。如：管理制度、规范、图样、报告或标准等均是文件。文件是实施并保持体系的基础，适宜的文件会促使质量管理体系的有效运行。

施工企业应建立并保持文件和记录控制的管理制度，在管理制度中明确规定各层次、部门及岗位在文件和记录管理方面的职责、权限，明确文件和记录的管理范围、流程、要求。与各项质量管理活动相关的法律、法规、标准、规范、合同文件、管理制度、施工组织设计、施工方案、作业指导书等其他各种形式的工作依据，都应是文件管理的范围。企业在管理这些文件时，应针对不同类型和来源的文件管理建立相应的管理流程，并确定不同的管理方式和要求。

记录的范围应包括日常质量活动中形成的记载各类质量管理活动的文件，可以是多种媒体形式，如电子、图片、音像资料等多种类型。

【条文】

3.5.2 文件管理应符合下列规定：

1 文件应经审批后方可发布；

2 应根据质量管理需要对文件的适用性进行评审，必要时进行修订并重新审批、发布；

3 应识别并获取相关法律法规、标准规范及其他外来文件，控制其发放；

4 应确保在使用场所获得所需文件的适用版本；

5 应保证相关人员明确其活动所依据的文件；

6 应将作废文件撤出使用场所或加以标识。

【条文解读】

文件控制是指对文件的创建、编制、格式、批准、标识、发放、使用、更改、作废、回收等的管理工作，但首先要明确所控制的文件的范围，施工企业应控制的文件很多，如质量手册、程序文件及作业指导书，国家的法令、法规、标准、规范、图纸、图集等，合同文件及施工组织设计、施工方案或质量计划也是应控制的文件。企业在管理这些文件时，应确定各类文件的管理过程，建立和保持文件管理制度。建立文件控制体系时，也应注意要根据上述文件的种类和来源，确定不同的管理方式：

1. 对于组织内部生成的文件，管理制度中要考虑：创建编制、审查、批准、格式、标识、发放、使用、更改和废止，以及评审和其后之更新和再批准诸阶段。其中，更改阶段包括了更改和文件修订状态的标识、编制、审查和批准，及其后之发放和使用，审批时也应注意对发放范围的确定。

2. 对于外来文件，如标准、规范、法律、法规、建设单位图纸等程序中要考虑：收集、识别采用、标识、审查、批准、发放、使用、更改（包括更换和补充）和其后之更新和再批准诸阶段。要建立一个渠道，确保能适时收集到适用文件的最新版本或修改信息。上述的审批，不是对文件内容的审批，而是对本组织识别、采用该文件的适宜性的审批。

3. 为便于检索和识别有效版本，对有些文件采用建立和保持文件总目录的方法进行控制是合适的。总目录要表明文件的修订状态和分发、持有的场所。

对于越来越多的电子文件，应制定相应的管理办法。电子文件的管理与纸制文件有相同的管理环节，但需有有效的管理方式。

【条文】

3.5.3　施工企业应明确记录管理过程，规定记录填写、标识、收集、保管、检索、保存期限和处置要求。对存档记录的管理应符合档案管理的有关规定。

【条文解读】

施工企业应明确质量活动应形成的记录及其内容、形式、时机和传递方式，记录的形成和传递均应作为各岗位的职责内容之一，以达到建立和保持所需的记录的完整、清晰、容易识别和可检索的目的，并确保需要时可以得到。

记录的管理应该考虑这些环节：用编号、颜色等的记录进行标识、储存在适宜的环境中，对编目、归档和查阅加以规定以用于检索；根据工程特点、相应法规以及合同的要求规定各类记录的保存期限，各类记录到期后如何销毁也是不容忽视的一个环节。应规定记录从收集至处置的全过程，形成一个工作体系。

应根据工程建设需要及档案管理制度，设置档案管理部门和档案管理人员。施工企业的工程档案管理应结合行业法规建立相应的管理制度，相应的法规和行业要求如《建设工程文件归档规范》GB/T 50328、《铁路建设项目竣工文件编制移交办法》、《公路建设项目文件材料立卷归档管理办法》等，对于存档记录的管理应满足档案管理的规定。

贮存于计算机系统数据库内的记录，应注意计算机应用软件的更新以及为调用记录所必须的硬件和软件的可获得性，同时要规定各类记录调用的授权和设置防火墙，以及其他所需的信息安全措施。要注意，所复制的记录的备份，无论是存入数据库的，还是单独的硬盘或光盘，也均应予以控制。

以后各章有形成记录的要求时，均应符合本条款的要求。

同前条款一样，电子记录的管理也应符合记录管理的要求，但需要制定适宜的管理办法。

本 节 实 施 重 点

质量管理体系文件与记录是质量管理的重要部分，文件与记录管理的成果关系体系运行的工作效率与可追溯性。施工企业应该关注：文件与记录管理的适宜性与有效性，保证信息传递与使用的准确性。其中，重点管理内容包括：

（1）文件的动态更新与管理；

（2）重要管理文件合规性评审的结果；

（3）明确电子文件的管理效果；

（4）文件与记录管理的信息安全。

4 组织机构和职责

4.1 一 般 规 定

【条文】

4.1.1 施工企业应建立质量管理体系的组织机构，配备相应质量管理人员。

【条文解读】

质量管理组织机构的建立、人员的配备以及相关职责的确定，应与企业的管理组织体系相一致。合理划分管理层次、建立组织机构、配备质量管理人员并规定相应的职责，是保障各项质量管理活动高效、有序运行的前提。企业组织机构的设计，要坚持集权与分权的统一、专业分工与协作的统一、管理层次与管理跨度的统一、管理职责和权力的统一、运行效率与运行成本的统一等原则。另外，组织机构的设置还需要具有一定的弹性。

组织结构的形式有直线式、职能式、矩阵式、多维立体式、扁平式以及复合式等。企业的最高管理者应确定适合企业自身特点的组织形式，合理划分管理层次和职能部门，确保各项管理活动高效、有序地运行。同时，还要综合考虑自身的特点、企业的规模、工作的开展方式等因素，采用合理的组织结构形式。企业的质量管理组织结构形式应力求扁平化，以便提高运作效率。质量管理人员的配备应纳入到企业的人力资源规划中进行统筹安排。

施工企业质量管理的组织机构要与项目管理的组织结构相一致，最终目标是保证项目的质量目标。

施工企业对所建立的组织机构的运行效率要进行定期评审，以便发现潜在的问题，及时进行调整和完善。

本条款的主要目的是要求企业在质量管理过程中，首先应通过合理的组织设计为质量管理工作奠定良好的基础。一个优秀的企业除了需要具备满足施工生产所需的技术和管理能力之外，还应注意组织价值观、组织凝聚力、组织成员的忠诚度、组织的智商、组织的学习能力、组织的应变能力等方面的问题。

【条文】

4.1.2　施工企业应规定相关管理层次、部门、岗位的质量管理职责，界定范围、明确责任和授予权限，并形成文件。

【条文解读】

施工企业应进行质量管理的组织策划。质量管理组织策划包括：质量管理组织结构形式的设置、工作任务分工和管理职能分工的确定以及工作流程的设计与优化，这三项内容应该统筹考虑。目的是能够贯彻企业的质量方针和目标、理清质量管理的权力和责任、明确质量管理工作的各项流程。具体应注意以下几点：

1. 组织结构设置过程中要考虑企业管理层、项目经理层、分包层等不同层次的组织结构；

2. 工作任务分工和管理职能分工要明确划分出权力和责任；

3. 工作流程的设计和确认应以组织机构的设置和工作任务及管理职能分工为基础，明确各部门和岗位在质量工作中的组织关系和工作关系，以及工作的开展程序。

本 节 实 施 重 点

组织机构与职责是企业质量管理的关键性工作。组织结构与职责管理目的意在优化人力资源、提高管理效率、减少重复工作、提升企业核心竞争力。施工企业应该关注：建立满足企业质量管理需求的职责机构与职责管理制度。一方面确保职责机构设置与岗位、部门职责一致；另一方面应该关注组织结构与职责的有效性与效率。其中，重点管理内容包括：

（1）职责机构与职责制定的基本依据；

（2）职责机构与职责的风险评估；

（3）职责机构与职责具体内容的操作方法。

4.2　组 织 机 构

【条文】

4.2.1　施工企业应设立质量管理部门，并规定其组织和协调质量管理工作的职能。

【条文解读】

施工企业的质量管理组织机构的设置应考虑岗位和部门设置中的分工与协作问题。在质量管理中，要通过合理的分工，明确各质量管理部门和岗位的工作任务、职能、所履行的职责等。部门和岗位的设置，首先要满足质量管理的需要，其次要考虑经济性问题。另外还要考虑有利于工作中的协作问题。通过合理的分工机制和良好的协作机制促进企业的质量管理。组织的机构设置与部门划分应遵循的基本原则是：

1. 确保企业质量管理目标的实现；

2. 实现质量管理职责的明确性和均衡性；

3. 力求质量管理部门精干和高效，避免机构臃肿；

4. 保持一定的弹性和应变能力；

5. 确保部门之间要有良好的协调和配合。

施工企业质量管理相关部门的划分方法可以结合企业的特点，针对企业的人员数量、职能划分、工作程序、业务要求、区域范围等方面的情况加以确定。质量管理机构的设置要充分考虑集权与分权相统一问题。在部门和岗位的设置过程中，尤其不能将质量管理的权利完全集中于某一部门或岗位，要通过合理的授权和分权，发挥多部门或者多岗位在质量管理中的作用，在授权的同时明确相应的职责，以有效地实现企业的质量管理任务和目标。

质量组织机构的设置还应与质量管理制度的要求相一致。施工企业在确定组织机构时，所设置的管理层次、管理部门和岗位均应与质量管理的需要相适应。施工企业在使用本条款时应注意以下几点：

1. 施工企业质量管理组织机构应综合考虑企业的发展战略规划、质量管理的需要、质量管理工作人员的工作能力和效率、质量管理工作的方式和手段、管理成本等因素。

2. 管理层次的设置应力求适中。如果管理层次过多，则会引起指令路径过长、工作效率低、信息反馈速度慢，进而影响决策的及时性；如果管理层次过少，则会使每一层次上各管理部门的管理跨度过大，也会造成管理效率的降低。因此，管理层次的设置要充分考虑如何有利于提高质量管理工作效率的问题。

一般情况下，施工企业质量管理层次可考虑设置为三层：第一层是最高管理层，是质量管理的决策层；第二层是各职能部门层，是质量管理的辅助决策层和协调层；第三层是项目部层面，是企业质量管理规划的执行层和操作层。

3. 在部门和岗位的设置过程中，要注意各部门和岗位工作界面的划分问题，并且做好界面管理。在界面划分过程中，如果各部门和岗位的工作重叠严重，则不仅会造成工作分工不清楚，工作责任无法落实等弊端，同时还会影响管理工作的效率和经济性；如果出现工作的盲区，则会造成工作无人负责，工作无法顺利开展的情况，对于质量管理也是十分不利的。因此，对于涉及多项质量管理工作的部门和岗位以及涉及多部门和岗位的质量管理工作都应明确各部门和岗位的工作界面划分，并且做到权责一致。

4. 质量管理部门和岗位的设置要兼顾人力资源管理、项目管理等其他管理工作的需要。需要注意的是，设置了合理的管理部门和管理岗位，还要为各部门和岗位配备能力和职位相称的工作人员。各部门和岗位的工作人员配备中，要充分考虑工作部门和岗位的职责和特点以及工作人员的知识、经验、能力、兴趣、执业资格和相关要求等因素，做到人尽其才，才尽其用，用得其所。

质量管理的组织协调部门或岗位是指根据需要在各管理层次上设置的负责质量管理组织和协调工作的部门或岗位。在质量管理工作的组织分工中，施工企业可以根据需要设置专门的部门负责质量管理的组织协调工作，也可以将质量管理组织协调工作作为某个部门的工作职能之一。同时，质量管理组织协调岗位的设置也可以采用专职或兼职的形式。需要注意的是，无论是专职还是兼职岗位，在岗位职责中一定要写明其在质量管理组织协调工作中的职责和权限，并且做到权责一致。

【条文】

4.2.2 项目部应根据工程需要和规定要求，设置相应的质量管理部门或岗位。

【条文解读】

项目部是施工企业工程质量的直接实施机构，因此项目部应依据项目质量目标要求，结合工程规模、技术特点、相关方的期望，设置相应的质量管理部门。不仅要满足工程项目需要和规定，同时还要满足行业的相关要求，如《建设工程质量管理条例》、《铁路建设工程质量管理规定》等相关法规对施工单位建立质量组织机构和责任制的要求。

【条文】

4.2.3 各层次质量管理部门和岗位的设置，应满足资源与需求匹配、责任与权利一致的要求。

【条文解读】

各层次质量部门和岗位的设置，应依据企业外部环境和企业内部条件的客观要求，结合施工企业经营战略和领域、产品结构、规模、技术特点、管理团队人员能力水平等而进行综合考虑设置，并满足资源与需求匹配，责任与权利一致的要求。

各层次质量部门和岗位的管理层次设计要考虑质量目标和效率，层次多意味着成本提高和效率降低，同时人力资源配置过多，对沟通的畅通起到了负面作用，因而，各层次质量部门和岗位设置应满足资源与需求匹配，责任与权利一致的要求。

组织机构的形式多种多样，选择哪种模式，取决于企业的性质（国有、股份制、私营等）、企业的规模、产品的复杂程度、内外部环境要求、应对风险和机遇的能力、管理能力等因素，也与公司最高管理者有关系，但核心是质量管理体系的组织机构应有利于保证建筑产品质量、有利于质量管理快速、高效地运行。

管理层次的设计应以适宜、有效为前提，着重把握以下几点：

1. 依据企业外部环境和企业内部条件的客观要求，按照企业的纵向职能分工，确定基本的管理层次。企业纵向职能结构是通过职能分析，全面考虑了影响企业职能结构的各种因素，包括施工企业经营战略和领域、产品结构、规模、技术特点、管理团队人员能力水平等而进行综合考虑。在职能机构的设置时应关注对项目部质量控制中的组织机构的设置，管理链条如太长，涉及部门过多，对质量管理的效率就会降低，尤其是对专业分包队伍管理需要合理设置；避免监控的盲区，埋下潜在质量安全及纠纷隐患。

2. 在最低层操作人员一定的情况下，可按照有效管理跨度推算具体的管理层次。

3. 对确定管理层次的评审，要有利于提高组织效率、有利于质量管理需求。

4. 按照企业战略目标，对管理层次可作局部调整。如对新产品的产业板块，人员技术能力和数量、设备、行业要求均发生了变化，对于专业板块的管理，管理层次上可进行局部调整，如成立专业部门或分公司，对专业板块的质量、技术等进行集中管理。

本 节 实 施 重 点

组织机构的合理设置是确保质量管理效率和有效性的前提。施工企业应该关注：组织机构设置的方式与架构，管理层次设计的适宜、有效，管理职责与权利的对等程度，其中，重点管理内容包括：

（1）组织机构设置与质量管理需求的平衡；

（2）资源提供与职责、权利的匹配；

（3）组织机构变更与调整的风险防范；

（4）岗位责任与目标需求的一致性。

4.3 领导作用与管理职责

【条文】

4.3.1 最高管理者应证实其对质量管理体系的领导作用和承诺，确保质量管理体系适应市场竞争和企业发展的需要，其管理职责应包括下列内容：

1 组织质量管理体系策划；

2 组织制定、批准质量方针和目标；

3 确保质量管理体系要求融入企业的业务过程；

4 促进使用过程方法和基于风险的思维；

5 建立质量管理的组织机构；

6 提升员工的质量意识和能力；

7 确定和配备质量管理所需的资源；

8 支持其他管理者履行其相关领域的职责；

9 实施、评价并改进质量管理体系；

10 确保实现质量管理体系的预期结果。

【条文解读】

最高管理者在施工企业的质量管理中起着举足轻重的作用。对最高管理者职责和权限的规定应以贯彻质量方针、实现质量目标、应对风险和机遇、不断增强相关方和社会满意度为目的。

本条所提到的最高管理者在质量管理方面的十项职责和权限，强调了最高管理者在建立、实施、监测与改进质量管理体系有效性并实现策划结果中其作用和职责，可通过确保达成所策划结果来证实履行责任。要求最高管理者对质量体系实施包括"组织质量管理体系策划"、"确保质量管理体系要求融入企业的业务过程"、"促进使用过程方法和基于风险的思维"、"支持其他管理者履行其相关领域的职责"、"确保实现质量管理体系的预期结果"，即确保质量管理体系过程和其他职能过程接口（如经营投标与财务资金保函，工程进度与施工方案、外部供方组织能力等，质量检验与试验，顾客支持与服务等的过程要素接口关系）在组织中的对接；为体现系统方法，在充分考虑了风险的基础上，通过过程设计进行部门与各过程之间良好的合作；质量职责权限分配、内部沟通、资源以及通过持续的绩效监测及周期性管理评审来确保质量管理体系的适宜性及有效性等。

本条中所提到的最高管理者在质量管理方面的职责和权限，有一项是从战略规划的层面所作出的规定，即"组织制定、批准质量方针和目标"。质量方针是企业总的质量宗旨和方向，企业质量方针的确定一定要与企业的发展战略和面临环境相结合。确保将本规范要求融入本组织的主要施工管理业务过程，避免为满足本规范要求而避开自身的施工管理制度建立的"两张皮"质量管理文件。而质量目标应是可测量的，并与质量方针保持一致。企业的最高管理者在组织制订质量方针时应根据内外部环境要求，结合企业宗旨和方向制定。

本条中所提出的另外九项职责和权限是从战略实施的层面所作出的规定，包括"建立质量管理的组织机构"、"提升员工的质量意识和能力"、"实施、评价并改进质量管理体系"、"确定和配备质量管理所需的资源"。最高管理者在履行职责时要注意与各管理层次进行有效的沟通和交流。例如，在确定和配备质量管理的资源时，通常应该采用先从下而上的方法，经过充分的调查和研究，在收集足够的信息并确定各管理层次所需的资源后，再采用从上而下的方法对质量管理的资源进行统筹规划和分配。

本条所规定的最高管理者的职责仅仅是最基本的职责。作为企业价值观、发展方向和绩效目标的制订者，施工企业的最高管理者对于企业发展和质量管理还应肩负更为重要的责任。施工企业的最高管理者在质量管理中应密切关注用户和其他相关方的需求信息，通过合理授权、组织治理、主动参与、不断学习、快速反应及勇于创新在企业内部营造良好的质量管理环境，使企业的质量管理能够不断地创新和发展。同时，施工企业还应将履行社会责任作为企业质量文化的一部分。

为了更好地实现规范化的质量管理，施工企业的最高管理者应约束自身的行为。当由于自身的管理原因造成工程质量或者质量管理活动出现问题时，应主动承担相应的经营、管理、道德和法律责任。同时，还要通过不断提高企业的质量管理水平来维护股东、员工、合作者和用户的权益。

本条款对施工企业最高管理者在质量管理方面的职责和权限作出的规定，是企业质量管理的关键内容。为了更好地履行质量管理方面的职责和权限，最高管理者还要通过不断地学习以获得素质和能力的提高。

【条文】

4.3.2 施工企业可在最高管理层中设置管理者代表。管理者代表宜由最高管理者指定，其管理职责应包括下列内容：

1 应协助最高管理者实现其职责；

2 应协调质量管理体系的相关活动；

3 应向最高管理者报告质量管理体系的绩效和改进的需求；

4 应落实质量管理体系与外部联系的有关事宜。

【条文解读】

施工企业根据规模、产品特点以及管理层次、跨度和范围，可以在最高管理层中设置管理者代表。管理者代表一般由最高管理者指定，协助最高管理者实现其职责，而不是代替最高管理者的职责。管理者代表的职责主要有：

1. 按照规范要求建立、实施、监视、改进质量管理体系，提高实现质量管理体系的预期结果；

2. 应协调质量管理体系的相关活动，基于风险思维对施工过程建立识别风险和机遇的机制；

3. 应向最高管理者报告质量管理体系的绩效和改进的需求；

4. 应落实质量管理体系与外部联系的有关事宜。

是否设立管理者代表，由企业根据实际需要确定。

【条文】

4.3.3 项目经理应确保工程项目质量管理的有效性，其管理职责应包括下列内容：

1 应建立健全项目管理组织和质量管理制度；

2 应组织实施工程项目质量管理策划；

3 应落实项目质量目标实现所需资源；

4 应组织实施过程质量控制和检查验收；

5 应履行合同约定的其他事项。

【条文解读】

本规范特别明确了项目经理在质量管理体系中应承担的职责。项目经理是工程项目质量管理的第一责任人，在工程项目管理中，项目经理对质量管理体系在项目中的推进起着十分重要作用，项目经理需对项目管理组织及制度、质量策划、资源落实、过程控制、工程验收等承担组织实施的职责。项目经理应确保工程项目质量管理的有效性，依据公司的质量体系要求、工程项目的相关方要求确定项目管理组织机构、责任，建立适宜项目部的质量管理制度；要依据内外部环境和相关方期望，组织实施工程项目质量管理规划，应对风险和机遇；尤其是落实合规义务规定和交付后的服务制度。

确定实现项目质量目标所需资源；按《建筑工程施工质量验收统一标准》GB 50300 及《建筑工程施工质量评价标准》GB/T 50375 要求组织实施过程质量控制和检查验收。

施工企业应对项目经理的质量责任履行情况进行考核。

【条文】

4.3.4 施工企业质量管理有关部门、岗位的质量管理职责应与管理需求一致，并传递到各相关层次。

【条文解读】

施工企业在设置各级专职质量管理部门和岗位的职责和权限时，应注意与企业的质量管理制度相一致，并且均应形成文件。

当不同的部门或岗位涉及同一项质量管理活动时，应明确主要负责该项质量管理活动的部门或岗位，其他部门或岗位则负有支持和协助的责任。这一点在采用矩阵式组织结构的施工企业必须加以注意。

施工企业在规定各级专职质量管理部门和岗位的职责和权限时应与各相关部门和人员进行有效的沟通，必要时要召开专题会议，通过充分的沟通和调查研究使职责和权限的设置更趋合理，从而确保质量管理工作的有效开展。职责和权限设置的结果应以正式文件的形式，通过会议、内部局域网、企业内部报刊等及时传达到企业的各部门和人员。

需要注意的是，在职责和权限的设置中，一定要遵循权责一致的原则，并且正确处理好避免出现矛盾指令的问题。例如，我国大型的建筑施工企业普遍采用矩阵式的管理组织结构，在矩阵式的管理组织结构中，容易出现横向与纵向指令矛盾的情况。因此，企业应规定质量部门作为公司的职能管理部门统一负责公司的质量管理工作，并有权对项目部的质量管理工作进行策划、实施控制、检查和监督。项目部必须积极配合质量部门完成质量管理的各项工作。这样就明确了在质量管理工作中，各项目部应接受质量部门的统一领导，从而使质量部门具有相应的权利，同时对质量管理规定了应承担的责任。

部门设置和规定职责应经过充分的讨论，反复推敲，一定要做到职责和权限的设置不出现盲区，不出现交叉，不出现含糊不清的规定。否则将会给质量管理工作造成负面影响。

施工企业在设置其他相关职能部门和岗位的职责和权限时，也应考虑与企业的质量管理制度相一致，并且均应形成文件。

施工企业其他相关职能部门和岗位的质量管理职责和权限的设置应与施工企业各级专职质量管理部门和岗位职责和权限的设置相协调，两者间应权责分明，互为补充，并且覆盖到所有的质量管理活动。

目前，大型施工企业在参与"一带一路"工程建设、PPP 投资建设、EPC 设计施工采购模式的工程管理时，也应与工程管理模式相匹配，其如何实现相关部门和人员的有效沟通更为重要。

本条款与第 4.1.2 条款结合使用，其核心目的是在第 4.2 条款的基础上使企业明确质量管理的组织结构，设置质量管理的相关部门和岗位，并明确各自相应的职责和权限。对质量管理相关部门和岗位职责的规定，可以分为主要职责和监管职责。通常情况下，主要职责应该保持一定的稳定性，不应因时间、上级变更、人员变更等原因而变化；而监管职责可以根据质量管理要求的变化而动态调整。这样既可保证管理职责的落实，又具有一定的应变性。例如，随着我国施工企业信息化工作的全面开展，许多企业成立了专门的信息化部门。信息化部门的主要职责是全面负责企业的信息化工作，而监管职责中可设置负责企业的质量信息集中管理工作。

案例 4-1

某施工企业质量管理组织机构和职责

I 案例背景

在贯彻《工程建设施工企业质量管理规范》GB/T 50430 标准的过程中，某施工企业为了保障施工质量，提高质量管理的效率，特别成立了专门负责质量管理的组织机构，该机构在企业中的位置如图 4-1 所示。

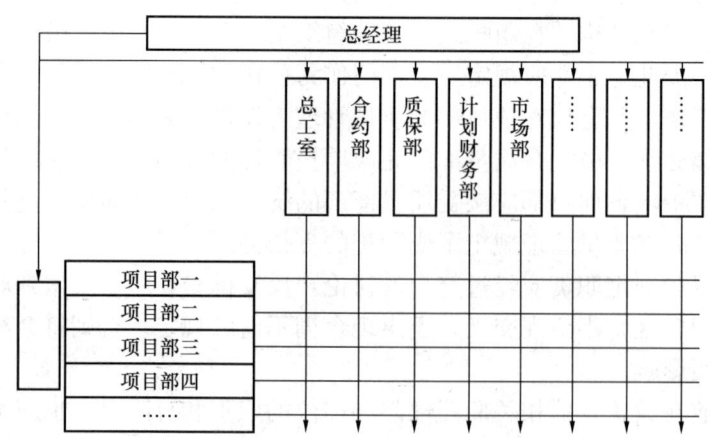

图 4-1　某企业质量管理的组织机构

另外，该企业还对质量保证部的职责作出了明确的规定，具体如下：

（1）负责组织制定企业的质量管理制度；

（2）负责组织技术培训工作；

（3）负责对分包商/供应商进行评估；

（4）负责企业计量用器具及工具的校准及维修；

（5）负责企业的体系运行工作；

（6）负责上级交办的其他工作。

但是，经过一段时间的运行之后，该企业发现，各项质量管理工作不但没有很好地贯彻执行下去，反而遇到了各种各样的问题。例如，当企业质保部在项目部检查工作时得不到项目经理的配合。项目遇到重大施工技术方案时，项目经理会将难题提交质保部，并要求质保部必须按时完成对施工技术方案的审核，且对该方案负全部责任。这种情况下，该企业有必要对目前的组织机构和质量管理部的职责进行重新认识和梳理，尽快解决遇到的各种问题。

Ⅱ　**案例分析与解决方案**

经过对该企业质量管理组织机构的分析，可以看出该企业的组织结构为矩阵式，项目部属于纵向组织部门，质量保证部属于横向组织部门，该企业组织机构和职责设置中最主要的问题是没有明确纵横向的两个部门在质量管理中的界限划分，且未在职责规定中加以详细说明。结果造成了权责不明，管理混乱。

经过反思，该企业认为对质保部的职责的定义中，关键是明确工作界面，分清权责关系，而在质量管理中，质保部的职责与总工室、项目部等部门的职责都有一定的交叉，因此，质保部的职责不能完全孤立地设置，必须与总工室、项目部等其他部门一起结合制定。同时，应绘制专门的职责分配表，明确各自的权力和职责，具体如表4-1所示。

质量管理的职责分配矩阵　　　　　　　　　　　　　　　　　　表4-1

工作说明	总工室	合约部	质保部	计划财务部	市场部	项目部	……
组织制定企业的质量管理制度	S	S	P	S	S	S	
组织技术培训工作			P			S	
对分包商/供应商进行评估		S	P			S	
企业计量器具及工具的校准及维修			P			S	
企业的贯标工作	S	S	P	S	S	S	
重大施工技术方案的论证	P		S			S	
工程质量检查与评比			P			S	
施工现场工序的质量控制			S			P	
……							

表中，P是指负责的部门，S是指支持的部门。标注P的负责部门在执行该项工作中，对工作的结果负责，同时拥有相应的权力，而标注S的支持部门需要全面配合、支持负责的部门完成该项工作。通过绘制职责分配表，该企业明确了各部门在质量管理中的主要职责和权限，贯彻了权责一致的原则，对于今后的工作开展奠定了良好的基础。

【条文】

4.3.5　当组织机构发生变化时，施工企业应对部门和岗位的管理职责进行相应调整，并确保相关文件进行更新和发布。

【条文解读】

施工企业在确定质量管理组织机构和岗位职责时应遵循一定的弹性原则。质量管理的组织机构和职责可以根据内外部条件的变化和质量管理需求的变化进行适当调整。当施工企业组织机构出现变化或职责进行调整时，有关制度也必须作出相应调整。调整的结果应及时通知到相关的部门和岗位。

施工企业质量管理组织机构的变化和职责的调整应该在企业组织机构变化和调整的相关要求中加以明确规定。

本 节 实 施 重 点

施工企业最高管理者的管理职责至关重要，其核心责任是：对质量管理体系的运行有效性和结果负责。施工企业最高管理者应该关注：通过对本企业面临内外环境的理解，围绕质量方针与目标，强化风险识别与评价，进行质量策划，组织机构及职责分配，确保关键业务与管理体系融合等方面获得管理绩效。其中，重点管理内容包括：

（1）关注行为、态度和决定之间的一致性（如质量意识以及行为、企业质量规划在其职能层面的有效落实等）。

（2）日常的态度（即针对各级管理者的职责和职能，在其日常的业务活动中对质量体系要求的落实与监管结果）。

（3）以身作则（带头履行质量管理要求等）。

（4）有效的内部沟通；书面承诺；质量管理体系绩效监测结果（如内外审报告、管理评审材料、财务报告、外部信息等）。

（5）适时评价企业组织机构和职责的适宜和有效性，包括变更的情况。

5 人力资源管理

5.1 一 般 规 定

【条文】

5.1.1 施工企业应建立并实施人力资源管理制度，对质量管理人员配置和培训作出规定。

【条文解读】

与质量管理相关的人力资源管理应纳入到施工企业的人力资源管理制度中。与质量管理相关的人力资源的规划、招聘、培训和考核等均应与企业的人力资源管理制度相一致。施工企业应该通过有效的人力资源管理，获得一批具有一定的教育、培训、技能和经验背景，并能胜任质量管理工作的人力资源。

施工企业人力资源管理的工作内容包括：

1. 根据企业发展战略编制人力资源规划；

2. 通过合理的方式甄选合适的人员；

3. 制定有效的制度进行人员的管理；

4. 为员工的业务提高和发展创造良好的环境。

施工企业所编制的人力资源规划必须以企业的发展战略为依据。企业的发展战略分为近期、中期和远期发展规划。企业在人力资源的招聘、工作部门和岗位配置与优化时都应以贯彻企业的发展战略为基本出发点。

施工企业应该通过合适的方式甄选合适的人员从事相关部门和岗位的工作。甄选可以通过外部招聘、内部调动等方式进行。施工企业要建立人员甄选的相关制度，并且按照相应的管理制度开展人员甄选工作。

施工企业应确定从事质量管理相关工作的人员所必备的能力。同时，提供培训或采取其他措施使这些人员获得并不断提高这些能力。施工企业应建立与质量管理相关的人力资源的约束和激励机制，包括人力资源的配置、劳动纪律、培训、考核、奖惩等。同时，明确人力资源管理活动的流程和方法。施工企业应建立和保存与质量管理相关的人力资源管理的记录。

为了使人力资源管理更好地满足质量管理需要，施工企业应通过人力资源的开发和管理，充分调动员工在质量管理工作中的潜能，为充分发挥员工的质量管理能力和质量创新能力营造良好的环境。

施工企业的人力资源管理与其他行业的人力资源管理有着很大的不同。施工企业的员工流动性较大，工程建设的一次性特征决定了人力资源的配置要不断地动态变化，这就给企业的人力资源管理带来了较大的困难。因此，施工企业应有意识地为员工提供比较好的职业规划和发展路径，并通过各种激励机制的设计和实施，使企业能拥有一批稳定的优秀人才和队伍。

施工企业应定期对质量管理的相关人力资源管理制度进行评审，不断改进和提高人力资源管理制度。施工企业应注重从以下几个方面进行人力资源管理的改进和提高：人才选拔、工作设计、信息共享、绩效考核、晋升系统、申诉程序、劳资管理、知识管理等。

另外，施工企业还应有意识地将人力资源管理的相关成本分析纳入到人力资源管理制度中，通过对员工工作成本、离职成本、替换成本、培训成本以及员工消极工作成本的量化分析，为提高人力资源管理的效率提供参考和依据。

人力资源是保证质量的前提，本条款的目的是要求施工企业必须建立健全的人力资源管理制度，为企业开展质量管理工作和保证工程质量创造良好的条件。随着市场竞争的日益加剧，企业面临着越来越激烈的竞争环境，而企业的竞争主要是人才的竞争。企业必须通过人力资源管理，获得优秀的人力资源，并且通过不断的培训，提高员工的素质，并通过良好的机制实行优胜劣汰。同时，还要制定相关的制度保证员工的稳定性。

【条文】

5.1.2 施工企业的人力资源规划应满足员工职业发展和质量管理需要。

【条文解读】

施工企业最高管理者应根据企业发展的需要提出人力资源发展规划，质量管理活动的人力资源管理是企业人力资源发展规划中的重要组成部分。企业人力资源的发展规划不仅应为与质量管理相关的人力资源管理提供依据，而且要为质量管理人员提供良好的职业发展路径。为实现可持续发展，企业应将质量管理的长远目标作为核心，正确处理短期目标与长期目标之间的关系。企业质量管理的长远目标要与企业的质量方针保持一致，人力资源的发展规划要符合质量管理的长远目标的要求。

1. 每个企业在人力管理中都可能遇到风险。在外部环境变化、建设单位资金链断裂的情况下，可能导致项目部施工人员窝工、待工、队伍不稳定问题；由于人力资源政策引起员工不满，技术骨干集体离职等；还有员工自身素质、能力给企业造成的损失。

这些事件会影响公司的正常运转，对企业经营带来重大的风险，甚至会对公司造成致命的打击。

风险评价是将估计后的风险与给定的风险准则进行对比，来决定风险严重性的过程。如何防范这些风险的发生，是企业应该研究的问题。特别是建筑施工企业，人力资源直接影响到施工质量，所以需要重视人力资源管理中的风险管理，对人力资源的风险评价有助于对风险的预控，针对潜在的问题制订相应的人力资源管理应急措施。

风险管理的过程包括风险的识别、风险的衡量、风险的处理、风险的预防；对风险的分析应注意从企业内外部环境进行，风险结果用于风险预防，同时将风险评估的结果用于人力资源规划。

2. 人力资源规划应包括的内容：

（1）总规划：人力资源总规划，明确人力资源规划的原则、方针、目标。

（2）人员供应规划：

包括内部人员流动、外部人员补充、职位配置、退休解聘的规划。

合理有效的人员内部流动有利于人员优势的整合和优化、选拔优秀的人才、激发员工的工作热情，根据企业内外环境变化和企业发展战略（包括质量长远目标），通过有计划地组织内部人员流动，实现在未来职位上配置内部人员的规划。

外部人员补充规划是通过有计划地吸收外部人员，从而对组织中长期可能产生的空缺职位、需调整加强的职位加以补充的规划。

（3）职位配置规划：按质量管理需求确定的企业组织机构、管理层次，依据职务设置、职务描述、职务资格要求、人员能力综合评价配置和调整职位规划。

（4）职业生涯规划：员工根据个人能力、兴趣、个性和可能的机会制定员工个人职业发展规划，企业也要根据质量管理需求和企业管理质量目标引导员工的职业发展方向，以便于企业系统安排内部员工职业发展的规划。

（5）教育培训规划：考虑企业、员工发展需要，通过对教育培训（包括组织文化）的规划，提高员工能力、引导员工态度，加强质量意识，通过企业文化建设引导和激励员工，使员工适应未来岗位的规划，组织提供更优秀的人力资源。

（6）薪酬激励规划：提高员工工作绩效，激发员工工作热情，制定一系列薪酬激励政策的规划。

人力资源规划的内容还要注意重点和兼顾内容确定，认清各项内容的主次、结构和作用，才有利于人力资源规划有效性的把握。

3. 人力资源规划的制定步骤：

（1）明确企业质量长远目标，这是企业人力资源规划的根本。质量长远目标，主要是指与技术要求有关方面的指标，是指企业要达到什么样的质量水平，如需要拓展哪些技术领域，工法、专利方面的质量发展目标。

（2）调查和分析：

1）要调查与人力资源相关的信息，如企业组织机构和职位的设置及必要性；现有员工的状况，如劳动定额和负荷情况、现有员工的年龄与专业结构、员工知识与经验、员工能力与素质、员工的个人目标与发展需求、员工的绩效与成果；企业近年人力资源流动情况、结构与现行的人力资源政策等问题分析，重点在分析问题上，有利于抓住人力资源的管理重点；企业总体发展战略目标方向和内外部环境的变化趋势，对于外部人力资源的相关调查分析，如人才市场供给与需要的现状、择业心理的调查研究，这些信息都是企业人力资源规划制定的基础。

2）实施对人力资源现状、需求和供给情况的分析，确定人力资源规划发展的阶段，每个阶段需要什么样的人才和人力作支撑，需求数量，何时引进，人力资源成本分析等内容。

（3）企业人力资源供给预测和风险分析：

企业人力资源供给预测分为内部人力资源供给预测和外部人力资源供给预测。对不同发展阶段的人力资源规划应明确内部人力资源数量、人力资源规划的调整等，并根据企业人力资源的方针政策，制订具体的行动方案。

（4）企业人力资源规划的制定：

人力资源规划的制定是基于以上获得的信息来开展的，人力资源规划的制定主要涉及的内容包括：目标、任务、职责、流程、方式和方法；与企业的总体战略规划有关的人力资源规划目标、任务的详细说明；规划的输出应包括人力资源管理的各项政策及相关说明；企业内外部人力资源的供给与需求预测结果分析；企业发展的人力资源计划；具体实施方案和行动计划等。

（5）企业人力资源规划的实施与评估：

人力资源规划的实施与执行是按照企业的人力资源规划来逐步建立或者完善企业现有的人力资源管理体系，其是实现企业目标的手段，通过对企业组织机构的设计与优化、职务分析和评价、企业的人员招聘和管理、企业的绩效考核体系设计、员工工作表现评估和核心胜任能力模型塑造、企业薪酬激励和福利体系设计、员工培训管理体系建立、员工职业生涯发展体系设立等工作将人力资源规划落实到位。

在企业人力资源规划的实施过程中，按实施方案和行动计划监控人力资源规划的具体落实，此外要定期收集人力资源管理方面的资料和信息，查看人力资源规划是否与企业的发展战略相匹配，人力资源管理的合理性和可操作性，按策划的同期定期对人力资源规划实施情况进行必要的分析和评估，并根据企业内外部环境的变化来调整人力资源规划的内容以适应企业整个发展战略的变化。

本 节 实 施 重 点

人力资源是企业质量管理最重要的资源。人力资源管理的目的意在优化人力资源、提高管理效率、减少重复工作、提升企业核心竞争力。施工企业应该关注：建立满足企业质量管理需求的人力资源管理制度。一方面确保人力资源规划、员工招聘及录用、员工培训、薪酬体系、绩效考核、员工职业生涯管理；另一方面应明确人力资源的约束和激励机制，包括人力资源的配置、劳动纪律、培训、考核、奖惩等，明确人力资源管理活动的流程和方法。其中，重点管理内容包括：

（1）人力资源发展规划制定的基本依据；

（2）人力资源使用的风险评估；

（3）招聘、培训、考评、薪资等各个具体内容的操作方法。

5.2 人 力 资 源 配 置

【条文】

5.2.1 施工企业应以文件的形式明确与质量管理岗位相适应的人员能力要求，其要求应包括下列内容：

1 教育程度；

2 工作经验；

3 培训规定。

【条文解读】

施工企业可以采用岗位说明、职位说明书等方式明确质量管理相关岗位的任职条件，作为企业招聘、任命质量管理人员的相关依据。

施工企业质量管理相关岗位任职条件的制订应具体、明确。本条所提到的"专业技能"、"所接受的培训及所取得的岗位资格"以及"工作经历"都是比较容易作出明确规定的任职条件。而关于"能力"的任职条件，应根据岗位的特点进一步细化为领导能力、管理策划能力、组织能力、协调沟通能力、控制能力、资源优化与配置能力、学习能力等。

本条所规定的质量管理岗位的任职条件既是企业招聘的依据，也是内部资源调整和分配，以及相关人员考核的依据。

【条文】

5.2.2 施工企业应根据质量管理需求配备相应的管理、技术及作业人员。

【条文解读】

施工企业可采取包括招聘、调岗、培训等措施配置人力资源，其结果都应使人力资源满足质量管理的需要。施工企业应明确招聘与录用岗位的职责和权限，并确定录用标准及考核方式。企业获取人力资源的途径通常有两种情况：

1. 内部招聘：如发布工作布告（Job Posting）、开展员工推荐、进行内部调岗等，有条件的可以建立临时工库管理制度。

2. 外部招聘：通过猎头公司、招聘代理机构或者发布招聘广告进行招聘，也可以与相关的教育机构或单位建立良好的长期合作管理。

获取合格乃至优秀的人力资源是保证施工质量的最基本因素。因此，无论是采用何种途径获取的人力资源，都应在简历筛选、面试、试用期考核等各环节做好控制工作。

施工企业的项目经理以及质量检查、技术、计量、试验管理等人员的配置必须达到有关规定的要求，规定要求注册的必须经注册后方能执业。特种作业人员应按照相关法律法规和管理制度的要求进行配置并持证上岗。

【条文】

5.2.3 各层次管理者应使与质量有关的人员意识到：

质量方针和质量目标的重要性；对质量管理有效性的贡献；偏离质量管理要求的后果。

【条文解读】

意识是精神层面的活动。施工企业要实现质量方针和目标，必须全员方向一致，目标一致，才能确保行动一致。使员工认识到质量方针和目标的重要性，知道质量方针在自己的工作上的体现，清楚为实现与自己相关的质量目标自己应该怎么做，按质量体系要求进行工作，积极献策改进工作。

【条文】

5.2.4 施工企业应建立员工考核制度，规定考核内容、标准、方式、频次，并将考核结果作为人力资源管理评价和质量管理改进的依据。

【条文解读】

施工企业宜根据实际情况确定绩效考核的时间、频度、方法和标准，按照规定的要求进行考核。绩效考核的标准应与质量管理目标的有关要求相协调。对员工绩效考核的依据可包括质量管理制度、各岗位的工作标准以及工作目标等。考核的内容包括工作能力、工作效果、既定目标的实现程度等。人力资源考核的结果应按照本规范第3.5.3条款的规定形成记录，作为企业质量管理信息的一部分，为企业质量管理的改进提供依据。

对员工进行绩效考核的方法通常分为两类：一类是行为导向的评估方法，另一类是结果导向的评估方法。行为导向的评估方法包括描述式评论、排序法、配对比较法、强制分布法、行为核查清单、关键事件法、评价量表法等；结果导向的评估方法以目标管理为主。具体工作中，施工企业可以结合两种方法有针对性地制定员工绩效考核方法。

从管理学的角度看，绩效是组织输出的结果，是组织为实现其目标而展现在不同层面上的有效输出，它包括个人绩效和组织绩效两个方面。

组织绩效实现应建立在个人绩效实现的基础上，但是个人绩效的实现并不一定能保证组织是有绩效的。如果组织的绩效按一定的逻辑关系被层层分解到每一个工作岗位以及每一个人的时候，只要每一个人达成了组织的要求，组织的绩效就实现了。

绩效的结果分为能力、业绩、行为等几个方面数据，不同类型的绩效结果，应该有不同的应用，所以业绩考核、能力（素质）考评、行为考核仅是绩效考核的一个部分，若混置一处考核会使被考核者无法了解自己得分、失分于何处，从而不利于其改进工作、改正缺点。

影响绩效的关键因素主要有员工本身的工作态度、技能、掌握的知识、能力；岗位的目标、计划、资源需求等；岗位之间的流程、方法；工作环境（包括企业文化）；管理机制（包括计划、组织、指挥、监督、控制、激励、反馈等因素）。绩效评估的是结果，绩效管理需要探求产生结果的原因，逆向追踪绩效因素。

员工绩效考核是岗位能力评价的主要手段之一，岗位能力评价或考核的目的是要了解岗位人员是否能够满足该岗位职责的要求、判断其是否能胜任该岗位工作、评价其实际能力与岗位要求的差距。针对存在的差距可以采取培训、再培训、调岗、辞退再另行招聘等措施保证该岗位职责的有效落实，保证人力资源的充分、适宜和合理性。

另外，通过岗位能力评价或考核也可以评审岗位职责和能力要求的充分、适宜合理性，发现问题及时调整，避免岗位职责确定不合理、能力要求不切合实际、人员配置不适宜等现象，保证经营和系统管理的人力资源保障。岗位能力的评价或考核是了解和判断员工能力的方法，是人力资源管理的手段而不是目的。

绩效考评应以企业规定的各岗位的工作目标、质量管理制度、各岗位的工作标准作为依据；对绩效考核的时间、频度、方法、标准和考核的内容作出规定。

绩效考核的结果应用于企业人力资源评价和改进的依据，可用于薪酬的调整、职务变化、岗位调配、培训等工作。

本 节 实 施 重 点

人力资源配置是人力管理的重要环节。施工企业应该关注：获得人力资源过程的及时性与适宜性，绩效考核的人性化与有效性，人员质量意识的建立与提升。其中，重点管理内容包括：

（1）关键岗位人员的资格与能力确认；

（2）人员培训方式方法的适宜性；

（3）影响绩效的关键因素与绩效考核方法的衔接水平。

5.3 培　　训

【条文】

5.3.1 施工企业应识别培训需求，制定员工培训计划，对培训对象、内容、方式及时间做出安排。

【条文解读】

施工企业应将增强员工的质量意识、提高员工的专业技术知识和职业技能作为培训的目标。

培训需求的识别是培训工作的第一步。识别培训需求时应考虑施工企业发展的要求、市场环境的变化、法律法规和相关管理制度的要求、企业人力资源状况、员工职业生涯发展的要求等。

施工企业的培训计划应明确培训范围、培训层次、培训方式、培训内容、时间进度以及教师和教材等。

培训需求的识别与培训计划的制订应符合人力资源管理制度的相关规定。培训可以根据质量管理的要求采取定期或不定期的方式进行。施工企业的质量管理培训计划应与其他的培训计划统筹制订。对员工的培训可以根据情况采取委托培养、短期培训、研讨会、网络教育、实习指导等形式进行。培训的方法通常有以下几种：

信息呈现技术：如讲座、会议、系统化课程、光碟、远程学习、行为建模、系统观察、项目指导、智能训练、敏感性训练等。

模仿方法：如案例方法、角色扮演、虚拟团队的互动、工作游戏等。

在岗培训：如上岗培训、师徒关系、在岗培训与指导、相关岗位培训、工作轮换、预备角色安排等。

另外，为了避免员工在被动学习的情况下影响学习效率，施工企业应在制订培训计划时充分考虑员工的职业发展路径，并通过与员工的沟通来确定培训计划，以此来激发员工学习的潜能和兴趣，增强学习的主动性，从而取得更好的学习效果。

【条文】

5.3.2 施工企业对员工的培训应包括下列内容：

1 质量方针、目标及质量意识；

2 相关法律法规和国家现行标准；

3 质量管理制度；

4 专业知识、作业要求；

5 继续教育。

【条文解读】

施工企业对员工的培训是可以获得丰厚产出的投资。施工企业应通过培训使员工明确岗位的职责和在质量管理体系中的作用及意义，提高员工的岗位技能。

本条中所提到的继续教育的培训内容包括：质量管理发展趋势、行业新动态、市场环境的变化、新规范、新工艺、新技术、新材料、新设备、风险识别与评价方法、服务意识、有关法律条文等。

施工企业应特别注意对新员工、特种作业人员等的培训工作。对于新员工的上岗培训，应按照相关制度的要求规定新员工培训的方式和内容。对于特种作业人员的培训应符合相关管理制度的要求，并进行专项管理。

培训可以视情况分类进行。培训的种类包括管理类培训、技术类培训、上岗培训、岗位技能提升培训、升职或者转岗培训等。施工企业应针对培训对象的不同制订不同的培训内容。对于处于管理层的质量管理人员，培训中应注重对质量管理知识的培训；对于处于操作层的质量控制人员，培训中应注重对质量控制要点的培训。另外，培训内容的制订不能仅局限于员工本人所从事的工作，还应该有计划地组织一些交叉培训，使员工对有关的其他人员的工作有所了解，以便更好地实施本职工作。

【条文】

5.3.3 根据岗位特点和需求，施工企业宜分层分类实施培训。

【条文解读】

施工企业的培训应结合不同岗位的特点和需求分类实施。施工企业应确定各工作岗位对人员能力的要求，并通过定期和不定期考核，动态掌握公司员工的实际工作能力，结合岗位的职业生涯规划及能力对他们实施分类的培训。

【条文】

5.3.4 施工企业应对培训效果进行评价，并保存相应记录。评价结果应用于改进培训的有效性。

【条文解读】

施工企业对员工进行质量管理培训的主要目标有三点：第一是增强员工的质量意识，使员工能认识到自己所从事的工作对质量管理的重要性；第二是使员工明确质量管理的基本思路，掌握保证本职工作质量的知识和技能，同时熟悉与本职工作相关联的其他工作的质量的方法和手段；第三是掌握如何为贯彻企业的质量方针和目标以及实施质量管理改进作出贡献。

值得指出的是，技能是质量管理的重要需求，但是技能可以通过教育、培训与经验的融合集成予以实现。

施工企业可以通过笔试、面试、实际操作等方式以及随后的业绩评价等方法检查培训效果是否达到了培训计划所确定的培训目标。

另外，对培训效果的评价可以从以下几个方面进行：

1. 是否能激励受训者改进他的绩效；

2. 是否清晰地展示了期望的技能；

3. 是否允许受训者积极参与；

4. 是否提供了实践的机会；

5. 是否及时收集和分析了反馈信息；

6. 是否将培训成果应用到了具体的工作中。

培训的结果应形成相应的记录，记载教育、培训、经历和必要的鉴定情况等内容。记录的管理应符合本规范第3.5.3条款的规定，并作为质量管理信息的一部分，为质量管理改进提供依据。

人力资源的配置以及培训工作，都是企业人力资源管理工作的一部分。需要注意的是，在质量管理人员的配置和培训工作中，需要人力资源管理部门和质量管理部门的共同参与，并且两个部门之间应该有明确的分工。

本 节 实 施 重 点

培训是提升质量管理意识，提高人员能力的关键性桥梁。施工企业应该关注：人力资源培训的流程、方法与方式，培训需求与培训方法的一致性，人员意识与质量管理风险的衔接水平。其中，重点管理内容包括：

（1）人员能力需求与培训计划的编制；

（2）人员质量意识与质量管理过程控制的结合与集成；

（3）人员培训效果与质量管理改进的融合。

案例 5-1

某企业质量管理人力资源管理

Ⅰ 案例背景

某企业 A 在质量管理中，发现质量管理的人力资源总是不能满足质量管理的需要，经调查研究发现，质量管理部门和人力资源管理部门存在缺乏沟通和管理职责混乱的情况，因此，企业决定要通过理顺质量管理部门和人力资源管理部门在质量、人力资源管理方面的职责，提高企业的管理效率，为质量管理工作奠定基础。

Ⅱ 案例分析及解决方案

经研究该企业明确了质量管理部门与人力资源管理部门职责的分工。如表 5-1 所示。

质量管理、人力资源管理的分工　　　　　　　　　表 5-1

工作内容	质量管理部门的职责	人力资源管理部门的职责
人员配备	为质量管理的相关工作进行工作分析和最低资格要求提供数据；整合单位层面（如部门或者分公司）的质量人力资源计划；参与面试应聘者；整合企业质量管理的人力资源信息；提供对质量管理的人力资源进行考虑和提升的标准	工作分析；人力资源计划、招聘；参照法律法规、编制申请表格、笔试、操作测验、面试、背景调查、证件检查、体检
维护人才队伍的稳定	公平对待质量管理的人员；进行开放式沟通，解决潜在的问题冲突；促进质量管理团队建设；提供基于业绩加薪的标准	制定薪酬福利；处理员工关系；制订健康安全保障计划；为员工提供相应服务

续表

工作内容	质量管理部门的职责	人力资源管理部门的职责
人才开发	为在职培训提相关要求； 参与制订质量管理人员的激励策略； 对员工的质量管理工作业绩进行考核，为人力资源管理部门提供依据	开发合法的绩效管理系统； 组织培训； 制订员工职业生涯计划； 进行员工的职业生涯咨询； 制订企业人力资源开发的总体战略
人员调整	对质量管理人员的离职、解雇、换岗问题提供意见	处理对质量管理人员的离职、解雇、换岗等问题

　　通过表 5-1 所示的分工，可以明确质量管理部门和人力资源管理部门对于质量管理、人力资源管理的工作分工和责任，这就为质量管理相关人员的配置、培训、考核等工作奠定了良好的基础。

6 投标及合同管理

6.1 一 般 规 定

【条文】

6.1.1 施工企业应建立并实施工程项目投标及工程合同管理制度，明确投标及工程合同管理的控制流程。

【条文解读】

投标及合同管理是施工企业质量管理工作的重要环节，也是项目质量管理的起点与开始。施工企业承接项目之前的投标、承接项目过程中的合同谈判、承接项目后的合同履行管理构成了一个完整的投标及合同管理体系，施工企业应建立一套有效的管理制度用于规范企业的投标和合同管理。其中，投标及合同管理流程是确保施工企业投标及合同管理科学、有效的基本保障，不仅能够全面规范投标过程的经营行为，而且可以提供满足合同管理需要的基础条件。

施工企业需制定规范化的投标、签约和合同管理制度及流程，通过对工程项目投标及工程合同的管理，确保充分了解顾客及相关方对工程项目施工和服务质量的要求，并有能力实现这些要求。

其中：工程合同是指施工企业与发包方依法签订的工程承包文件，包括工程总承包合同、施工总承包合同、专业施工承包合同等。

【条文】

6.1.2 施工企业应对投标及工程合同管理进行监督控制，并履行工程合同。

【条文解读】

施工企业需对投标及履约过程进行监控，监督管理需依据规范的管理流程实施，以确保合法实施投标活动和履行工程合同。

我国在《中华人民共和国招标投标法》中对招标投标活动作出了专门的规定。为了保障自身利益，施工企业应在投标或签约前对工程项目立项、招标等行为的合法性进行验证。同时，也要保证自身依法进行工程项目的投标和签约活动，并对合同的履行进行监控。对合同履行情况的监控包括对合同实施情况进行跟踪、收集合同履行中的各项信息，为及时发现合同履行中的问题和制订改进措施提供依据。施工企业需要通过依法进行有效的投标和合同管理确保工程符合业主所提出的工期和质量等方面的要求。同时，施工企业应该按照约定的要求进行合同履约，使甲乙双方获得合同的应得效益，共享合作回报。

本 节 实 施 重 点

投标与合同管理制度的系统设立对于施工企业的市场开拓与质量管理意义重大。施工企业应该关注：投标及合同管理策略的科学规定，投标及合同管理流程的合理性，投标及合同管理风险的过程防范。其中，重点管理内容包括：

（1）投标与合同管理基本流程与制度的合理性；

（2）投标过程实施的合规性；

（3）投标与合同履约监督机制的有效性。

6.2 投 标 管 理

【条文】

6.2.1 施工企业应识别投标工程项目的相关要求，其要求应包括下列内容：

1 招标文件和相关的明示要求；

2 发包方未明示但应满足的要求；

3 法律法规、国家现行标准要求；

4 施工企业的相关要求。

【条文解读】

施工企业在投标及签约前，应确保充分了解发包方及有关各方对工程项目施工和服务质量的要求，并有能力实现这些要求。

"招标文件和相关的明示要求"是指发包方在招标文件及合同中明确提出的要求；"发包方未明示但应满足的要求"，一方面是指施工企业以行业的技术或管理要求为准，必须满足的要求，另一方面指业主由于在施工领域的知识欠缺、信息不对称等原因，可能出现在招标文件中没有明确提出的相应要求，但隐含存在某些需求的情况。通常情况下，作为施工的主要组织者，施工单位在施工技术和施工组织方面都比业主能更加及时地跟踪和了解施工领域的技术、管理发展的最新动态，这时施工单位应该从履行社会责任或追求卓越的角度出发，以更高的质量服务意识，识别并满足业主隐含的需求，为业主提供精品工程，以此树立施工企业的良好形象。例如，施工单位采取传统的施工方案，其噪声控制符合主管部门的相关规定及合同的要求，但是施工单位在施工过程中又发现了一种新型的施工方案，使施工过程中能够有效地降低噪声污染，虽然在合同中并未明确要求采取进一步降低噪声的措施，但是施工单位应从履行社会责任和维护业主利益的角度，采取新型的施工方案，达到减低噪声的目的。这也是和企业质量管理的长期目标相一致的。

本条中提到的"施工企业的相关要求"包括：施工企业对项目部的要求；为增强发包方满意而对其作出的承诺、对质量的创优要求等。

【条文】

6.2.2 施工企业应通过评审，确认具备满足工程项目有关要求的能力后依法进行投标，并保证投标文件和投标过程的合规性。

【条文解读】

施工企业在投标及签约时，首先应对该项目建设单位所采取的承发包模式进行分析，然后针对不同的招标方式，按照规定的程序进行投标及签约，并保存相关的记录。

1. 承发包模式与投标

施工企业应根据建设单位所采取承发包模式的不同，有针对性地对本企业履行合同的能力进行评价。

通常情况下，建设单位所采取的传统的承发包模式有平行承发包模式、设计或施工总分包模式以及项目总承包模式。

（1）在平行承发包模式下，建设单位将建设工程的设计、施工以及材料采购的任务经过分解分别发包给若干个设计单位、施工单位以及材料、设备供应单位，分别与各方签订合同。

（2）在设计或施工总分包模式下，建设单位将全部设计或施工任务发包给一个设计单位或者施工单位，作为总包单位，然后由总包单位在符合国家相关法律法规要求的情况下进行任务的分包。在这种模式下，对于承担施工总承包的企业，还可以细分为两种不同的类型：一种是传统意义上的施工总承包，即建设单位委托一个施工单位或由多个施工单位组成的联合体或合作体作为施工的总包单位，然后由总包单位依法根据需要将施工任务的一部分分包给其他的分包单位。另一种是施工总承包管理模式，在施工总承包管理模式下，建设单位委托一个施工单位或由多个施工单位组成的联合体或合作体作为总包管理单位，建设单位另委托其他施工单位作为分包单位进行施工。施工总承包管理单位通常不参与具体工程的施工，而是负责协助建设单位对所有的分包方进行管理、组织和协调。

（3）在项目总承包模式下，建设单位将工程设计、施工、材料及设备供货等工作全部发包给一家承包单位，然后由该承包单位作为总包单位统一负责设计、施工、材料及设备采购等工作。项目的总承包模式又可以进一步分为设计—施工（Design—Build）模式，简称 DB 模式以及设计—采购—施工（Engineering—Procurement—Construction）模式，简称 EPC 模式等。在 DB 模式中，总承包单位按照合同的约定承担工程设计与施工任务，并对承包工程的质量、安全、工期和造价全面负责；在 EPC 模式中，总承包单位按照合同的约定承担工程项目的设计、采购、施工、试运行服务等工作，并对承包工程的质量、安全、工期和造价全面负责。

在业主所采取的不同的承发包模式中，施工单位所担任的角色和所履行的合同义务是不同的。因此，施工单位要根据不同的承发包模式，结合自身的特点，评价自身的履约能力并制订不同的投标策略。

近年来，随着建筑市场的发展以及建设单位需求的多元化，在我国逐渐出现了很多新型的建设项目承发包与组织管理模式，对施工单位如何进行投标、谈判和合同管理提出了新的课题。例如，在 Partnering 模式中，施工企业与建设单位通过强调共同的目标和利益，通过签订传统的具有法律效率的合同外加非合同性的 Partnering 协议，建立长期合作的关系，为实现共赢创造条件。这就要求施工企业完善自身的管理机制，提高自身的服务质量，通过发展高质量合作伙伴促进管理水平的提高和实现企业的发展。

2. 招标的方式

工程项目的招标方式包括国际竞争性招标、有限国际招标、国内竞争性招标、询价采购、直接签订合同等。我国招标投标法中规定，招标分为公开招标和邀请招标两种方式。公开招标是指招标人在公开媒体上发布招标公告，提出招标项目和要求，符合条件的法人或者组织都可以依法进行投标参与竞争。邀请招标是指招标人事先经过考察和筛选，将投标邀请书发给某些特定的法人或者组织，邀请其参加投标。对于公开招标和邀请招标的项目，施工单位制订的投标策略是不一样的。但是，无论是在公开招标或者邀请招标的项目中，施工单位都应精益求精地做好技术标的编制工作，在邀请招标中，施工单位可以更多地根据竞争对手的情况制订有针对性的商务标的投标策略。

3. 投标的程序

（1）熟悉招标文件

施工单位在取得投标资格并获得投标文件后，应首先仔细研究招标文件，对招标文件所包括的投标人须知、合同条款、设计图纸、技术规范、工程量表等内容认真阅读和分析。

（2）调研

施工单位应该对将要投标工程的自然环境、市场环境、社会环境等信息进行调查，并安排相应的考察。内容包括施工现场的考察，如施工所在地的自然条件、工程地质条件、交通条件、供水供电条件等；工程所在市场环境的考察，如原材料的供应条件、劳动力供应条件、分包队伍的供应条件、施工机械设备的供应条件等；建设单位及相关单位情况的考察，如建设单位的资金落实情况，监理单位的能力和素质，政府主管部门的相关要求等；潜在竞争对手情况的考察等。

（3）复核工程量

对于提供工程量清单的项目，施工单位需要认真复核工程量。在核算工程量时，应结合招标文件中的技术规范分析工程量中各子项和条目的具体内容和含义，避免出现错误和遗漏。

（4）编制投标文件

投标文件的编制包括技术标与商务标的编制。

技术标编制的关键是制订合理的施工方案。施工方案的制订是体现施工单位技术能力的重要内容，也是制订投标报价的依据。施工单位应该根据项目调研的结果选择相应的施工方法、配备相应的施工机械、设备、管理人员和操作人员。确保所制订的施工方案能够有效地保证工程的质量、安全和工期等方面的要求。并在保证工程质量、安全和工期等要求的前提下，选择经济合理的施工方案。

商务标编制的关键是投标费用的计算，投标费用的计算应以施工方案、进度安排为依据，另外还需要根据建设单位的要求选择合理的计价方式。

（5）确定投标策略

施工单位应根据自身的条件和对竞争对手的分析制订合理的投标策略，投标策略的制订会直接影响到中标的可能性以及施工单位在该工程中将会取得的利润。在不同的背景情况下，施工单位可采取低价、缩短工期、改进设计、提供多种配合服务等方式获得中标。另外，投标策略的制订要与企业的发展战略相一致。

合理确定投标策略的基本条件是严格遵守投标底线的要求。

大中型工程建设项目投标策略必须在企业的决策层负责下，安排有关部门参与共同制订，否则后果难以承受。

（6）投标

确定投标策略后就可以进行正式投标。投标时应注意投标的截止期，务必在投标截止日期前提交标书。另外，在投标中还要注意投标文件的规范性和完整性，按照规定进行签章和密封，并按照要求提交投标担保。

4. 投标管理应注意的问题

（1）履约能力的评价

履约能力是合同信用的关键性指标。施工企业应在投标和签约的过程中，对企业自身的履约能力进行评价。同时，在对项目的内外部环境进行充分调查的基础上，对履行合同的风险进行识别、分析和评价，并通过适宜的方式进行评审，以确认是否有能力满足合同的要求。如果确认结果是自身能力不能满足合同要求，施工企业就应该放弃这个项目的投标。实际上，这应是施工企业的投标底线。

项目的内部环境包括企业所具备的资源、组织机构、管理制度、工程实施的能力等；外部环境包括自然环境、社会环境、政策环境、市场环境等。

在确认是否有能力满足合同要求时，施工企业的投标与合同管理部门应该与其他部门进行有效沟通，充分掌握其他部门对合同的评审意见，评估可能的评审风险，并将其作为投标的依据。

当施工企业联合其他企业共同投标某一项目时，施工企业应充分了解合作伙伴的现状，并在对合作伙伴的履约能力进行评估后再进行投标。

（2）合规性的保证

合规性是确保投标与合同管理有效性的基本条件。施工企业在投标活动中应该充分识别法律法规及相关规定的要求，确定合规性的行为准则，把生产经营行为与合规性要求紧密结合，把合同管理与合规性相互衔接，实现企业市场开拓行为与合同管理双双符合规定要求的目标。

（3）合同谈判与签约

在合同谈判和签约前，施工单位应与建设单位就技术要求、技术规范、施工方案等问题进行进一步的讨论和确认。同时，应特别注意合同中的价格调整条款以及支付条款，必要时与建设单位进行磋商和确认。另外，对于工期和维修期、违约罚金和工期提前的相关奖励、场地移交及技术资料的提供等相关条款也应通过谈判在签约前加以明确。

【条文】

6.2.3 施工企业应保存评审和投标的相关记录。

【条文解读】

工程信息评审与投标的有关记录需能为证实工程和服务质量符合要求提供必要的追溯和依据。需保存的记录一般有：对招标投标文件的分析、评审记录、招标投标过程的相关记录等。

投标记录的管理应符合本规范相关条款的规定，并作为企业知识管理系统的一部分。

在第 6.2 节所述的投标过程中，需要特别强调的是，风险管理是投标阶段最重要的工作之一，如果在投标阶段没有对风险进行准确的识别、分析并制订相应的防范对策，则一旦风险事件发生，将会给施工企业造成很大的损失。在投标阶段进行有效的风险管理规划可以为后期项目的实施奠定良好的基础，也会为质量管理创造良好的条件。

本 节 实 施 重 点

工程项目投标风险管理是施工企业确保质量管理信用的前提。施工企业应该关注：施工企业外部风险与内部风险的融合与集成，项目本身各项不确定性的影响，项目风险管理过程的可靠性，坚守投标底线与合同信用的能力。其中，重点管理内容包括：

(1) 招标文件和相关顾客要求的评审；

(2) 评审自身是否具备满足能力并且作出正确投标决定的机制构建；

(3) 投标文件的精准、合规、有效；

(4) 投标过程的合规性保证；

(5) 合同履约能力的保持水平。

案例 6-1

投 标 风 险 分 析

I 案例背景

某企业 A 拟在某城市兴建一超高层建设项目，并公开发布了招标公告，施工企业 B 获得了这一消息，经研究，认为该项目是该城市的标志性建设项目，承建该项目有利于提高企业的声誉，并且能够获得稳定的项目回报。因此，企业 B 决定投标该项目。在投标前，经调查分析，企业 B 认为存在着很多风险和不确定情况，需要进行进一步的风险分析。

II 案例分析及解决方案

在风险分析过程中，该企业首先邀请相关专家对项目实施的风险进行了识别和评价，然后制订了相应的风险对策。风险识别、评价和对策如下。

(1) 风险的识别

该项目的风险主要包括以下方面：

1) 技术风险：设计风险、施工风险。

2) 管理风险：业主的素质和能力、相关单位的素质和能力、项目组织的风险。

3) 环境风险：自然环境条件、工程地质条件。

4) 经济风险：汇率风险、业主融资和支付能力风险、市场风险。

5）社会风险：当地治安情况。

（2）风险的评价

该施工企业对每一种风险都进行了详细的评估，对其发生的可能性和对企业造成的潜在损失的严重程度进行了测算，从而得出该风险的高低情况。作为采取应对措施的依据，评价结果如表 6-1 所示。

施工企业投标某项目的风险分析与评价　　　　　表 6-1

风险类别		风险情况描述	风险评价结果
1　技术风险	1.1　设计风险	设计图纸内容具体，设计单位力量较强	低
	1.2　施工风险	施工难度比较大，有些新材料和新设备需要进行国际采购	高
2　管理风险	2.1　业主的素质和能力	业主是具有良好信誉的国际化大企业，有着很好的素质和能力	低
	2.2　相关单位的素质和能力	业主聘请了水平较高的项目管理公司负责项目的管理，当地政府管理部门工作效率较高	低
	2.3　项目组织	该项目的投资方较为单一，即该企业，业主没有规定部分内容指定专门的分包单位完成	低
3　环境风险	3.1　自然环境风险	该地区自然环境较好，为非地震区，雨量小，冬季最低温度不低于零度，有利于工程的施工	低
	3.2　工程地质条件	工程地质条件比较复杂，地下为软土，土质较差，但是施工单位对软弱土施工具备比较好的施工经验	中
4　经济风险	4.1　汇率风险	该项目要求用美金结算，有较大的汇率风险	高
	4.2　业主融资和支付能力	业主资金实力雄厚，有较强的融资能力	低
	4.3　市场风险	材料、劳动力价格波动较大，不利于施工单位的成本控制	高
5　社会风险	5.1　当地治安情况	当地治安情况良好	低
……			

（3）风险的应对策略

针对风险等级高的问题，该施工企业专门制订了应对措施。具体内容如下：

1）施工风险：由于施工难度比较大，施工企业决定专门组织专家制订合理的施工方案，确保工程施工过程中的质量和安全问题。另外，某些材料需要国际采购，由于涉及国际运输等复杂问题，该企业决定将委托专门的海上运输和物流企业负责该种材料和设备的运输。

2）汇率风险：由于美金持续贬值，用美金结算可能会带来一定的汇率损失，施工企业决定要求在合同谈判时尽量采用人民币结算。

3）市场风险：由于材料和劳动力的价格波动较大，施工单位决定在合同谈判阶段要求增加相应条款，要求对部分材料和劳动力的价格波动给予相应的调价和补偿。

6.3 合 同 管 理

【条文】

6.3.1 工程合同签订前，施工企业应评审合同内容，确认合同条件，并保存相关记录。

【条文解读】

在合同签约前，施工企业应根据需要，评审合同内容的合规性与风险程度。可采用相互沟通、合同文本发放、会议、书面评价等多种方式使相关部门和人员理解合同的要求，分析合同条件中的风险事项。在评价合同内容的过程中，施工企业应该进行有效的相互交流，取得各部门和人员的评审反馈，并根据需要召开相关的专题会议，形成会议纪要，作为合同签约的内部依据及档案资料。

【条文】

6.3.2 施工企业应依法签约，并通过合同交底或其他信息传递方式，确保相关人员掌握合同的内容和要求。

【条文解读】

建设工程合同（工程总承包、施工合同）是十分重要的工程文件，是工程项目质量管理的基本依据。因此，施工企业应该按照法律法规的规定，采用合法的方式、合规的流程及按合同双方约定的时间签订合同。合同的各项手续、签字、印章等必须符合《合同法》的所有要求。

在合同履行前，施工企业应根据需要采用合同文本发放、会议、书面交底等多种方式使相关部门和人员掌握合同的要求，熟悉合同履行中的注意事项。在使相关部门和人员掌握合同要求的过程中，应该进行有效的沟通，及时取得各部门和人员的反馈意见，并根据需要召开相关的专题会议，形成会议纪要，作为合同履行的内部依据。

施工企业应向各管理层次进行合同交底。在交底过程中，应通过组织相关人员学习合同条款，熟悉合同中的主要内容、规定和要求，了解相关的管理程序，明确合同规定的工作范围和相关责任，违约后的法律后果等。使企业相关人员对合同内容的理解相一致，将工作内容和责任落实到负责具体工作的工程项目组和个人。

在按照本条款的内容实施合同管理的过程中应注意针对不同的合同类型实施有针对性的合同管理。

施工合同按照施工单位承包工程范围的不同可以分成不同的类型。目前我国的施工合同主要可分为施工承包合同、专业工程分包合同和劳务分包合同。施工企业要根据不同的合同类型以及企业在项目中所担任角色的不同实施合同管理。施工单位作为总包单位承包该工程的，应履行的义务和责任通常包括：

1. 按照合同约定的质量完成施工任务；
2. 按照合同约定的工期完成并交付工程；
3. 按照合同约定向发包人提供施工场地的办公和生活设施；
4. 遵守相关政府主管部门的要求；
5. 负责保修期内的工程维修；
6. 做好施工现场的职业健康安全与环境管理；
7. 接受发包人、工程师或其代表的指令；
8. 负责照管施工现场的材料、设备和未交付的工程；
9. 按要求做好工程的检查和验收工作。

如果施工单位是作为分包单位承担工程的，则应在总包单位的统一管理下履行合同的权利和义务。

【条文】

6.3.3 对工程合同履行中发生的变更，施工企业应以书面文件签认，并作为工程合同的组成部分。变更的内容、程序应符合相关约定。

【条文解读】

变更管理是合同履行管理中的一项重要内容。施工过程中产生的变更主要包括：设计单位提出的变更、发包方提出的变更以及施工企业提出的、经认可的变更。这三类变更的执行都应符合相应的程序。施工企业对于这三类变更应该进行分类管理，并注意变更过程中可能发生的索赔事件，在维护自身利益的同时，不损害业主的利益。

产生工程变更的原因有很多种，包括业主提出了新的要求，如业主修改了原来的功能要求、工期安排等；设计原因造成的工程变更，如设计出现了纰漏、设计规范发生了修订等；工程实施环境变化造成的变更，如现场条件发生了变化、市场条件发生了变化、自然环境发生了变化、政府主管部门的管理制度提出了新的要求等。

施工单位对建设单位提出的变更、设计单位提出的变更以及施工单位自身提出的变更这三类变更，应执行不同的变更程序。无论何方提出的变更，施工单位都要在收到总监发出的变更指令后才能执行变更。值得指出的是：如果需要电子媒体等形式进行变更管理，相关的具体方式应该在合同中予以明确。

在履约过程中，施工企业应随时收集与工程项目有关的要求变更的信息。这些信息包括法律、法规、标准、规范中所规定内容的变化、施工承包合同的变化以及本企业要求的变化，并在规定范围内加以传递。必要时应修改相应的项目质量管理文件。这些信息应作为质量管理信息的一部分用于质量管理。

【条文】

6.3.4 在工程合同履行的各阶段，施工企业应与发包方或其代表进行有效沟通，确定相关方需求，形成必要记录，并定期检查、分析、评价工程合同履行情况。

【条文解读】

施工企业在履行合同过程中，应与发包方进行及时、有效的沟通，了解发包方或其代表对施工企业合同履行的意见和建议，为改进施工和服务质量提供依据。沟通的形式可以采用书面或者口头方式，也可通过例会或根据情况召开专门的会议。

施工企业对合同履行情况的检查、分析、评价需分别在合同履约中和履约后进行。施工企业需根据项目的风险程度及管理要求等对检查、分析、评价的具体时机作出规定。

合同履约情况的信息可能来源于不同的部门，施工企业应设置专门的部门或岗位负责合同履行信息的收集、整理、存储和传递工作，确保各层次的管理部门能够及时掌握合同履行情况并采取相应的措施。合同履行的各种信息应作为施工企业知识管理的一部分，用于企业的质量改进。

在合同履约情况的分析中需要做好以下工作。

1. 及时发现合同履行中的问题

施工企业首先要对合同的履行情况进行跟踪。跟踪的依据包括合同文件、工程进展中形成的各项文件和记录等。合同跟踪的方式有现场巡视、会谈、专题会议、组织检查等。

合同跟踪的内容主要包括本企业所承包的工程范围及其质量、进度和成本的执行情况,如工程范围是否按要求执行,是否有遗漏;建筑材料、构件、制品和设备等的质量以及施工安装质量是否符合要求;工程进度是否能符合规定的工期要求;工程的成本是否有增减等。

另外,在合同跟踪中应该对特殊条款的履约(如知识产权保护)等情况进行重点跟踪。

2. 采取有效的处理措施

在发现合同履行出现偏差之后,首先要对产生偏差的原因进行分析。分析时应采用定性和定量相结合的方法进行。分析的内容包括偏差产生的原因、责任人是谁、对工程最终的实施结果有何影响、企业将会承担何种后果等。偏差的原因可能有很多种,在偏差原因分析中,要区分内在和外在的原因,内在的原因是由于自身管理的问题造成合同履行出现了偏差,而外在的原因则是由于外界因素的影响造成合同履行出现了问题。这些因素包括自然环境、市场环境、法律制度环境的变化等。同时,建设单位的因素引起的合同偏差也属于外界因素引起的合同偏差。

对工程最终实施结果的影响分析包括是否会造成总工期的延误、质量不能达到预定的目标、总成本的超支等。企业将要承担的后果包括罚款、被索赔等直接损失和信誉下降、影响企业发展战略等间接损失。另外,还要注意一点,当合同偏差是由于建设单位的原因引起时,如建设单位未及时提供施工现场、图纸、技术资料;对施工中施工单位提出的问题未给予及时的回复、确认和及时发出指令;未及时足额支付工程款等,也应进行深入的合同偏差分析,为合同索赔提供依据。

3. 做好分析和处理的记录

合同履行情况的分析与处理结果都应形成记录,这些记录首先可以作为本项目执行后续工程的依据;其次可以作为处理本工程合同索赔的依据;另外,还可以作为企业对于今后投标其他工程和进行项目管理的依据。

本 节 实 施 重 点

合同管理是工程质量管理的基础,合同履约更是信用水平的重要标志。施工企业应该关注:合理界定工程合同的责权利,梳理工程质量管理的履约责任,通过质量管理支持合同管理,以合同管理强化质量管理,确保合同质量要求全面实现的能力。其中,重点管理内容包括:

(1)合同条款设置与合同条件评审;

(2)合同变更控制;

(3)合同履约与责权利清算;

(4)合同纠纷的解决。

7 施工机具与设施管理

7.1 一 般 规 定

【条文】

7.1.1 施工企业应建立并实施施工机具与设施管理制度，对施工机具与设施的配备、安装、拆除与验收、使用与维护作出规定。

【条文解读】

施工机具与设施是指在施工过程中为了满足施工需要而使用的基础设施，既包括各类机械、设备、工具、设施等，又包括企业自有、租赁和分包方的设备，比如：起重设备、脚手架、电梯、吊篮等。施工机具与设施的配备、进场验收、安装、拆除与验收、使用维护等的管理过程是施工企业质量管理的重要组成部分。

施工企业需要确定分别属于自有、租赁和分包方施工机具与设施的不同管理责任。

施工企业应分析由于性能差异和磨损程度等技术状态导致的设备与设施风险，策划对施工现场的设备、设施提供、租赁和分包施工机具与设施的管理要求，完善企业施工机具与设施管理制度。

施工企业应明确主管领导在施工机具与设施管理中的具体责任，规定各管理层及项目经理部在施工机具与设施管理中的管理职责及方法，明确相应的责任、权利和义务，保证施工机具与设施管理工作符合施工现场的需要。施工机具与设施管理职责，可包括计划、采购、安装、拆除、验收、使用、维护等内容。

施工企业各管理层次及有关岗位的管理职责如下。

1. 企业管理层次

（1）企业主管部门：负责制定施工机具与设施的配备、进场验收、安装调试、使用维护的管理制度，策划特殊施工机具与设施的配备计划，评价和选择企业的施工机具合格供应方，对项目施工机具与设施的配备、进场验收、安装调试、使用维护活动进行指导、监督和管理。

（2）项目部：执行企业的施工机具与设施管理制度，评价和管理项目使用的施工机具与设施的合格供应方，策划企业授权的施工机具与设施配备计划，落实项目施工机具与设施的配备，实施进场验收、安装调试、使用维护活动。

2. 重要岗位

（1）项目经理：具体组织项目施工机具与设施的管理，审批项目的施工机具与设施配备计划和合格供应方，审核批准项目施工机具与设施的配备计划。

（2）施工机具与设施管理员：负责编制施工机具与设施的配备计划、设备维修保养计划，具体实施进场验收、安装调试、使用维护的管理活动。

3. 分包方

根据合同要求，执行施工企业施工机具与设施的管理规定，从施工机具与设施的采购、维护、使用和报废等方面实施控制活动。

本条文是本章的基础性条款，对施工企业建立施工机具与设施管理制度提出了基本要求，包括应对施工机具与设施的配备、验收、安装调试、使用维护等作出规定，明确各管理层次及有关岗位在施工机具与设施管理中的职责等。

作为施工机具与设施管理的基础要求，科学建立施工机具与设施的管理制度是有效实施施工机具与设施管理的必备条件。如果没有明确有关管理层次及有关岗位在施工机具与设施管理中的职责，必将在施工机具与设施的配备、验收、安装调试、使用维护等阶段出现职责不清、分工不明的情形，使施工过程无法及时得到施工机具与设施的有效支持，甚至导致工程质量的重大隐患。

【条文】

7.1.2 施工机具与设施的配置数量、技术性能、使用与维护管理应符合配置计划、国家现行相关标准的规定。

【条文解读】

施工现场配备的各种施工设备与设施需与施工需求相匹配，并且满足施工安全、环保的要求。一方面，配置数量是最基本的外在要求，没有合格的数量就没有合格的施工过程能力，这是保障施工机具与设施运行符合要求的前提。另一方面，技术性能是满足规定要求的内在质量要求，只有符合施工技术条件的需求，才能有效地达到施工过程的功能要求。具备了上述两个条件，施工机具与设施的使用与维修就拥有了坚实的工作基础与安全、环保条件。施工机具与设施的配置数量、技术性能、使用与维护管理过程的基本依据来自于配置计划、国家现行相关标准规范。

【条文】

7.1.3 施工机具与设施的档案或记录应建立并保存。

【条文解读】

一般情况下，施工机具与设施风险明显，使用前必须充分了解其基本状态与危险程度，因此施工机具与设施的档案或记录是非常关键的工作依据，没有符合要求的可以追溯的档案或记录的施工机具与设施是不能进入施工现场使用的。施工企业建立并保存施工机具与设施的档案或记录不仅应该，而且必要。

本条文是第 3.5 条的关联性要求。施工机具与设施记录对于工程项目质量管理有着比较直接的影响。

本 节 实 施 重 点

施工机具与设施管理制度是确保其满足规定要求的基础。施工企业应该关注：施工机具与设施管理制度的完善程度，施工机具与设施档案或记录的关联规定，施工机具与设施配备、安装、拆除与验收、使用与维护管理要求的有效性。其中，重点管理内容包括：

(1) 施工机具与设施的报废标准；

(2) 施工机具与设施的验收与使用规定；

(3) 施工机具与设施专项方案的内容要求；

(4) 施工机具与设施运行记录的控制。

7.2 配 备

【条文】

7.2.1 施工机具与设施的配置应满足工程施工的需求。施工企业应制定施工机具与设施配备计划，经审批后组织实施。

【条文解读】

合理地配备施工机具与设施是实现项目质量管理策划要求的重要活动之一。配备计划（配置计划）是具体的落实手段。本条款规定了制订和批准配备计划的要求。

施工机具与设施配备计划可根据施工企业发展的需要专门制订或根据工程项目的需要在项目管理策划时统筹确定。施工机具与设施配备计划可以是书面文件，也可以是非书面文件。施工机具与设施配备计划的审批权限需符合管理制度的规定。施工机具与设施的配备可采用购置和租赁的方式。

施工机具与设施配备计划可以分为企业和项目经理部两个层次进行。自有、购置和租赁施工机具与设施的配备与企业、项目部不同层次的配备计划之间要有机地进行衔接。

1. 配备计划的依据：

（1）施工技术和工艺；

（2）施工进度；

（3）工程量；

（4）人员素质；

（5）施工风险。

2. 配备计划的内容：

（1）施工机具与设施的性能；

（2）数量；

（3）进场和退场时间等；

（4）施工机具与设施作业和维护人员。

施工机具与设施配备计划应根据施工企业的特点专门制订或在项目管理策划的其他文件里安排规定。

施工机具与设施配备计划的审批权限应符合管理制度的要求。施工机具与设施配备计划应按照规定进行批准，重大配备计划由企业主管领导或其授权人员批准，一般配备计划由项目经理或其授权人员批准，并及时传递到有关部门实施。

本条文对施工机具与设施管理条款的策划要求，是后续条款的基础性条款。同时又是第 10 章工程项目质量管理 10.2 策划部分的重要关联内容。

施工机具与设施配备计划是有效实施施工机具管理的基础。没有合理、科学的配备计划，将会造成工程项目施工机具与设施的性能、数量、进场和退场时间、施工机具与设施作业和维护人员等环节的管理缺陷，甚至出现因为没有配备计划而中断正常的施工过程。

【条文】

7.2.2 施工企业应建立施工机具与设施供应方评价制度。在采购或租赁前应进行供应方评价，并保存相关资料和评价记录。对供应方的评价应包括下列内容：

1 企业资质、经营状况、信誉；

2 产品和服务质量；

3 产品技术性能；

4 供货能力和协作水平；

5 价格。

【条文解读】

本条款体现了施工机具与设施的风险管理思想，旨在通过对施工机具与设施供应方的管理立足预防事故和事件的发生。

施工机具与设施供应方的信誉和能力往往决定了施工机具与设施的技术特性和质量水平。施工机具与设施供应方的评价、选择是保证施工机具与设施供应方质量的基础，特别是在市场上购买或租赁施工机具与设施时更是如此。

施工企业可根据施工机具与设施的类别和对施工质量的影响程度，分别确定各类施工机具与设施供应方的评价和选择标准。

评价施工机具与设施供应方一般应考虑：

1. 供应方资质、经营状况、信誉。主要是其在行业中的诚信度和影响力。

2. 供应方所提供产品和服务的质量。包括施工机具与设施的性能、效率和持续能力，提供的维护和使用服务水平等。

3. 产品技术性能。包括施工机具与设施的技术性能、技术特征、技术水平等。产品技术性能体现了施工机具与设施的技术构成与内在竞争力，是衡量施工技术应用水平的重要指标。

4. 供货能力与协作水平。供货能力是指：生产、运输、贮存、按期交付等综合能力，供货能力一般包括：生产能力、运输能力、贮存能力、交货期的准确性等。协作水平是指：供应方与施工企业的相关接口情况等，一般包括：合作水平、配合水平、沟通协调水平等。供货能力与协作水平通常体现在为施工企业提供产品和服务的绩效结果。

5. 价格。价格是指提供施工机具与设施的货币价值要求。价格水平应该与提供的施工机具与设施质量相一致，体现施工机具与设施的应有价值。

在评价上述因素的全过程中，应该考虑贯穿始终的风险影响，包括施工机具与设施质量缺陷、供货迟到和经济风险等不确定的因素。

当施工机具与设施出现事故或是不合格的趋势时，还应考虑从供应方的以下方面进行进一步评估：

1. 质量管理体系。供应方生产或供应产品的质量管理体系。

2. 人员素质。供应方生产和管理人员的专业文化程度、工作经验和工作作风。

3. 技术水平。供应方的工艺技术特点和研发创新能力。

必要时，可对施工机具与设施供应方进行再评价。再评价的内容是重点分析施工机具与设施供应方提供的产品和服务的变化情况、可靠程度等。具体包括：

1. 技术更新水平；

2. 管理服务提升层次；

3. 应急响应能力；

4. 信息沟通渠道；

5. 风险预防措施。

施工企业在评价过程中发现施工机具与设施供应方出现质量和服务问题时应了解产生的原因，并进行评价。

施工机具与设施供应方的选择要在经过评价或再评价的合格供应方范围内进行。

选择供应方的结果应由施工企业的主管领导或授权人员批准后，按照采购的程序实施落实。

施工机具与设施的采购，按采购实施主体划分可分为：

1. 企业采购，即企业施工机具与设施管理部门组织采购；

2. 项目部采购；

3. 分包方采购。

按采购方法划分可分为：

1. 招标采购。采购实施主体以招标文件的方式，约请采购策划名单中的多家供应方投标，经过评标，选择最佳供应方。对于工程设备以及采购金额较大的项目，宜采用招标采购。

2. 邀标采购。采购实施主体以招标的方式邀请特定的供应方投标，用招标方式确定供应方。对于批量小、价值较低以及不宜招标的，可采用询价招标。

3. 直接采购。对于零星工具或比较困难实施质量、价格对比的，或单项物资价值低的机具可考虑直接采购。

采购的实施要求是：

影响施工核心质量或安全风险的施工机具与设施，包括塔式起重机、外用电梯、吊篮、泵车、搅拌机、电焊机、切断机、弯曲机、脚手架、模板等供应方的选择和确定，必须采用以上方式中的招标采购或邀标采购。其他供应方的选择和确定可以采用灵活的方式，包括直接采购。项目部施工机具与设施的采购必须符合施工企业的规定要求。

施工机具与设施供应方的评价、再评价和选择应是动态的、持续的。要在选择前、使用前和使用中等关键过程中及时实施施工机具与设施供应方的评价、再评价和选择，发现风险应立即采取预防措施。施工机具与设施供应方的评价、再评价和选择的参加人员应是专业和经验的互补，必要时应邀请作业人员参加。

施工企业应要求分包方明确其施工机具与设施供应方的评价方法，在采购或租赁前对其进行评价，并收集相应的证明资料和保存评价证据。评价的内容和方法应该与施工企业的管理要求相一致。

本条文是第 7.2 节中的重要控制环节，关键是选择合理、可靠的合作方，是第 10.4 条款施工准备的实施性条款。施工机具与设施供应方的评价选择一般是在施工准备过程中实施的。

施工企业明确施工机具与设施供应方的评价方法，在采购或租赁前对其进行评价，并收集相应的证明资料和保存评价记录，是十分必要的，是保证施工机具与设施质量的基础。如果不实施评价，不考虑供应方的经营资格和信誉，产品和服务的质量，供货能力和风险因素，就存在因为供应方的风险而导致质量事故的可能性。

施工企业可根据施工机具与设施的类别和对施工质量的影响程度，分别确定各类施工机具与设施供应方的评价标准。对供应方的评价可依据管理制度分层次进行。

【条文】

7.2.3 采购或租赁施工机具与设施时，施工企业宜与供应方订立合同，在合同中应明确施工机具与设施的类别、技术性能、质量标准及服务要求事项，并界定合同双方的相关责任。

【条文解读】

施工机具与设施是风险比较大的施工资源，其重要性是不言而喻的。一方面施工机具与设施对于施工过程的质量安全的影响十分明显，另一方面目前施工机具与设施采购（租赁）的市场信用风险更加突出，如果不按照有关要求及时签订合同，那就有可能不仅造成较大的经济损失，而且导致施工进度和质量无法得到保证。因此，一般情况下施工企业应该签订相关合同协议，特别是依据有关法律法规要求签订规范的采购或租赁合同。

施工企业按照法律要求和工程建设行业规定订立合约，应该合理规定相应的合作条款。合同内容包括：

1. 施工机具与设施质量；
2. 施工机具与设施服务要求；
3. 施工机具与设施租赁或购买价格；
4. 施工机具与设施进场和退出时间；
5. 施工机具与设施事故的应急责任（事故发生后，供应方应紧急提供的服务）；
6. 其他。

施工企业的合同审核和批准应考虑施工现场的管理能力，供销双方的责任、义务、服务范围和标准的合理性，约定的相关约束条款符合规定要求的程度等。

为了确保满足施工过程的需要，施工机具与设施采购或租赁合同应符合经审批的配备计划。

施工企业应建立一套对施工机具与设施供应方履行合同的管理制度和方法，包括合同履行检查、诊断、纠纷处理和合同中止等。合同项目管理人员应定期对施工机具与设施供应方履行合同的过程进行检查，发现违反合同规定时，要及时按照合同要求进行处理。

本条文与第 8 章关系密切，应该注意联系与区别。这里的合同是施工企业采购施工机具与设施的采购合同，订立合同是按照投标及工程合同的要求实施的合同管理活动。

值得指出的是：施工机具与设施采购或租赁合同内容需符合经审批的配备计划需求。并需要在合同中明确双方的责任与风险，规定合同履行风险的预防措施。

本 节 实 施 重 点

施工机具与设施配备是施工质量资源管理的起点。施工企业应该关注：施工机具与设施配备的合理性，施工机具与设施采购或租赁的管理绩效，施工机具与设施的合同管理水平。其中，重点管理内容包括：

（1）施工机具与设施配备计划的准确性；

（2）施工机具与设施供应方评价的有效性；

（3）风险性大的施工机具与设施内在质量与采购价格的匹配程度；

（4）施工机具与设施合同管理的可靠性。

7.3 安装、拆除与验收

【条文】

7.3.1 施工机具与设施安装、拆除与验收应符合国家现行相关标准的规定。施工企业应对进场的施工机具与设施进行验收，并保存验收记录。

【条文解读】

任何工程项目都离不开施工机具与设施。工程项目质量管理的重要过程之一就是施工机具与设施的安装、拆卸与验收。

本条款体现了施工企业进行施工机具与设施进场验收的基本要求。施工企业需根据施工机具与设施配备计划、采购或租赁合同、工程施工进度等相关规定对施工机具与设施进行验收。

施工机具与设施的进场验收是十分重要的管理环节。不仅关系到使用过程的能力水平，而且关系到施工机具的安全风险。施工企业应根据施工机具配备计划、采购或租赁合同、工程施工进度等对施工机具进行验收。有关管理人员必须按照施工机具与设施的性能和特点实施进场验收，内容包括：

1. 数量；

2. 技术参数；

3. 安全防护装置；

4. 使用手册；

5. 维修说明；

6. 备用件；

7. 其他特殊要求。

　　施工企业应明确参加验收的人员的职责和验收方法。对于购置的施工机具与设施，验收人员应根据合同及"装箱清单"或"设备附件明细表"等目录进行清点，包括设备、备件、工具、说明书、合格证等文件；重要施工机具与设施的随机文件应作为施工机具与设施档案，按照相关制度的规定归档管理。

　　施工企业对于租赁的设备与设施应按照合同的规定验证其型号、技术状态、随行操作人员的资格证明等。

　　施工企业应对施工机具与设施进行严格验收，特别是对分包方施工机具与设施进行严格验收，否则分包方的不合格施工机具与设施将可能造成安全事故。

　　本条文是检查性条款，是第 10.4 节施工准备的具体体现，与第 9.3 节的关系十分密切。

【条文】

7.3.2　施工准备过程，施工企业应针对危险性较大或技术复杂的工程，编制专项施工方案，经审批后组织实施。

【条文解读】

　　危险性较大或技术复杂工程的施工机具与设施安装、拆卸与验收是具有关键性意义的质量管理环节。

　　危险性较大或技术复杂的工程涉及众多的质量安全管理风险。往往由于管理失控导致不可接受的质量与安全事故。一方面，施工机具与设施安装、拆卸作业及使用维护是安全性、技术性很强的质量过程，其状态好坏直接关系施工质量安全的结果；另一方面，防范施工事故的一项重要工作就是针对危险性较大或技术复杂的工程编制专项施工方案。针对危险性较大或技术复杂的工程的"专项施工方案"不仅包括施工机具与设施的安装、拆卸过程，而且包括相应的使用过程，其内容需按照国家《建设工程安全管理条例》、《建设工程质量管理条例》等有关法律法规及规范标准的要求进行编制，以满足施工过程中对风险防范的要求。因此，专项施工方案是施工机具与设施安装、拆除及使用管理的基本载体，也是项目基础设施底线管理的基本方法。

针对危险性较大或技术复杂的工程的专项施工方案应该在施工准备阶段编制完成。达到一定规模的危险性较大或技术复杂的工程专项施工方案还需进行外部专家的论证评审。特别是专项施工方案需经施工企业相应授权人批准后才能实施，并且安装后的施工机具与设施经验收合格后方可使用。近期在某施工企业的发电厂工程项目中，就出现了因为对分包方施工脚手架没有进行严格验收，导致当场死亡 17 人的特大事故。

【条文】

7.3.3 安装、拆除作业前，施工企业应对施工机具与设施的作业人员进行交底，并保存相关记录。

【条文解读】

施工机具与设施是十分复杂的施工手段，安装、拆除作业前，施工企业应对施工机具与设施的作业人员进行交底，这是规避风险的有效制度安排。施工企业需明确参加施工机具与设施交底人员的职责和交底方法。相关的技术交底与安全交底应该同步集成进行。

对于重要的施工机具与设施，交底人员应根据合同及专项施工方案策划具体实施要求，确定详细的施工作业准则。

有些特殊的（包括危险性较大的）施工机具应该按照有关规定实施专门交底。包括需编制安装或拆卸方案的施工机具，包括盾构机、塔式起重机、架桥机、外用电梯、脚手架和操作平台等，其安装（或拆除）方案的内容由安装（或拆除）的方法、验收和安全保护措施等组成。该交底应按照规定要求经批准后实施。需要按照交底通过专门试验的施工机具与设施，需要经过国家有关授权单位或监理验收合格后方可使用。

【条文】

7.3.4 施工机具与设施的安装、拆除作业人员、操作人员、维护人员应培训合格。施工企业应对各类人员的资格进行审核。

【条文解读】

施工企业需明确参加施工机具与设施的安装、拆除作业人员、操作人员、维护人员的职责、上岗标准及培训方法。

人是施工机具与设施管理的核心因素。为保障其安全运行，在各类特种机具及设施的验收过程中，需重点关注人员资格的审核。项目部应该根据国家及行业有关规定针对特殊工种人员、关键岗位工人进行资格审核，确保只有经过培训、资格符合要求的人员才能上岗作业。

【条文】

7.3.5　安装作业完成后，施工企业应针对施工机具与设施进行检测和验收，未经检测验收或验收不合格的不得使用。

【条文解读】

安装作业完成标志着施工作业可以开始，但是施工机具与设施必须经过规定的检测和验收并且合格后才能投入运行。

施工企业要明确参加检测与验收人员的职责和验收方法，项目经理部应落实相应的人员职责和检测、验收方法，以确保未经检测、验收或验收不合格的施工机具与设施不得使用。

大型施工机具与设施的随机文件需作为施工机具与设施档案，按照相关制度的规定归档管理。

对于租赁的设备需按照合同的规定验证其施工机具与设施型号、随行操作人员的资格证明等。

对于安装试运行期间出现问题或验收不合格的施工机具与设施，包括分包方的施工机具与设施需按照合同约定予以处理。

项目部应保存验收记录以便需要时进行追踪。自有、购置或租赁的施工机具与设施均应根据合同、设备清单、使用手册和附件明细表等进行清点、验收。

本 节 实 施 重 点

施工机具与设施的安装、拆除是施工过程的重要环节。施工企业应该关注：施工机具与设施进场验收的有效性，施工机具与设施安装、拆除的可靠性，专项施工方案的合理性，安装、拆除过程的现场风险控制，施工机具与设施安装验收的精准性。其中，重点管理内容包括：

（1）安装、拆除、验收人员的资格确认；

（2）专项施工方案的实施结果；

（3）施工机具与设施安装、拆除过程控制；

（4）施工机具与设施的验收绩效。

7.4　使 用 与 维 护

【条文】

7.4.1　施工机具与设施的使用和维护应符合国家现行相关标准和管理制度的规定，不得违章作业。

【条文解读】

施工机具与设施的使用、技术管理、维修保养等不仅是施工现场管理的重要环节，而且是企业技术和安全管理的组成部分。本条款规定了对施工机具与设施的使用、技术和安全管理、维修保养等要求。

施工企业应建立施工机具与设施技术和安全管理制度，明确在使用过程中要符合定机、定人、定岗、持证上岗、交接、维护保养等规定。包括：

1. 所有施工机具与设施使用过程中应符合定机、定人、定岗、持证上岗、交接、维护保养等规定。作业之前都应实施安全技术交底和施工机具与设施安全装置的检验。由于技术和安全风险管理的需要，施工企业应建立必要的施工机具与设施档案，重点是建立大中型施工机械（如：搅拌机等）和关键过程、特殊过程的施工机具与设施（如：电焊机等）的档案。

2. 重要施工机具与设施的使用应由施工企业或项目部制订专项技术方案，把施工活动和设备特点结合起来，核定设备运行的技术参数，规定合适的作业方法，确保施工机具的安全运行。

3. 重要设备的技术状态和安全防护设施应该及时检查，评价相关设备的可靠性。比如：塔式起重机、施工升降机和物料提升机的主要结构、安全保护装置、安装与拆除，以及安全使用等过程都关系到设备的可靠性。应特别注意在使用前进行设备的安全可靠性检查。

4. 项目部的重要施工设备（塔式起重机、外用电梯、泵车、搅拌机等）必须按照运行的结果记录台班时间，以决定设备维修和报废的时间安排。

5. 项目施工机具与设施的计划和使用应符合施工过程控制的要求。要根据施工作业的特点，在开机前检查设备的完好情况，在使用中按照施工方案的运行规定操作，按照操作说明实施人员交接，在使用后及时进行维护和保养。

6. 有效确保项目施工机具与设施的维修工作。要在施工准备阶段就制订施工机具的维修计划，内容包括：设立简易的维修现场，配备维修设备、维修配件和人员，确定维修的专业方法。维修方法有：定期维修（大修、中修和小修）、状态维修、抢修等。项目的维修工作应该立足风险预防，实施以计划规定的定期维修和以机件状态决定的状态维修，使机械事故得到避免。

7. 及时完善针对施工机具与设施的应急管理措施。项目部要针对施工现场风险的特点制订应急措施，内容包括：紧急处置、报警、撤离、抢修、恢复运行和事故调查等，应准备必要的备用施工机具与设施或协调有关合作方实施应急配合，训练应急的相关人员，确保当施工机具与设施发生突然事故时能够及时响应，减少施工的质量和安全风险。

8. 强化针对分包方施工机具与设施的控制和管理工作。项目部应根据合同要求对分包方的关键和特殊过程的施工机具与设施实施管理。包括对分包方施工机具与设施的采购和租赁过程，使用和维修过程，进场验收等过程的监督和指导。发现问题必须及时采取改进措施。

本条文是实施性条款，是第10.4和10.5条款的具体运行。与第9章的关系也十分紧密。

【条文】

7.4.2　施工企业应对施工机具与设施的使用过程进行定期检查，保持其技术性能安全可靠，并保存相关记录。

【条文解读】

施工机具与设施运行应通过定期检查、测量其符合施工过程能力要求的程度。施工企业施工机具与设施的具体检查重点包括：

1. 当自有或租赁的施工机具与设施出现机械问题时，应该对现场管理和控制的方法，设备的技术、质量状况，包括设备的报废程度作出评估。

2. 当由租赁的施工机具与设施供应方提供的随机操作人员出现问题时，应对设备供应方的服务水平和人员素质作出评估。

3. 当购置的施工机具与设施出现机械问题时，应对现场机具的管理能力、采购过程的风险和供应方的技术、质量能力作出评估。

4. 当购置的施工机具与设施售后服务出现问题时，应该对供应方的服务水平作出评估。

5. 当多种类似的施工机具与设施事故发生以后，应该全面评估施工机具与设施的管理风险。

项目部要根据分析的结果实施项目施工机具与设施管理的改进工作并且保存相关记录。

【条文】

7.4.3　施工企业应对施工机具与设施供应方的服务过程进行评价。

【条文解读】

无数事故说明施工机具与设施供应方服务过程的重要性。本规范关于"施工企业应对施工机具与设施供应方的服务过程进行评价"是指：在供应方的服务出现偏差、事故，或是供应方的服务过程风险比较大时，施工企业需对服务过程进行评价，以及时采取改进措施。没有对供应方的服务过程进行评价，就没有施工机具与设施的有效控制和管理，必将严重影响工程施工支持过程的提供质量。施工企业应该严格按照本条款对施工机具与设施的使用、技术和安全管理、维修保养等相关供应方的服务过程实施管理，这是保证施工现场质量目标的客观需要。

本条款是第 12 章的关联条款，作为质量管理改进的信息输入。

本 节 实 施 重 点

施工机具与设施的使用与维护是项目质量控制的重要组成部分。施工企业应该关注：施工机具与设施的正确使用与维护，施工机具与设施事故的应急风险识别，施工机具与设施的运行技术方案的准确性，分包施工机具与设施的控制。其中，重点管理内容包括：

（1）施工机具与设施的运行记录；

（2）施工机具与设施的维护保障；

（3）施工机具与设施的应急准备与响应；

（4）施工机具与设施检查工作的有效性。

8 工程材料、构配件和设备管理

8.1 一 般 规 定

【条文】

8.1.1 施工企业应建立并实施工程材料、构配件和设备管理制度，对工程材料、构配件和设备的采购、进场验收、现场管理及不合格品的控制作出规定。

【条文解读】

工程材料、构配件和设备是形成工程项目的基本生产要素，占工程总造价的60%～70%以上，工程材料、构配件和设备质量管理的重要性是十分明显的。本条款中的工程材料、构配件和设备是指构成工程实体的工程材料、构配件和设备，不包括构成相关临时工程的工程材料、构配件和设备，如起重机械基础、脚手架等。施工企业应按照本条款的要求，建立工程材料、构配件和设备管理制度，明确各管理层次及项目部采购管理活动的内容、方法及相应的职责和权限。

在市场经济条件下，施工企业的物资供应和采购渠道已经呈现出了多元化，同时随着建筑工业化步伐的加快，装配式建筑部品部件的生产发展迅速。各种工程材料、构配件和设备管理过程的风险明显增加。

为了保证施工过程质量，施工企业应在工程材料、构配件和设备管理制度中，明确在这些过程中的相关管理范围和职责等，包括管理职责、供方评价、采购计划、采购过程、进场验收、搬运、储存、成品保护和施工现场管理等。

施工企业各管理部门和岗位的主要职责是：

1. 企业主管部门：策划企业工程材料、构配件和设备管理制度，审查各种重大采购和管理文件，指导检查项目经理部工程材料、构配件和设备管理的工作。

2. 项目经理部：组织项目经理部在授权范围内的工程材料、构配件和设备管理工作，编制项目需求和采购计划，组织对工程材料、构配件和设备进场的验证。组织对不合格的工程材料、构配件和设备进行继续处置。组织对与本项目发生工程材料、构配件和设备管理合作关系的供应方的年度评价，并向企业主管部门报告。

3. 项目经理：组织供应方的评价工作，审核项目上报的工程材料、构配件和设备需求计划，批准项目工程材料、构配件和设备采购和现场管理计划，在授权范围内代表项目签署项目工程材料、构配件和设备采购合同，审核不合格评审处置措施。

4. 项目部主管人员：实施工程材料、构配件和设备的采购、验证、现场管理等项工作，根据授权处置不合格的工程材料、构配件和设备。

施工企业应按照管理制度要求，对分包方的工程材料、构配件和设备进行管理。必要时，要求分包方制定相应的管理制度，包括重要工程材料、构配件和设备的采购范围、管理方式、使用方法和不合格处理权限等，并检查分包方的实施情况。

本条文是本条款的基础要求，也是第3章第3.3条款和第4章第4.3条款的具体实施性要求。

如果施工企业管理制度不完善（如管理流程的缺失、重要管理过程的遗漏）会造成管理的盲点，制度不符合实际会造成制度执行的不顺畅，甚至得不到执行，形成更大的盲区，导致在管理策划、管理职责、供方评价、采购过程、搬运、采购验证、储存、现场管理和成品保护等方面出现管理的偏差或质量问题。

【条文】

8.1.2 工程材料、构配件和设备的种类、规格、型号、技术性能、职业健康、节能环保及质量标准应符合设计和国家现行相关标准的规定。

【条文解读】

本条款是对工程材料、构配件和设备采购质量的基本要求，施工企业采购的工程材料、构配件和设备的技术参数、质量标准直接影响建筑工程的产品质量，其职业健康、安全与节能环保要求具有明显的时代特点，社会关注度越来越高，符合性也越来越重要。特别是新材料、新构配件和新设备的职业健康、安全与环保性能，需要在采购计划、采购合同和进场验收中明确规定，并进行重点控制和管理。主要包括：

1. 相关方的直接要求和期望；

2. 设计文件或施工合同中的明确要求；

3. 国家已经明令淘汰和禁止的工程材料、构配件和设备；

4. 施工企业的社会责任体现的相关要求。

以上都应纳入施工企业采购工程材料、构配件和设备的管理过程考虑范围之内。

施工企业应通过确保所采购的工程材料、构配件和设备符合有关职业健康、安全与节能环保的要求，履行企业的社会责任。具体可包括：

1. 房屋建筑工程特别是住宅工程要重点关注工程材料和设备的职业健康与

节能环保要求，识别装饰装修材料以及其他工程材料中的有毒有害物质，按国家有关有毒有害物质限量标准的要求进行控制。所采购的工程设备应关注其节能环保指标，达到保护环境，降低用户使用成本的目的。

2. 有职业健康和节能环保要求的工程材料、构配件和设备，进场验收时，应验证出厂质量证明中相关指标的检测结果，必要时进行抽样复试。

施工企业应关注施工设计标准和国家现行相关标准、规定的时效性。由于设计标准和国家现行相关标准、规定的更新，可能造成施工企业未及时修订管理制度，仍按旧的标准执行，从而导致出现不合格材料；另外，现行标准之间可能存在要求的不统一性，如果施工企业没有注意，也可能造成采购材料不满足使用要求。

本条文是第 10 章第 10.2 条款和第 10.5 条款的关联性实施要求。

【条文】

8.1.3 施工企业应对工程材料、构配件和设备的采购、验收、现场管理与不合格的控制实施监督和检查。

【条文解读】

工程材料、构配件和设备的质量管理活动直接影响工程项目产品质量、工程质量成本和企业的施工现场品牌形象，因此施工企业应按管理制度的规定，对工程材料、构配件和设备的各环节、各层次的质量管理活动进行监督检查。检查的职责设置、频度和方式以准确、全面评价质量管理水平为原则，检查的内容应符合企业各管理层次质量管理活动的权限范围。检查的对象包括分包工程项目工程材料、构配件和设备的采购、验收、现场管理和不合格品的控制活动。

项目经理部是工程材料、构配件和设备质量管理的重要场所，施工企业应作为重点进行监督检查，检查内容要涵盖分包工程。对施工现场质量管理活动的监督检查可结合施工企业对项目经理部的检查进行。

在确定工程材料、构配件和设备质量管理活动的监督检查的频度和方式时，应该与工程施工的重要阶段紧密结合。例如，在基础、主体结构、装饰装修等重要分部分项工程施工之前，安排对现场质量管理活动进行监督检查，从而确保工程产品的质量。监督检查的内容应覆盖工程材料、构配件和设备质量管理的全过程，发现不合格或质量问题应跟踪其处理结果，消除不合格所带来的其他负面影响。

本条文是第 11.2 条款和第 12.2 条款的关联性实施要求。

本 节 实 施 重 点

工程材料、构配件和设备质量是组成工程质量的基本元素，是施工作业前质量管理的重要关口。施工企业应该关注：对工程材料、构配件和设备的采购、进场验收、现场管理及不合格品的控制等管理规定，工程材料、构配件和设备成果结果符合规定的程度，施工企业对现场工程材料、构配件和设备监督方法的有效性。其中，重点管理内容包括：

（1）采购流程与内容的合理性；

（2）工程材料、构配件和设备质量的波动情况；

（3）对现场工程材料、构配件和设备管理过程监督的方式和方法；

（4）采购制度的合理性与充分性。

8.2 采　　购

【条文】

8.2.1　施工企业应依据设计文件、国家现行相关标准和工程合同要求编制工程材料、构配件和设备采购计划，明确采购方式、种类、规格、型号、数量、交付期、技术性能和质量标准要求，并应经审批后组织实施。

【条文解读】

工程项目所需的工程材料、构配件和设备采购应作为项目质量管理策划内容的组成部分。可以在施工组织设计、质量计划和施工方案等文件中体现工程材料、构配件和设备的采购管理要求。

工程材料、构配件和设备的采购方式应该按照分层次、分种类的方式进行，重点把握影响工程核心质量的关键采购过程。各类工程材料、构配件和设备采购计划审批的权限和流程应在制度中明确规定。

施工企业可根据需要分别编制工程材料、构配件和设备（需求）申请计划、采购计划和供应计划等，应确定所需计划的类别，明确各类计划中应包含的内容。计划编制人员应明确各类计划编制的依据和要求，应确定各类计划编制和提供的时间要求。在编制采购计划时，采购产品应满足设计文件、国家现行相关标准和工程合同要求。采购计划应按规定的程序审批后实施。

本条款明确规定了工程材料、构配件和设备采购计划中应包括所采购产品的采购方式、种类、规格、型号、数量、交付期、技术性能、质量标准要求以及采购验证的具体安排。采购信息可以体现在工程材料、构配件和设备申请计划或采购计划中。项目专责技术人员，根据施工图及方案编制其负责区域的工程材料、构配件和设备申请计划。

申请计划应明确：需要的工程材料、构配件和设备名称、类别、规格、等级、计量单位、数量、技术性能、质量标准要求、交付期、涉及的图纸编号或样本（品）的编号等。

项目经理部的采购主管部门应对各类申请进行汇总，编制项目经理部的申请计划，并按照规定及时传递信息。

施工企业采购主管部门对项目经理部提出的工程材料、构配件和设备申请计划实施审核、汇总和平库以后，编制形成采购计划和供应计划。采购计划包括：需采购的工程材料、构配件和设备名称、类别、规格、等级、计量单位、数量、技术质量要求、涉及的图纸编号或样本（品）的编号等，工程材料、构配件和设备的交付期。供应计划包括把工程材料、构配件和设备供应（含企业内部调剂的物资）到现场的安排。

编制工程材料、构配件和设备采购计划，要结合工程进度计划、资金使用计划等合理编制，工程进度和资金使用计划直接影响采购计划的实施。资金情况会影响工程材料、构配件和设备采购计划，如果资金使用不当，可能对采购造成不利影响，无法满足工程生产要求。

各种（需求）申请计划、采购计划和供应计划等在实施前必须得到授权人的批准。

分批次进入现场的采购产品，均应满足检验、试验的要求，防止漏检、错检的质量风险。

本条文是第 10.2 条款的具体体现，是质量策划的应用性条款。

施工企业应根据设计文件、国家现行相关标准和工程合同要求确定和配备项目所需的工程材料、构配件和设备，并应按照管理制度的规定审批各类采购计划。否则，一是可能造成工程材料、构配件和设备不能及时提供，二是如果计划未经批准就采购，所采购产品的种类、规格、型号、数量、交付期、质量要求可能无法得到满足，甚至造成工程质量风险。

【条文】

8.2.2 工程材料、构配件和设备采购前，施工企业应对供应方进行评价和选择，并依据工程材料、构配件和设备对工程施工及工程质量的影响程度确定评价方法。当发现供应方服务发生变化时，应进行重新评价。对供应方的评价应包括下列内容：

1 企业资质和信誉；

2 与产品质量、安全、节能、环保相关的技术性能；

3 供货能力；

4 产品价格；

5 售后服务。

【条文解读】

本条款明确了施工企业对供应方进行评价，合理选择工程材料、构配件和设备供应方的要求。施工企业可根据所采购的工程材料、构配件和设备的重要程度、金额等分别制定评价标准和规定评价的职责。应分别针对供货厂家、经销商制定不同的评价标准，需要在管理制度中分别作出具体规定。

供应方的信誉可从其社会形象、第三方信用评价、其与本施工企业合作的历史情况等方面反映；供货能力包括储运能力、交货期的准确性等。

供应方的评价与采购的工程材料、构配件和设备的种类、规格、数量、质量要求有关，特别是与这些物资使用的工程部位有关。重点是评价影响工程核心质量的如水泥、钢材、钢结构、焊条等材料、构配件以及电梯、空调、生产设备等的供应方。其他一般物资的供应方则应根据对质量的影响程度采用灵活的方式进行评价。

1. 对供应方的评价内容

（1）企业资质和信誉。包括国家工商部门批准的经营许可和建设部门核准的企业资质，经营业绩和影响力。

（2）与产品质量、安全、节能、环保相关的技术性能。包括分包方采购的工程材料、构配件和设备的技术性能。必要时应考虑安全健康和环保的要求。

（3）供货能力。包括数量和交付能力。

（4）产品价格。包括相应的性价比。

（5）售后服务。包括服务的及时性和满意程度。

（6）人员素质。包括人员的专业文化程度、工作经验和培训水平。

（7）质量管理体系。包括过程能力的情况。

根据所提供产品的重要程度不同，对供货厂家进行评价时，一般应在如下范围内收集可以溯源的证明资料：

（1）企业资质证明、产品生产许可证明；

（2）产品鉴定证明；

（3）产品质量证明；

（4）厂家质量管理体系情况；

（5）产品生产能力证明；

（6）与该厂家合作的证明；

（7）用户评价；

（8）其他特殊要求的证明。

对经销商进行评价时，一般应在如下范围内收集可以溯源的证明资料：

（1）经营许可证明；

（2）产品质量证明；

（3）用户评价；

（4）与该经销商合作的证明。

对发包方指定的供应方也应进行评价。当从发包方指定的供应方采购时，发包方在工程施工合同中提出的要求，直接或间接地在各种场合、以各种方式指定供应方的记录，都应成为选择供应方的依据。

2. 施工企业对工程材料、构配件和设备采购的方式

1）按采购实施主体划分，可分为：

（1）企业采购，即施工企业物资管理部门组织采购；

（2）项目经理部采购；

（3）发包人采购（属于顾客提供财产范畴）；

（4）分包方采购。

发包人采购的方式和范围应在工程承包合同中规定。分包方采购和管理的方式应在分包合同中规定。

2）按采购方法划分，可分为：

（1）招标采购。施工企业以招标文件的方式，约请采购策划名单中的多家供应方投标，经过评标，选择最佳供应方。对于大宗物资、工程设备以及采购金额较大的，宜采用招标采购。

（2）邀标采购。施工企业以招标的方式邀请特定的供应方投标，用招标方式确定供应方。对于批量小、价值较低以及不宜招标的，可采用询价招标。

（3）直接采购。对于零星材料或较困难实施质量、价格对比的，或单项物资价值低（如低于 10 万元）的，可考虑直接采购。

3）按采购渠道划分，可分为：

线上采购：通过互联网采购平台以电子商务的形式实施采购的方式。

线下采购：尚未开发利用互联网采购平台，通过采购人员实地采购的方式。

线上线下结合采购：在互联网采购平台实施采购招标，采购人员实地签订采购合同，实施采购的方式。

3. 施工企业选择和确定工程材料、构配件和设备供应方和采购的要求

选择和确定提供影响工程核心质量的水泥、钢材、钢结构、焊条等工程材料、构配件，以及电梯、空调、生产设备等的供应方，必须采用以下（1）和（2）方式中的一种，其他供应方的选择和确定可以灵活些，包括直接采购。

（1）招标采购：施工企业组织编制招标文件。招标文件包括：投标邀请书、投标方须知、技术标准及要求、合同文本等。招标文件经项目经理、采购负责人会审后，报送具有相应权限的采购决策人批准。实施公开投标、开标，并与供应方作技术及价格谈判。

（2）邀标采购：采购主办人员组织编制并向拟定供应方发出投标邀请函。其

内容主要包括：项目概况、报价范围、报价要求、报价时间、技术质量要求、合同文本等。采购主办人会同有关人员，与供应方进行价格及合同谈判。

（3）直接采购：直接采购应在合格供应方范围内进行，在保证质量的基础上关注价格和服务的水平。采购人员按批准的供应方和价格，向供应方发出采购订单。在订单中须明确：物资名称、规格、型号、数量、付款方式、到货时间、保证金等。

（4）报批样本/样品：对于需要进行样本/样品报批的工程材料、构配件和设备，采购人员在与项目经理部相关人员沟通后，选送供应方产品样本/样品报项目监理、设计、业主等相关方。项目经理部主管部门办理有关手续，并向采购人员及时通报报批结果，以确定是否采购。

4. 供应方的确定

采购授权人批准确定的供应方后，施工企业可以以口头或书面的方式通知供应方，并组织签订采购合同及办理具体采购事宜。

供应方重新评价的时机可以是管理制度规定的计划间隔时间，也可以是在供应方的相关风险出现的时点。施工企业在面临以下情况时要适时对供应方进行再评价：

（1）由于供应方的原因导致质量问题时；

（2）需长期使用某一供应方的重要产品和服务时；

（3）需要使用过去放弃的供应方时。

供应方再评价的内容：

（1）质量水平和相应的稳定性；

（2）服务的及时性和满意度；

（3）技术更新的程度；

（4）质量管理体系的变化情况；

（5）行业中的信誉。

供应方再评价的关键是应考虑继续或重新使用该供应方可能带来的风险。

施工企业对供应方的评价、选择和重新评价的要求、方法应符合管理制度的规定，特别是应考虑国家有关环境保护、技术进步和质量升级的法规要求以及供应方与施工企业的接口情况和对供应方绩效的监督结果，并保存相应的评价记录。

评价、选择和重新评价的适当记录可包括：对供应方的各种形式的调查记录、相应的证明资料、施工企业评价记录、选择记录、合格供应方名录（名单）、供货验收记录等。若以招标形式选择供应方，则应保存招标过程的各项记录。

供应方再评价的结果应及时进行确认或验证，以确保供应方再评价的质量水平。

在目前的市场情况下，施工企业应该考虑：

（1）要根据采购产品的重要程度不同，分类进行供应方评价，动态管理合格供应方名录。重要工程材料、构配件和设备供应方评价内容要全面、系统，避免供应方由于某一方面能力不足而影响工程质量、施工进度等情况。

（2）在"营改增"税制条件下，评价选择供应方时，应根据项目的工程计税方式选择适宜的供应方，避免税务风险，降低采购成本。

（3）供应商经评价后，在使用期间其基本信息可能会发生改变，尤其是"营改增"以后，为了适应财税制度的变革，供应商基本信息的改变现象比较常见。供应商信息变化后，评价内容要及时修改，重新评价，否则会影响材料的可追溯性。

本条文是第 10 章第 10.4 条款的实施性条款。与第 9 章关系密切，分包方的相关过程按照本条文执行。

施工企业对供应方进行评价的关键是根据供应方的特点和提供产品的风险实施评价，否则就很难合理选择工程材料、构配件和设备的供应方。

【条文】

8.2.3 工程材料、构配件和设备采购前，施工企业与供应方宜签订采购合同，明确采购产品的种类、技术性能和质量标准要求。

【条文解读】

采购合同是实施采购计划的重要工作，特别是主要材料由于质量要求高、数量大和交付期紧必须通过采购合同避免风险。

施工企业和项目经理部应根据采购计划订立采购合同。采购合同的内容需包括：名称、品种、规格、型号、数量、计量单位、技术质量标准、包装、交货时间、付款方式等内容。

在保证质量的情况下，应该优先采用节能降耗的工程材料、构配件和设备。

合同在签订前应进行审核，发现问题时，授权人应及时实施改进措施。

如果因为采购合同的原因需要修改采购计划时，要经过授权人批准。采购合同必须符合国家的有关法律法规和企业的相关规定。

应注意的是：本条款并不是要求所有采购（包括零星采购）都要签订合同。有些质量要求不高的零星工程材料、构配件和设备可以根据采购计划的规定直接采购，而不需要订立采购合同。采购是否需要合同方式，一般依据法律、制度、相关合同等要求确定。"营改增"后，项目部应根据税务筹划结果，确定零星采购的合同需要。

施工企业各级采购责任人，应从企业《合格供应方名录》中选择供货方，与之签订采购合同，确保采购产品质量合格、性能可靠、供货及时、安全绿色、节能环保，并索要合法票据，及时办理进料手续，保证采购成本合法化。

施工企业应加强采购合同的管理，严格执行采购合同会签、评审、审批制度，防范采购风险。

本条文是第10.4条款的具体实施。与第7、9章的条款十分密切。

施工企业如果不根据采购计划订立采购合同，既有可能使采购的产品质量不满足要求，也可能造成经济上的较大损失。

【条文】

8.2.4 施工企业对供应方的评价和重新评价过程应符合国家现行相关标准、工程合同和管理制度的要求，并保存相关记录。

【条文解读】

供应方提供的产品和服务可能是变化的和不稳定的。因此，施工企业需要及时地对供应方进行评价、选择和再评价。本条款对"施工企业对供应方的评价、选择和重新评价过程"作出了规定。

供应方评价、选择和重新评价过程应符合施工现场的质量管理、施工进度、施工技术和施工风险的管理要求。选择产品品牌、供应方应满足工程合同要求，符合国家相关政策、法规和标准。施工企业应按照企业管理制度和管理流程对供应方进行考察、评价、选择和重新评价。其中，再评价的目的是为了降低选择供应方的风险。

再评价应关注供应方的能力提升，包括：

1. 技术更新水平，包括供应方生产技术和工艺的改进情况；

2. 管理服务层次，包括供应方提供的服务提升情况；

3. 应急响应能力，包括供应方在提供的产品和服务出现中断时的应急响应能力；

4. 信息沟通渠道，包括供应方主动地进行信息沟通的情况；

5. 风险预防措施，包括供应方实施有预见的服务能力。

有关产品和服务技术要求比较高的物资供应方的评价、选择和再评价可以专门策划适宜的评价需要的技术和管理措施，明确相关的技术评价参数和质量特性，以便于有针对性地规定准则。

施工企业应保存相应的记录，便于施工企业对供应方的质量管理进行追溯。评价、选择和再评价的相应记录可包括：对供应方的各种形式的调查记录，相应的证明资料，合格供应方名录、名单等；若以招标形式选择供应方，则应保存招标过程的各项记录。

施工企业尤其是项目经理部，应按企业管理制度要求评价和选择供应方，不能选择未经评价或评价不合格的供应方实施采购，否则将会给企业带来质量、进度、税务、信誉等方面的管理风险。

本条文是第 10 章第 10.4 条款的具体实施性要求。

对供应方的评价、选择和再评价的过程应清楚地表明施工企业质量管理的要求，应与施工质量的内在要求的程度相符合。一个重要供应方的评价、选择和再评价在很大程度上决定了供应方的质量和提供产品和服务的水平。这是十分重要的采购过程的管理环节。

本 节 实 施 重 点

工程材料、构配件和设备的采购是确保工程材料、构配件和设备质量的关键性过程。施工企业应该关注：采购内容与采购计划的一致性，采购供应方评价、选择、确定的合理性，采购合同内容的合规性，施工企业对供应方的评价和重新评价过程的合理性。其中，重点管理内容包括：

（1）采购计划的依据、需求及采购方式的衔接水平；

（2）供应方评价、选择、确定方法的客观性；

（3）供应方信用、能力与绩效的可靠水平；

（4）采购合同条件设置、条款评审与履约风险防范的接口程度。

8.3 进 场 验 收

【条文】

8.3.1 项目部应对进场的工程材料、构配件和设备进行验收，并保存适宜的验收记录。验收的过程、记录和标识应符合相关要求。未经验收或验收不合格的工程材料、构配件和设备，不得用于工程施工。

【条文解读】

工程材料、构配件和设备验收的目的是检查其数量和质量是否符合采购的要求。项目部需实施施工现场的各类验收活动。施工企业需确保各类验收活动的可靠性。

施工企业对所有进场的工程材料、构配件和设备进行验收是本条款的基本要求。没有经过验收的工程材料、构配件和设备不能进入施工过程。

工程材料、构配件和设备进场验收的策划是项目质量管理策划的内容之一，可单独形成文件，作为物资进场验收的依据。

工程材料、构配件和设备进场验收前应做好相应准备工作。验收时需准确核对各类凭证，确认其是否齐全、有效、相符，并按照合同要求检查数量和质量。

通常验收的内容包括产品品种、规格、数量、实物质量和性能、质量证明文件。验收方法包括产品外观检查、质量检验和见证取样复试、资料核查等。

对下列材料还应按照国家的取样标准取样复验：

国家和地方政府规定的必须复验的材料；质量证明文件缺项、数据不清、实物与质量证明资料不符的材料；超出保质期或规格、型号混存不明的材料。

施工企业应防止因抢工期、赶进度而使用未经检验、试验的材料，否则后期一旦发现不合格，将很难追回或更换（如水泥、钢材、混凝土等材料），给企业造成质量事故或经济损失。

施工企业应保存工程材料、构配件和设备进场验收记录，包括供应方质量证明材料、检测试验报告资料、进场验证资料等，为实现工程质量追溯提供依据。

本条文是第 10 章第 10.4 条款的实施性条款，是第 7 章第 7.3.1 条款和第 9 章第 9.3.1 条款的平行条款。

施工企业对工程材料、构配件和设备的验收，直接关系到建筑工程的质量。未经验收的工程材料、构配件和设备用于工程施工其后果往往是不可接受的。

【条文】

8.3.2 施工企业应对工程材料、构配件和设备进场验收的内容、方法和时间进行控制，形成记录，并根据需求到供应方的现场进行验证。

【条文解读】

工程材料、构配件和设备验收的内容、数量、方法和程序需符合现行标准和规范的要求。特种材料、设备需按合同约定进行验收。对工程材料、构配件和设备的验收状态应加以识别。

1. 验证内容

（1）产品合格证；

（2）质量证明文件（包括出厂检验、试验报告）；

（3）数量、规格、型号；

（4）产品标识；

（5）产品包装；

（6）外观质量；

（7）必要的复验。

2. 验证方法

（1）对合格证、质量证明文件逐一进行核查。

（2）对包装、标识、外观质量进行检查。对实物质量抽查的比例执行相关物资标准规定，在无具体规定时，由企业自己制定内部标准或与供应商协商确定抽查比例。

（3）对规格、型号、数量进行核查。

（4）对于进口物资，一般须全部检验，且保证检验周期不得超过合同规定的赔偿期限。对于规格整齐划一、包装完整的，也可实施一定比例的抽查。

（5）当进口物资属于国家法定检验的商品时，则应由商检机构进行法定检验，并索取《质量检验证书》。

（6）验证人员需根据企业规定和监理要求，填写验证记录或报验记录。

（7）当验证后确认物资为不合格品时，应按企业的不合格品处理程序处置。

3. 验证时间

（1）采购产品进场，入库前验收。

（2）采购产品进场，投入使用前验收。

（3）采购产品运输前，到供应方的加工现场进行验证。

施工企业在对工程材料、构配件和设备进行验收的过程中，应确定是否需要到供应方的现场进行验证。对影响工程结构安全和使用功能的重要构件，如钢结构、预制式大型构件宜到供应方加工现场实施检查验收。当施工过程需要时，某些特殊的工程材料、构配件和设备的验收（如锅炉、电梯等）施工企业也可到供应方的现场进行验证。验收的过程、记录和标识应符合有关规定。可包括：

（1）工程材料、构配件和设备的验收应符合国家有关验收标准要求和工程合同约定，项目经理部应保存验收记录，确保验收资料真实、可靠。

（2）严格控制工程材料、构配件和设备验收的时机，确保采购产品在投入使用前进行验收。

（3）大型构件或重要构件应到供应方的加工现场进行验证，确保进入现场构件质量合格。

（4）验收的内容、方法和时间要清晰、明确，参加验收的人员要全部到场，验收记录要完整，并由责任人签字确认。

【条文】

8.3.3 施工企业应按工程合同约定对发包方提供的工程材料、构配件和设备进行识别与验收，并保存相关记录。

【条文解读】

发包方提供的工程材料、构配件和设备是指与发包方在合同中约定的由其提供的工程材料、构配件和设备。

发包方提供工程材料、构配件和设备是施工现场比较常见的情况。由于发包方的特殊地位，其所提供工程材料、构配件和设备的质量管理有其特殊的风险。本条款要求对发包方提供的工程材料、构配件和设备进行验收。

从施工现场的质量责任出发，施工企业必须对发包方提供的工程材料、构配件和设备按照国家规定进行合格性验收。验收的内容与施工企业采购工程材料、构配件和设备的验收相同，包括规格、数量、进场时间、质量特性等。

发包方提供的工程材料、构配件和设备在施工过程中发生变化时，施工企业需及时和发包方沟通，同时采取相应措施，按照与发包方协商的结果进行处理，并做好记录。

施工企业应该针对发包方提供的工程材料、构配件和设备建立专门的管理台账和验收记录。

项目经理部应对发包方提供的工程材料、构配件和设备实施进场验证，发现不适用或质量问题时，应向发包方报告，协商处理，不合格的工程材料、构配件和设备不得投入使用。

施工企业应对发包方提供的工程材料、构配件和设备进行标识，建立台账，记录进场材料的名称、规格、数量、质量、使用部位、进场时间等，确保发包方提供的工程材料、构配件和设备实现质量追溯。

本条文是第10.4、10.5和11.3条款的具体实施性要求。

施工企业对发包方提供的工程材料、构配件和设备进行规定的验收是保证发包人提供工程材料、构配件和设备质量的关键过程。应根据发包人的特殊性，合理、科学地进行质量管理。

本 节 实 施 重 点

验收是工程、材料和设备质量的确认过程，不仅过程存在风险，而且专业要求严格。施工企业应该关注：验收的过程、记录和标识符合相关要求的水平，对工程材料、构配件和设备进场验收的内容、方法和时间进行控制的效果，落实未经验收或验收不合格的工程材料、构配件和设备不得用于工程施工原则的情况。其中，重点管理内容包括：

（1）验收人员、方法、时间的合规性；

（2）验收样本数量与分布部位的合理性；

（3）验收记录的形成与保留；

（4）验收问题的处理方法与结果的再验收。

8.4 现 场 管 理

【条文】

8.4.1 施工企业应对工程材料、构配件和设备的储存、保管、发放、使用、搬运、防护实施过程控制，并保存相关记录。

【条文解读】

工程材料、构配件和设备的现场管理应遵循全面规划、计划进场、严格验收、合理存放、妥善保管、控制发放、监督使用和准确核算的原则，保证生产需要和材料的合理使用，最大限度地降低材料消耗。

本条款表明了施工企业对工程材料、构配件和设备进行储存、保管、发放、使用、搬运、防护的管理要求。

工程材料、构配件和设备保管需保证其数量、质量，堆放场地和库房满足相应的贮存要求。要结合工程材料、构配件和设备的特点及时实施适宜的储存、保管和标识。

企业可根据物资的特点采用露天（场地堆放）和室内（封闭堆放）的储存方式。保管可分为长期、短期和临时保管，也可分为保管员专门管理和操作班组临时管理。标识可分为有形和无形标识。

要根据成品和半成品的管理要求，把容易破损、变质的工程材料、构配件和设备合理科学地储存，把容易混淆的工程材料、构配件和设备分区域存放或进行明显标识。要及时进行项目储存、保管和标识的相应检查，发现问题及时采取处理措施。

工程材料、构配件和设备及时、正确地发放是保证施工质量的重要环节。施工企业要建立工程材料、构配件和设备的进出库记录和发放台账，规定相应的领用程序，做到账、物、卡三者一致。

发放过程中要确保施工使用要求得到有效满足。发放过程中发现不合格时要进行评审，及时采取处置措施。

大型重要设备的出库办理应实施开箱检查和当面发放的方式。有时限要求的物资，如水泥、电焊条、外加剂和油漆等应遵循先进先出的原则，混凝土应按照随到随发的原则发放。

项目经理部应监督工程材料、构配件和设备的合理使用，修旧利废、节能降耗，科学管理，降低质量成本。

施工企业对易燃、易爆、易碎、超长、超高、超重工程材料、构配件和设备，需明确搬运要求，并对其进行防护，防止损坏、变质、变形。当需要编制搬运方案时，需经审批后向操作人员进行交底并组织实施。

特殊搬运活动在实施前要制订专门的搬运方案。搬运方案应包括搬运及防护的技术参数、搬运方法等要求。由于搬运活动及防护需要修改施工方案时，应该由原策划人或授权人及时实施。必要时，修改的搬运及防护活动，施工方案应进行再次交底。

搬运及防护过程中的施工机具配备应考虑特殊的质量要求，操作人员要按照施工方案的规定进行运作。当工程材料、构配件和设备的搬运及防护过程出现不合格时,应按照作业规定实施改进措施。

项目经理部应动态策划随着施工进度而变化的工程材料、构配件和设备现场管理方法,包括材料堆放、设备维修场地、仓库、加工车间、作业场地及其设施的动态安排等。

本条文是第10.4、10.5条款的具体实施要求。第9章有关分包方工程材料、构配件和设备的储存、保管、发放、使用、搬运、防护的要求执行本条款。

施工企业应在管理制度中明确工程材料、构配件和设备的现场管理要求,保证施工现场的相关控制效果。否则,施工过程中可能由于现场管理不当导致工程材料、构配件和设备的不合格,使之不能满足质量目标的要求。

【条文】

8.4.2 施工企业应对涉及工程结构安全、节能、环境保护和主要使用功能的工程材料、构配件和设备进行标识,并具有可追溯性。

【条文解读】

本条款强调对涉及工程结构安全、节能、环境保护和主要使用功能的工程材料、构配件和设备要进行标识,并能实现质量追溯。

涉及工程结构安全、节能、环境保护和主要使用功能的工程材料、构配件和设备是指在工程安全与功能方面具有重要影响的工程材料、构配件和设备。如用于主体工程施工的水泥、钢材、商品混凝土、钢结构、构配件工程材料以及电梯、通风空调等工程设备。

建筑工程绿色建造、绿色施工对工程材料、构配件和设备的节能和环境保护提出了更高的要求,施工企业对涉及节能和环境保护的工程材料、构配件和设备,如建筑门窗、墙体及保温材料、室内采暖设备、热源、通风空调及电气设备等,应加强管理,通过标识实现其可追溯性。

根据工程材料、构配件和设备的特点以及存放环境的不同,标识的方法多种多样,可以是:标牌、标记、颜色、编号、记录、不同区域等,通过标识表明合格、不合格、待检状态以及产品的名称、规格、数量、品牌、出厂日期等特征,防止不同规格、不同性能、质量状态不明的产品混淆或误用。

工程材料、构配件和设备的可追溯性可以通过连续的记录实现,需确保进场验收记录、检验试验记录、保管记录和使用发放记录的连续性。

项目经理部对涉及工程结构安全、节能环境保护和主要使用功能的工程材料、构配件和设备应进行标识,并做好标识的保护,应关注记录的连续性,应进行可追溯性测试,发现问题及时处理,提高施工过程的质量控制水平。

提倡对所有工程材料、构配件和设备进行标识。

本条文是第 10 章第 10.4、10.5 条款的具体实施要求。第 9 章有关分包方工程材料、构配件和设备的标识和可追溯的要求执行本条款。

施工企业应及时对重要工程材料、构配件和设备进行标识和记录，并具有可追溯性。否则，有可能导致施工过程中由于使用了不符合要求的工程材料、构配件和设备而出现质量问题或无法查询工程原始资料的情况。

【条文】

8.4.3 对工程材料、构配件和设备的现场管理，施工企业应进行检查，宜分析和改进相关过程。

【条文解读】

本条款规定了施工企业应对工程材料、构配件和设备的现场管理进行监督、检查、分析和改进的要求。施工企业各管理层应按管理制度要求和相关标准规定，对项目经理部的工程材料、构配件和设备管理情况进行检查，发现问题及时整改并跟踪验证。

施工企业应按照管理制度中规定的频次、方法、要求对工程材料、构配件和设备的储存、保管、发放、使用、搬运、防护、标识和质量追溯情况进行检查，发现问题进行分析，及时采取处理措施，予以改进。处理的方式包括：

1. 改进贮存条件；
2. 完善保管方式和程序；
3. 改进；
4. 标识方法；
5. 其他。

本条文是第 11.2 条款和第 12.2 条款的关联性实施要求。

施工企业如果不按规定对施工现场工程材料、构配件和设备的管理情况进行检查，发现问题及时处理，将使施工过程不合格情况无法控制，严重影响施工过程的质量水平。

【条文】

8.4.4 工程材料、构配件和设备发生变更时，施工企业应按设计文件、工程合同和相关规定进行控制。

【条文解读】

由于建筑工程施工周期长，因设计变更而引起的工程材料、构配件和设备变更的情况经常发生，特别是装饰装修工程中的装饰材料变更的可能性会更多。本条款对工程材料、构配件和设备的变更提出了控制要求。

在合同履行过程中，工程材料、构配件和设备发生的变更，须经发包方同意，监理方发出变更通知。施工企业作为承包人收到经发包人签认的变更指示后，方可实施变更。未经许可，施工企业不得擅自对工程材料、构配件和设备进行变更。

施工企业应做好工程材料、构配件和设备的变更交底，明确材料变更要求，及时办理变更交底手续。

因变更引起工期变化或合同价格变化的，施工企业应向监理、发包方要求调整合同工期和工程造价，双方按工期定额、预算定额标准确定增减工期或调整价格。

施工企业应按变更设计要求，实施工程材料、构配件和设备的验收，实施过程控制并进行现场管理，保存相应记录，重要材料应进行标识和质量追溯管理。

施工企业可以向发包方提出工程材料、构配件和设备变更的合理化建议，发包人同意并批准的，按变更相关文件实施，否则，不能随意改变或变更其用途。

工程材料、构配件和设备发生变更时，项目经理部应了解和掌握变更意图，确认变更方案等相关文件，对变更过程进行控制，防止出现质量偏差，造成质量成本损失。

工程材料、构配件和设备发生变更时，应将变更依据进行收集整理，作为对变更的工程材料、构配件和设备进行验收、使用的依据（包括工程质量验收）。工程材料、构配件和设备发生变更时，如果没有充分的依据，会对工程质量验收造成影响。

本条文是第10章第10.5、10.6节的具体实施要求。第9章有关分包方工程材料、构配件和设备变更控制执行本条款。

施工企业如果不按规定对工程材料、构配件和设备的变更进行控制，则可能导致不能满足发包方或设计方新的设计意图或施工意图，造成工程质量偏差或质量成本损失。

本 节 实 施 重 点

现场管理是决定工程材料、构配件和设备能否满足施工质量要求的重要过程。施工企业应该关注：对工程材料、构配件和设备的储存、保管、发放、使用、搬运、防护实施过程控制的有效性，对涉及工程结构安全、节能、环境保护和主要使用功能的工程材料、构配件和设备标识的可追溯性，工程材料、构配件和设备发生变更的管理绩效。其中，重点管理内容包括：

（1）工程材料、构配件和设备储存、保管、发放、使用、搬运、防护实施的符合性；

（2）涉及工程结构安全、节能、环境保护和主要使用功能的工程材料、构配件和设备标识的可靠性和可追溯性；

（3）工程材料、构配件和设备发生变更时的控制方法。

8.5　不合格工程材料、构配件和设备的控制

【条文】

8.5.1　经验收不合格的工程材料、构配件和设备，施工企业应采取记录、标识、隔离的措施，防止其被误用的可能，并应按规定的程序进行处理，记录处理结果。

【条文解读】

施工企业应对验收有问题的工程材料、构配件和设备进行重新检验，以确定工程材料、构配件和设备不合格的特性。本条款规定施工企业对经重新检验确定不合格的工程材料、构配件和设备必须及时采取处理措施，以防止被错误使用。

对于经验收不合格的工程材料、构配件和设备，可以与有关方（分包方和监理）协商后统筹安排，策划综合利用的方法。尽可能做到废旧利用，节能环保。

不合格工程材料、构配件和设备有如下几种情况：

1. 不符合国家规定的验收标准；

2. 不符合发包方的要求；

3. 不符合计划规定的要求。

施工企业对经验收不合格的工程材料、构配件和设备应按照规定的职责、权限和方式、程序进行处理。

1. 施工企业对不合格工程材料、构配件和设备可采取以下处理措施：

（1）拒收；

（2）加工使其合格后直接使用；

（3）经发包方及设计方同意改变用途使用；

（4）降级使用；

（5）限制使用范围；

（6）报废。

施工企业应记录不合格以及不合格处理的结果，对出现不合格的供应方重新评价、选择时，应考虑其发生不合格的情况，慎重使用。易混淆的不合格材料应

进行标识或隔离，防止其可能的误用。

2. 项目部组织复验。

有下列情况之一时，项目经理部要责成专人填写复验委托记录，组织对工程材料、构配件和设备的复验：

（1）有关法规性文件规定须作复验的。

（2）无质量证明文件或文件不齐全的。

（3）对供应方提供的物资质量及其质量文件有怀疑的。

（4）质量证明文件与所提供的物资不一致的。

3. 项目专责技术人员协同物资管理部门人员共同抽取样本。在相关法规要求实施见证取样时，应邀请监理或设计、业主等第二方人员监督取样工作，并按规定作出标识，送交至有资格的见证试验单位试验。

4. 复验报告作为验证的内容之一。

5. 企业对验收不合格的工程材料、构配件和设备的处理，应按照规定的职责、权限和方式进行标识、隔离和退货处理，并记录处理结果。

在工程项目施工过程和各种质量检验过程中，都必须有效地对验收不合格的工程材料、构配件和设备进行处理和控制。不合格品的处理要及时、恰当，验收时发现的不合格品尽量不予接收。必须在现场存放的应做好标记，严禁在工程中使用。因验收程序不完整可能造成不合格品责任界定不清问题，甚至出现不合格品用于工程问题，进而影响工程实体质量，出现质量问题。

对出现不合格的工程材料、构配件和设备的供应方，施工企业易应采取相应的措施，控制其使用。

本条文是第 10 章第 10.5 节和第 11 章第 11.3、11.5 节的具体实施。

施工企业如果不按照规定的职责、权限和方式对验收不合格的工程材料、构配件和设备进行处理，就可能出现不合格的工程材料、构配件和设备进入施工过程；如果不及时记录处理结果则有可能无法追溯质量缺陷。

【条文】

8.5.2 当发现发包方提供的工程材料、构配件和设备不符合设计要求和国家现行相关标准规定时，施工企业应向发包方报告，并进行处理，形成记录。

【条文解读】

由于发包方提供的工程材料、构配件和设备出现问题时处理的特殊性，本条款专门规定了对发包方提供的工程材料、构配件和设备在验收、施工安装、使用过程中出现问题的管理要求。

1. 在验收工程材料、构配件和设备时，应注意相关的内在质量，也应关注相关的外观质量。

2. 在施工安装时，应注意在作业过程中的工程材料、构配件和设备的工艺和操作问题，尽可能地分析和预测可能的风险。

3. 在使用过程中，应观察工程材料、构配件和设备的使用效果，判断相应的功能符合情况。

对发包方提供的工程材料、构配件和设备在验收、施工安装、使用过程中出现的问题，施工企业应进行不合格评审，采取标识、隔离等措施，做好记录并及时与发包方协商。可以采取纠正的措施，包括：退货、返工和降级使用（必须符合国家法规和获得发包方的同意）。具体包括：

1. 在验收中出现问题时，要及时进行隔离和标识，实施退换；

2. 在施工安装中出现问题时，要立即停止作业，标明问题部位，实施返工；

3. 在使用过程中出现问题时，要及时中止使用，标明使用过程中的问题部位，实施返工。

发包方供应材料的控制，应扩展到为发包方采购材料的规划提出建议到最后的验收工作。另外，住宅工程装配化率越来越高，还要考虑应该如何进行材料构件等的质量控制。

发包方对其工程材料、构配件和设备出现的质量问题有争议的，施工企业应与发包方协商，共同确定第三方工程质量检测机构鉴定。

施工企业项目经理部应对发包方提供的工程材料、构配件和设备不符合设计要求或经检验、试验不合格，达不到质量标准要求的材料，做好记录，并与发包方协商处理。

本章所述的工程材料、构配件和设备的管理是施工质量管理的重要保障。在具体的工作中，从供应方的评价与选择到采购合同的订立，从工程材料、构配件和设备验收到现场的管理每一个环节都应把好质量关。可以说，工程材料、构配件和设备的管理是一项复杂的系统工程。因此，每个施工企业都应通过制定规范化的管理制度来进行有效的管理。

本条文是第 9.4 条款，第 10.4、10.5 条款和第 11.2、11.3、11.5 条款的实施要求。施工企业对发包方提供的工程材料、构配件和设备在验收、施工安装、使用过程中出现的问题，必须做好记录并及时向发包方报告，按照规定处理。

本 节 实 施 重 点

不合格工程材料、构配件和设备的控制是工程质量管理的基本内容。施工企业应该关注：经验收不合格的工程材料、构配件和设备的控制方法，采取记录、标识、隔离等防止误用措施的有效性，对发包方提供工程材料、构配件和设备管理的准确性。其中，重点管理内容包括：

（1）记录、标识、隔离等防止误用措施的策划、实施；

（2）不合格工程材料、构配件和设备的控制绩效；

（3）不合格工程材料、构配件和设备对于工程质量的影响分析；

（4）不合格工程材料、构配件和设备处理的记录管理。

案例 8-1

某施工企业建筑材料、构配件和设备采购管理制度

Ⅰ. 案例背景

某施工企业最近发现项目的施工质量有下降趋势，质量管理部门经过调查后发现很多项目在材料、构配件的采购方面存在很大的问题，主要体现在以下几点：

（1）项目经理部和企业的物资采购部门分工不清，责任不明，材料和设备出现了质量问题互相推诿；

（2）公司没有规范化的采购流程，各部门在具体工作中没有依据；

（3）没有对供应商进行定期评价的制度；

（4）没有专门针对材料、构配件和设备的采购管理制度；

（5）订立采购合同时没有依据，具有很大的随意性。

针对这种情况，企业决定采取措施加强建筑材料、构配件和设备的采购管理。

Ⅱ. 案例分析及解决方案

本例中，施工企业最大的问题是没有制定规范化的建筑材料、构配件和设备的采购管理制度，经研究，该企业决定从建筑材料、构配件和设备的采购的管理职责分工、工作流程和具体操作注意事项等方面制定一套规范的管理制度，具体如下：

××企业建筑材料、构配件和设备采购管理制度

一、管理职责

1. 企业采购主管部门

（1）审查项目经理部的物资需求计划，编制物资采购计划；

（2）组织企业的集中采购工作；

（3）组织建立企业合格供应商名单，并向项目经理部发布；

（4）组织对供应商的年度评价，更新企业合格供应商名单，并保存供应商档案；

（5）指导检查项目经理部的物资采购工作。

2. 项目经理部物资主管部门

（1）参与项目策划中的物资采购策划；

（2）组织编制项目物资需求计划，报企业物资采购管理部门；

（3）组织项目经理部在授权范围内的物资自采购工作；

（4）组织对进场物资的验证，保存验证记录；

（5）组织对不合格物资的处置，并保存记录；

（6）组织对与本项目发生物资采购关系的供应商的年度评价，并向企业物资采购管理部门报告。

3. 项目经理

（1）批准项目上报的物资需求计划；

（2）批准项目物资采购的供应商选择结果；

（3）代表项目签署项目物资自采购的采购合同。

二、物资采购的相关方

1. 物资采购实施主体

物资采购实施主体是指具体组织、操作物资采购活动的实施单位。

2. 物资采购约束主体

物资采购约束主体是指企业对采购成本进行控制的单位。

3. 物资采购决策主体

物资采购决策主体是指按企业授权体系所明确的对应分包商选择具有最终批准权限的人员，包括项目经理、企业分包商主管部门经理、企业主管领导。

三、物资采购管理流程（图 8-1）

1. 采购信息

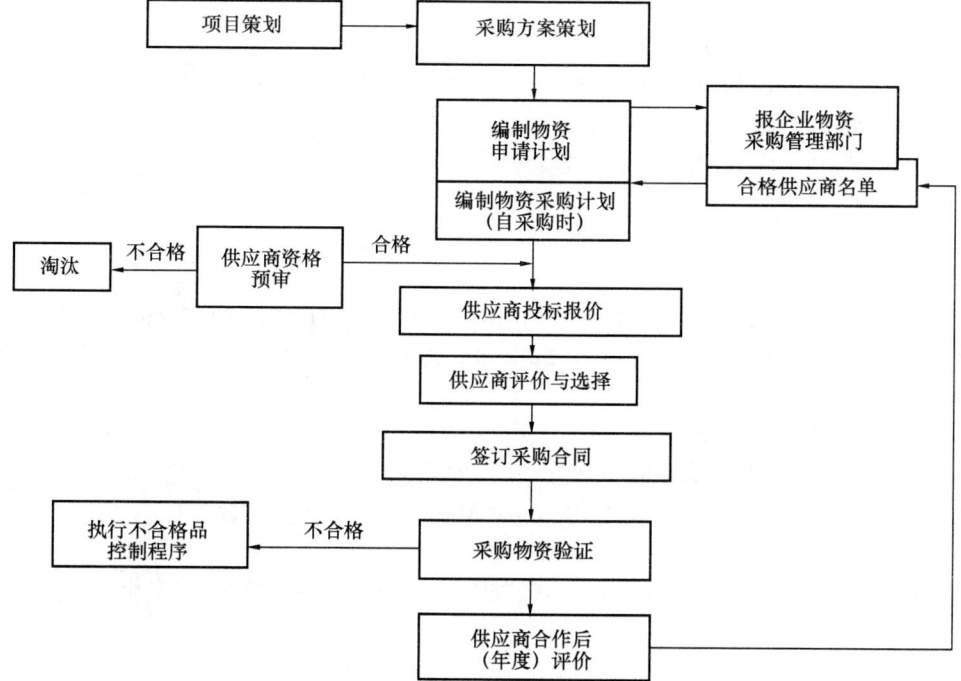

图 8-1 物资采购管理流程图

项目采购信息包括物资申请计划、物资采购计划、样本（品）、图样、物资产品标准等。

（1）物资申请计划

项目专职技术人员，根据施工图及方案编制其负责区域的物资申请计划，项目经理部的物资主管部门汇总成项目经理部的物资申请计划，经项目经理批准后上报企业物资采购主管部门。

（2）物资申请计划应明确

① 物资产品名称；

② 物资产品的类别、规格、等级、计量单位、数量；

③ 产品的技术质量要求；

④ 涉及的图纸编号或样本（品）的编号等。

（3）物资申请计划表格示例（附表1）。

2. 物资采购计划

（1）企业物资采购主管部门对项目经理部提出的物资申请计划和实施审核、汇总、编制物资采购计划。必要时，物资采购计划应附相关图样或样本（品）。

（2）项目经理部实施自采购时，项目物资主管部门汇总物资申请计划，编制项目经理部的物资采购计划，经项目经理批准后，组织实施。

（3）物资采购计划除应覆盖物资申请计划的内容外，还包括采购方式及推荐的备选供应商。

（4）物资采购计划的表格示例（附表2）。

3. 采购方式

（1）按采购实施主体划分

① 企业采购，即项目经理部上级管理层的物资管理部门组织采购；

② 项目经理部采购；

③ 业主采购（属于顾客提供财产范畴）；

④ 分包商采购。

（2）按采购方法划分

① 招标采购

采购实施主体以招标文件的方式，约请采购策划名单中的多家供应商投标，经过评标，选择最佳供应商。对于大宗物资、工程设备以及采购金额较大（如200万元以上）的，宜采用招标采购。

② 邀标采购

采购实施主体以招标的方式邀请特定的供应商投标，而确定供应商。对于批量小、价值较低（如10万元至200万元范围内）以及不宜招标的，可采用询价招标。

③ 直接采购

对于零星材料或较困难实施质量、价格对比的，或单项物资价值低的（如低于10万元）可考虑直接采购。

4. 确认供应商资格

（1）对供应商资格预审

① 对于拟招标的候选供应商，若已纳入企业合格供应商名单，则无需再进行资格预审，其可直接参与投标。

② 对于拟招标的候选供应商，若未纳入企业合格供应商名单，则须由采购主办人员组织对其进行资格预审，填写并保留《供应商资格预审表》（附表3）。资格预审合格的供应商方可参加投标。同时应满足《招标投标法》的规定。

③ 对于未纳入企业合格供应商名单，但本年度已经进行过一次资格预审的，也不必再次进行资格预审。但当供应商提供的物资种类发生变化时，则应要求供应商提供相关的补充资料。

④ 当供应商为经销商时，应同时对物资的生产商进行资格预审。

⑤ 对于直接采购时，可不专门对供应商进行资格预审，但采购主办人员须以适当的方式（如核查生产许可证、经营许可证）确认供应商的供货资格。

（2）对供应商的考察

① 对于重要物资，特别是重要设备，物资采购主体可组织对供应商进行考察。项目经理部委派相关人员参加。

② 对供应商的考察内容包括：生产及供货能力、管理状况、生产状况、质量水平以及对供应商提供保险、保函能力的调查。

③ 对供应商考察后，采购主办人员负责填写《供应商考察记录》（附表4），作为对供应商进行能力评价的依据之一。

5. 评价与选择供应商

（1）招标采购

① 物资采购实施主体组织成立招标小组。

② 招标小组组织编制招标文件。招标文件包括：投标邀请书、投标方须知、技术标准及要求、合同文本等。

③ 招标文件经项目经理、采购主体负责人会签后，报送具有相应权限的物资采购决策人批准。采购主办人员填写并保存《招标文件审批会签单》（附表5）。

④ 采购招标小组负责向候选供应商发放招标文件，并按时回收供应商的投标文件。

⑤ 采购招标小组在其全体人员到场情况下，开标。采购主办人负责填写《采购开标记录》（附表6）。

⑥ 采购招标小组与供应商作技术及价格谈判。采购主办人员负责填写并保存《采购议标记录》（附表8）。

（2）邀标采购

① 采购主办人员组织编制并向拟定供应商发出《投标邀请函》（附表7）。其内容主要包括：项目概况、报价范围及内容、报价要求、报价时间、提交报价方式、技术质量要求、合同文本等。

② 采购主办人会同有关人员，与供应商进行价格及合同谈判后，填写并保存《采购议标记录》（附表8）。

（3）直接采购

① 采购主办人可采用书面或电话的方式进行市场询价，填写并保存《直接采购记录》

（附表9），报送物资采购决策人审批。供应商的书面或电话报价记录作为其附件。

② 采购主办人按批准的供应商和价格，向供应商发出《采购订单》（附表10）。在订单中须明确：物资名称、规格型号、数量、付款方式、到货时间、保证金等。

③ 根据施工现场的紧急需要，零星采购经过授权人批准后，可以直接实施，并保存相关采购证据。需要时由授权人进行采购情况的验证。

（4）报批样本/样品

① 对于需要进行样本/样品报批的物资，采购主办人在与项目经理部相关人员沟通后，选送供应商产品样本/样品报项目监理、设计、业主等相关方。

② 项目经理部物资主管部门填写《物资样本/样品送审表》（附表11），并向物资采购主办人及时通报报批结果，以确定是否采购。

（5）选择供应商

① 物资采购实施主体根据对供应商提供产品能力的评价结果，选择供应商。

② 对于招标采购和邀请采购的，根据企业的评价预选准则，确定中标供应商，由采购主办人填写并保存《供应商选择审批表》（附表12）。

③ 授权人对《供应商选择审批表》确定的供应商批准后，采购主办人负责以口头或书面的方式通知供应商，并组织签订采购合同及办理具体采购事宜。

6. 对采购物资的验证

（1）验证准备

① 项目经理部负责对进场物资的验证。验证包括项目上级单位的物资主管部门采购的、项目自身采购的、业主采购并提供给项目使用的，以及分包商采购用于总包工程上的物资。

② 项目经理部物资管理部门组织有关人员（相关的专业技术人员），熟悉相应物资的验证要求及其质量、环境及职业健康安全等方面的技术要求。

③ 必要时，事先通知监理、设计、业主参加验证工作和见证取样工作。

（2）验证依据

① 订货合同及其技术附件；

② 供货商的发货通知；

③ 相关的物资技术、质量标准；

④ 相关法规及适用的其他要求；

⑤ 设备装箱单。

（3）验证内容

① 产品合格证；

② 质量证明文件（包括出厂检验、试验报告）；

③ 数量、规格、型号；

④ 产品标识；

⑤ 产品包装；

⑥ 外观质量；

⑦ 必要的复验。

（4）验证的方法

① 对合格证、质量证明文件逐一核查。

② 对包装、标识、外观质量检查。对实物质量抽查的比例执行相关物资标准规定，在无具体规定时，由企业自己制定内部标准或与供应商协商确定抽查比例。

③ 对规格、型号、数量核查。

④ 对于进口物资，一般须全部检验，且保证检验周期不得超过合同规定的赔偿期限。对于规格整齐划一、包装完整的，也可实施一定比例的抽查。

⑤ 当进口物资属于国家法定检验的商品，则应由商检机构进行法定检验，并索取《质量检验证书》。

⑥ 验证人员需根据企业规定和监理要求，填写验证记录或报验记录。

⑦ 当验证后确认物资为不合格品时，应按企业的不合格品处理程序处置。

（5）复验

① 有下列情况之一时，项目经理部要责成专人填写《复验委托书》，组织对物资的复验：

有关法规性文件规定须作复验的；

无质量证明文件或文件不齐全的；

对供应商提供的物资质量及其质量文件有怀疑的；

质量证明文件与所提供的物资不一致时。

② 项目专职技术人员协同物资管理部门人员共同抽取样本。在相关法规要求实施见证取样时，应邀请监理或设计、业主等第二方人员监督取样工作，并按规定做出标识，送交至有资格的见证试验单位试验。

③ 复验报告作为验证的内容之一。

（6）业主对承包方采购物资的验证

在业主提出要在收货地或供货地验证供应商提供的物资时，项目经理部应责成专人配合业主的验证，并做好验证记录，但业主的验证不能免除项目经理部提供合格产品的责任，也不能免除其后业主对不合格品的拒收。

（7）对业主提供物资的验证

① 项目经理部应对业主提供的物资进行验证，其验证同上所述的验证方法，并应单独做验证记录。

② 当发现业主提供的物资不符合要求时，项目经理部应专题向业主报告，在取得业主的批复后，按批复的意见执行。项目经理部不得对验证不合格物资自行处理，否则带来的质量问题，由项目经理部承担责任。

（8）对分包商采购物资的验证

① 项目经理部应组织对分包商采购的用于总承包工程之上物资的验证。其验证方法同上。

② 当验证发现分包商采购的物资不合格时，责成分包商处置，直到提供合格的物资时止。

（9）验证记录示例（附表13）

7. 对供应商的年度评价

（1）项目经理部在工程完毕或按企业规定在每年年末，按企业物资主管部门的安排，对合作过的供应商进行年度评价，填写《供应商年度评价表》（附表14）。需要进行再评价的供应商由项目经理部采购人员按照再评价准则实施评价。

（2）对在采购合同执行过程中，供应商未能按时、按质、按量供货的供应商，项目经理部须上报企业物资主管部门，以便企业物资主管部门决定是否将该供应商从企业的合格供应商名单中删除。

附表 1　物资申请计划

物资申请计划								
项目名称							计划编号	
序号	物资名称	规格型号	数量	单位	提交样品/样本时间	进场时间	产品要求/项目推荐的供应商	
说明	常规产品可不填写"产品要求"一栏； 当业主、设计、监理等对产品有下列要求时，则应在"产品要求"中注明； 验收标准或规范，也可提出图样作详细说明； 对产品的质量、环境、安全等方面的要求； 对产品加工过程的要求以及应提供的品质保证文件的要求； 业主、设计指定的供应商/厂家/品牌等； "编制"为项目专职工程师，"审核"为项目相关人员，"批准"为项目经理							
编制/日期：　　　　　　　　　审核/日期：　　　　　　　　　批准/日期：								

附表 2　物资采购计划

物资采购计划								
项目名称			申请计划编号			采购计划编号		
序号	物资名称及规格型号	主要技术要求	采购员	采购方式	采购时间	候选供应商名单		备注
				□招标采购 □简易招标采购 □快速采购		1		
						2		
						3		
						4		
				□招标采购 □简易招标采购 □快速采购		1		
						2		
						3		
						4		
				□招标采购 □简易招标采购 □快速采购		1		
						2		
						3		
						4		
物资采购实施主体/日期：								
物资采购约束主体/日期：								
物资采购决策主体/日期：								
说明：备注栏应列明供应商来源，如：业主指定或推荐、项目推荐、总部推荐及相助投标等说明								

附表 3 供应商资格预审表

<table>
<tr><td colspan="4" align="center">供应商资格预审表</td></tr>
<tr><td>供应商名称</td><td></td><td>编　号</td><td></td></tr>
<tr><td>产品类型</td><td></td><td>法人代表</td><td></td></tr>
<tr><td>地　址</td><td></td><td>联系电话</td><td></td></tr>
<tr><td>纳税人识别号</td><td></td><td>传　真</td><td></td></tr>
<tr><td rowspan="13">审核内容</td><td colspan="3">请提供营业执照和资质证书的复印件</td></tr>
<tr><td colspan="3">请提供产品质量证明文件（如检测报告等）</td></tr>
<tr><td colspan="2">生产许可证：□无；□有，请提供复印件</td><td rowspan="5">如为经销商请提供生产厂家的相关资料</td></tr>
<tr><td colspan="2">准用证：□无；□有，请提供证明文件</td></tr>
<tr><td colspan="2">备案证书：□无；□有，请提供证明文件</td></tr>
<tr><td colspan="2">质量/环境/职业安全卫生管理体系认证证书以及产品认证证书；
□无；□有，请提供复印件</td></tr>
<tr><td colspan="2">环保要求/标准：□无；□有，请提供相关文件</td></tr>
<tr><td colspan="3">简述售后服务内容：</td></tr>
<tr><td colspan="3">简述近三年的年销售总量：</td></tr>
<tr><td colspan="3">是否能够提供银行保函，如果可以，请说明提供担保的银行以及最大担保金额：</td></tr>
<tr><td colspan="3">近期产品应用情况（不仅限于本公司项目）：</td></tr>
<tr><td colspan="3"><table><tr><td>已完工程名称</td><td>供应物资名称、规格型号</td><td>数量</td><td>合同金额</td><td>合同日期</td></tr><tr><td></td><td></td><td></td><td></td><td></td></tr><tr><td></td><td></td><td></td><td></td><td></td></tr></table></td></tr>
<tr><td colspan="3">供应商法人代表或授权人：　　　　年　月　日　公章：</td></tr>
<tr><td colspan="4">以下内容由公司填写</td></tr>
<tr><td colspan="2" align="center">审核（采购实施
主体主办人）</td><td>□合格　□不合格
签名：　　日期：</td><td align="center">批准（采购实施
主体部门负责人）</td></tr>
</table>

附表4 供应商考察记录

供应商考察记录	
分供商名称	
项目名称	
采购内容	
考察日期	
参加考察人员	
考察内容： 记录人：	
考察结果确认	合约采购中心/专业分公司：　　　　　　　项目经理部：

附表5 招标文件审批会签单

招标文件审批会签单				
招标文件名称				
招标文件编号		拟定标底	（填写大概标底范围）	
主办单位		主办人		
附件	□无；□有，名称			
	审核单位	修改意见	审核人签名	日期
审核会签		□无；□有，详见文件标注 □有，详见附页说明		
		□无；□有，详见文件标注 □有，详见附页说明		
		□无；□有，详见文件标注 □有，详见附页说明		
		□无；□有，详见文件标注 □有，详见附页说明		
		□无；□有，详见文件标注 □有，详见附页说明		
		□无；□有，详见文件标注 □有，详见附页说明		
		□无；□有，详见文件标注 □有，详见附页说明		
文本打印单位				
校对人		校对日期		
决策主体审批意见 项目经理/日期：　　　　　项目主管部门/日期：　　　　　企业主管领导/日期：				
说明：最终批准人为授权管理规定中的相应人员。当最终批准人为企业项目主管部门领导时，项目经理应先填写审核意见。当最终批准人为企业主管领导时，项目经理、项目主管部门领导应先填写审核意见				

附表 6 采购开标记录

采购开标记录				
项目名称				
招标内容				
开标时间		开标地点		
主持人		记录人		
开标结果				
序号	供应商名称	投标价格（元）		名次
其他情况说明				
参加人员				
说明：原则上采购实施主体、采购约束主体及采购决策主体相关人员参加				

附表 7 投标邀请函

Fax：

收件人（To）：	发件人（From）：	签发人（Approval）：
公司名称（Co.）：	部门（Dept.）：	
传真（Fax）：	日期（Date）：	
页数（Pages）：	邮箱（E-mail）：	
编号（Ref.）：	电话（Tel）：	

投 标 邀 请 函

尊敬的先生们/女士们：

关于　　　　　　项目，我司作为总包商进行材料/设备采购询价，现就其中的（材料/设备名称）向贵司发出投标邀请，请贵司按照以下报价要求进行报价，我司将依据最好的价格性能比选择供应商，请贵司给出最具有竞争力的价格。

（注：邀请函具体内容包括项目概况、报价内容及范围、报价要求、报价时间、提交报价方式、技术规范与要求、合同文本等内容，采购主办人视项目具体情况编制。）

附表 8　采购议标记录

采购议标记录			
项目名称			
供应商名称			
议标内容			
议标时间		议标地点	
参加人员	公司：		
	分供商：		
议标结果： 记录人：			
议标结果确认	公司代表/日期：	供应商代表/日期：	
	说明：由总部采购的供应商，"公司代表"处由采购实施主体和项目经理部联签		

附表 9　直接采购记录

直接采购记录								
项目名称						申请计划编号		
序号	物资名称	规格型号	单位数量	候选供应商	单价	总价	供应商其他情况（质量、服务、送货等情况）	中标供应商

编制：　　　　　　审核：　　　　　　批准：

日期：　　　　　　日期：　　　　　　日期：

说明：

1. 企业物资主管部门采购时，由项目合约商务经理、物资采购部门经理、成本控制部门经理审核，项目经理批准；

2. 项目采购时，由项目合约商务经理审核，项目经理批准

附表 10 采购订单

Fax：

收件人（To）：	发件人（From）：	
公司名称（Co.）：	部门（Dept.）：	
传真（Fax）：	日期（Date）：	签发人（Approval）：
页数（Pages）：	邮箱（E-mail）：	
编号（Ref.）：	电话（Tel）：	

主题（Re）：采购订单

货物明细

序号	货物名称	规格型号	单位	数量	单价	合计
合计人民币金额：						
合计人民币金额（大写）：						

交货时间、地点：

付款方式：

其他约定事项：

供应商确认：我方同意按上述订单供货。

签章：

日期：

附表 11 物资样本/样品送审表

物资样本/样品送审表			
致		收件人	
自		提交日期	
样本/样品			
实际返回日期		合同要求最迟返回日期	
提交编号		原提交编号	
我们请求贵方对以下事项进行审批			
提交项目描述 （名称、规格型号等）			
品牌/产地			
设计要求			
实际送审			
送审品牌生产厂家			
备注			
我方证明以上提交项目已经详细审核，正确无误，与合同一致 送审人职务及签名/日期：			
审批意见			
认可级别	A 提交认可； B1 批注认可（不要求重新提交）； B2 批注认可（要求重新提交）； C 未认可（要求重新提交）。		
批注意见			
授权审批入职务及签名/日期：			

附表 12 供应商选择审批表

<table>
<tr><td colspan="5" align="center">供应商选择审批表</td></tr>
<tr><td align="center">项目名称</td><td colspan="4"></td></tr>
<tr><td align="center">分供内容</td><td colspan="4"></td></tr>
<tr><td rowspan="6" align="center">价格评
价结果</td><td align="center">供应商名称</td><td align="center">原报价</td><td align="center">最终报价</td><td align="center">最终报价名次</td></tr>
<tr><td></td><td></td><td></td><td></td></tr>
<tr><td></td><td></td><td></td><td></td></tr>
<tr><td></td><td></td><td></td><td></td></tr>
<tr><td></td><td></td><td></td><td></td></tr>
<tr><td></td><td></td><td></td><td></td></tr>
<tr><td align="center">价格评
价结论</td><td colspan="4">根据综合评价结果，推荐_____为当选供应商。
推荐理由：□合理最低价
□其他：</td></tr>
<tr><td align="center">物资采购
实施主体</td><td colspan="4">

签名/日期</td></tr>
<tr><td align="center">物资采购
约束主体</td><td colspan="4">

签名/日期</td></tr>
<tr><td align="center">物资采购
决策主体</td><td colspan="4">

签名/日期</td></tr>
<tr><td colspan="5">说明：如出现非"合理最低价"的情形，需详述原因</td></tr>
</table>

附表 13 进场物资验证记录

编号：

序号	物资名称	规格型号	进货日期	进货量	验证内容					
					外观	包装	合格证	质量证明文件	验证日期	复试报告编号

项目名称＿＿＿＿　验证人＿＿＿＿

附表 14 供应商年度评价表

供应商年度评价表		
供应商名称：　　　　供应物资：　　　　使用项目：		
评估项目	评估内容	
	采购主办人评分	使用项目评分
质量稳定性		
供货及时性		
性价比		
财务配合		
售后服务		
评估单位	评估人	评估分数
总分（采购主办人与项目评分各占 50％）		
采购主办人对供应商的综合分析：	使用项目对供应商的综合分析：	
公司物资主管部门/专业分公司物资采购部门经理/项目经理批示： □能　　　　□不能 进入本年度合格供应商名单。　　　签名/日期：		
说明： 1. 每项评估项目满分 10 分，总分 50 分，各评估人员按供应商实际情况打分，总分在 30 分以上的供应商可考虑进入本年度合格供应商名单，不足 30 分的不能进入合格供应商名单； 2. 评分人员如有其他意见或对所评分数有特殊说明的，请在综合分析一栏中注明		

9 分 包 管 理

9.1 一 般 规 定

【条文】

9.1.1 施工企业应建立并实施分包管理制度，对分包方选择、分包项目实施过程管理、分包工程质量验收作出规定。

【条文解读】

分包是现代施工技术和专业化分工的客观结果，分包管理是施工企业现场管理的重要环节。在施工现场管理和操作两层分离的情况下，分包管理已经成为企业项目管理的主要内容。本条款明确了施工企业建立和实施分包管理的基本要求。

施工企业需明确在本企业中存在的分包类别，如：劳务分包、专业分包、技术服务、委托设计等，并根据所确定的分包类别制定相应的管理制度。

施工企业建立并实施分包管理制度是分包管理的基础工作。由于分包方式的特点，合理确定各管理层次在分包管理活动中的职责是现代项目管理的基础工作。

施工企业各管理层次分包管理的职责包括：

1. 企业管理层次：

（1）企业主管部门：组织制定企业分包管理制度，审查项目经理部的分包商采购申请计划；组织评价和建立企业合格分包商名单，指导检查项目经理部的分包商选择及其管理工作，组织企业的集中分包选择及其管理工作。

（2）项目经理部：组织对与本项目发生合作关系的分包商的年度评价，组织编制项目分包商需求计划，参与项目策划中的分包选择策划，组织项目经理部在授权范围内的分包商选择工作，组织对进场分包商的验证。

2. 岗位层次：

项目经理：批准项目上报的分包商申请计划，批准项目分包商选择结果，代表项目签署项目选择的分包商合同。

其他部门和人员在分包管理活动中的职责和权限，应根据工程项目的需要进行确定。

3. 施工企业应要求分包方根据分包工程和合同的需求建立相应的质量责任制度以及适宜的实施途径。

根据国家有关法律的规定，总分包条件下的分包工程质量由总包方承担相关责任。因此，施工企业应分析分包工程的全面风险，通过科学的分包管理实现工程项目的质量目标。

施工企业需依法并经发包方同意后方能将工程分包。以下情况视为已取得发包方的同意：

1. 已在工程总承包合同中约定许可分包的；

2. 履行工程合同过程中，发包方认可分包的；

3. 总承包单位在投标文件中声明中标后准备分包，并经合法程序中标的。

施工企业对分包工程应承担相关责任。具体包括：

1. 施工企业负责工程项目的管理和协调工作，分包方负责具体的作业活动；

2. 施工企业负责整体工程项目包括分包工程的质量责任，负责赔偿整体工程项目（含分包工程）质量事故造成的损失。

3. 分包方负责分包工程的具体质量责任，并负责赔偿由其质量事故造成的损失。

以上内容应该在分包工程合同中予以明确。

当发生了由于分包方质量事故造成的损失时，施工企业应根据合同和国家有关法律规定：

1. 协助有关部门调查事故责任并负责组织和协调赔偿事宜。

2. 必要时追究有关分包方当事人的法律责任。

3. 必要时追究有关总包方（项目经理部）当事人的法律责任。

本条文是基础性条款，是对分包方实施管理的基本要求。有关施工企业对施工机具和工程材料、构配件、设备供应方的管理要求参照第7章和第8章的内容。

【条文】

9.1.2 施工企业应将分包工程的管理过程纳入质量管理体系，确保分包工程符合设计、国家现行标准和分包合同的要求。

【条文解读】

本条款规定了施工企业应将分包工程的管理纳入企业质量管理体系的要求。

分包工程是总包工程的重要组成部分。施工企业应将分包工程纳入自身的管理范畴，依法进行管理，实施过程检查监督和控制，不得以包代管。

施工企业应按国家有关法律法规要求依法进行分包，不得挂靠、转包或违法分包，不得将工程主体结构、关键性工作及工程合同中禁止分包的专业工程分包给第三人。

施工企业应明确分包管理的职责，按分包管理制度和程序对分包工程实施监督和管理，依法订立分包合同，对分包合同履行情况进行评审，不断改进分包管理水平。

施工企业应按有关质量验收标准要求，对分包工程进行质量验收，确保分包工程符合设计、国家现行标准和分包合同的要求。

施工企业应履行总包单位职责，强化总包对分包的管理，按管理制度要求对分包工程进行监督检查和质量控制，确保分包工程质量满足要求。

施工企业应遵守建筑工程相关法律法规，禁止转包、挂靠和违法分包的行为。

本条文是第 10 章第 10.4、10.5 条款和第 11 章第 11.2、11.3 条款的关联性实施要求。

施工企业应通过成文信息将分包工程纳入自身的质量管理体系，对分包工程实施监督、检查和管理，不能以包代管或包而不管，否则将造成管理缺失、质量失控，给企业信誉和社会形象带来不利影响。

【条文】

9.1.3 施工企业应与分包方沟通分包工程的相关信息，并在沟通前确认分包工程的相关要求。

【条文解读】

本条款规定了施工企业在分包合同履行过程中，应与分包方进行沟通的要求。

施工企业应与分包方沟通分包工程的相关信息，及时传递对分包工程的相关要求。沟通形式可以采用书面或口头的方式进行，也可通过例会、交底或根据情况召开专门的会议进行沟通。沟通的内容包括：

1. 分包工程名称及分包范围；

2. 分包合同相关内容；

3. 与总包及其他专业施工之间的配合；

4. 施工过程控制与监视；

5. 质量验收与确认活动；

6. 保修服务。

施工企业在与分包方沟通前，应根据工程合同及工程项目实际情况，确认对分包工程的相关要求，确保沟通内容的及时、准确、完整。

施工企业与分包方进行沟通时，应重点关注分包工程质量、进度、专业协调配合以及施工变更等方面的要求，确保分包方按总包要求，履行合同。

本条文是第 3 章第 3.3 条款的具体实施性要求，与第 6 章第 6.3 条款和第 10 章第 10.2、10.5 条款联系密切。

建筑工程施工周期长，在施工过程中出现变更或不确定的情况较多，分包专业之间也需协调配合，因此施工企业应及时与分包方沟通分包工程的相关信息，避免由于沟通不畅，而影响工期和质量。

【条文】

9.1.4 施工企业应对分包方实施管理，检查、监督分包合同履行情况，项目部应对分包项目实施现场检查控制。

【条文解读】

本条款规定了施工企业项目分包管理活动检查、监督和现场控制的要求。

1. 施工企业对分包方的控制要求是项目管理策划的重要内容。包括：

（1）项目信息沟通；

（2）工程计划实施；

（3）材料报告验收；

（4）工程进度执行；

（5）安全生产风险；

（6）人员进场情况；

（7）工程质量水平；

（8）施工环保效果；

（9）不合格的处置；

（10）其他（如，成本控制）。

施工企业要围绕以上环节策划对分包方控制的重点，包括：分包项目的关键过程、特殊过程和重要过程的控制细节，规定对分包管理的检查方式、内容、频次，要求分包方应向总包方提供施工过程的各种信息和证据的程序和时间，并及时传递。

项目经理部负责根据策划的要求实施对分包方的现场检查控制。项目经理部对分包工程所涉及的重要材料、关键过程、特殊过程以及重要环节应重点实施现场检查控制，确保分包工程质量满足要求。

施工企业应按照策划的安排，对项目分包管理活动进行检查、监督、指导和控制，发现问题及时提出整改要求并跟踪复查。

2. 施工企业对分包方的控制是履行总包责任、确保工程质量的重要环节。包括：

（1）名册管理。在施工过程中采用动态的方式对分包方进行管理，公开标准，公开招标，处理透明。

（2）程序管理。根据分包方的特点，确定施工过程的管理重点和难点，对分包方的组织机构和运行程序作出规定，并及时与分包方进行沟通。

（3）施工监管评价。通过专门人员，根据各种技术规则对分包方的施工表现进行活动和记录的评价，分析施工过程的变化趋势，评估施工监管的成效。

施工企业对项目分包管理活动的检查、监督、指导以及项目部对分包工程的现场控制，应符合分包管理制度和规定及分包合同的约定。

本条文是第 10 章第 10.5 条款，第 11 章第 11.2 条款在分包方管理中的具体应用，与第 9.2.2 条款是关联条款。本条文规定的施工企业项目分包管理活动的检查、监督和控制要求是实施施工质量管理的重要工作，特别是质量水平和安全控制都是应该重点管理的内容。如果没有对分包方的施工和服务活动进行监督、检查，并发现问题及时提出整改要求并跟踪复查，施工企业工程质量的水平将会无法得到保证。

本 节 实 施 重 点

分包管理是工程项目质量管理的实施重点，分包管理效果直接影响总包工程质量管理的水平。施工企业应该关注：分包方管理制度的充分性，分包工程质量验收规定的充分性与合理性，分包管理方式与方法的合规性，分包合同条款设置策划与管理内容的合规性与前瞻性。其中，重点管理内容包括：

（1）分包方选择、分包项目实施过程管理方法；

（2）分包合同条件设置与合同分析评估；

（3）对分包方监督管理方法的有效性；

（4）对分包工程验收结果的可靠性。

9.2 分 包 方 选 择

【条文】

9.2.1 施工企业应按管理制度规定的标准和评价方法，依据工程项目需要经评价后选择分包方，并保存相关记录。对分包方的评价应包括下列内容：

1 经营许可和施工资质；

2 工程业绩与社会信誉；

3 人员结构、执业资格和素质；

4 施工机具与设施；

5 专业技术和施工管理水平；

6 协作、配合、服务和抗风险能力。

【条文解读】

施工企业评价、选择的分包方的质量水平是决定分包管理效果的重要内容。本条款规定了评价和选择合适的分包方的内容要求，施工企业应结合实际确定评价分包方的具体标准。

施工企业应制订相应对分包方进行评价和选择的方法，可包括：招标、召集相关职能部门实施评审、对分包方提供的资料进行评定、对分包方的施工能力进行现场调查、第二方质量管理体系审核等。施工企业可建立适宜的合格分包方名录。

大型施工企业应该根据工程项目的需求评价和选择水平高、业绩好的分包方；中小型施工企业则应结合工程的特点评价和选择适宜、合格的分包方。

1. 施工企业对分包方的评价

对分包方评价的内容应包括：

（1）经营许可和施工资质，包括国家工商管理部门的经营许可和建设主管部门的企业资质核定；

（2）工程业绩与社会信誉，包括施工项目的质量、安全、环保、进度和合同履约情况；

（3）人员结构、执业资格和素质，包括文化程度、技术等级、注册资格、工作经验等；

（4）施工机具与设施，包括过程能力、数量、技术参数等；

（5）专业技术和施工管理水平，包括技术服务能力、施工管理体系的水平；

（6）协作、配合、服务和抗风险能力，包括：分包方与施工企业相关要求的接口水平、与工程相关方的配合能力、施工保修服务能力、应对突发事件的应急处置能力等。

如果评价的证据不充分、不确切，需要现场进行了解时，可对分包方进行质量管理体系审核。

施工企业对分包方评价应形成记录。内容包括：

（1）经营许可、工程业绩和资质证明文件；

（2）招标过程的各项记录；

（3）评审记录、资料评定记录；

（4）合格分包方名录；

（5）现场调查记录、质量审核记录等。

2. 施工企业对分包方的选择

施工企业对于技术服务、委托设计的分包方可主要考虑其资质、业绩、人员资格、提供技术资料的承诺等。

1）分包方的资格审查

对于拟招标的候选分包方，若已在企业合格分包方名单中，则无须再进行资格审查，即可直接进入投标阶段。

对于未纳入企业合格分包方名单的，则须对其进行资格审查，资格审查合格的方可参加投标。

2）分包方考察

根据需要，施工企业可组织对分包方作必要的考察。

（1）采取到分包企业总部、在施工程以及与其合作过的单位进行调查，以了解其施工能力、管理水平、工程业绩、履约能力、信誉、财务资金状况等。

（2）对于企业分包采购管理部门组织的考察，项目经理部应派专人参加，必要时对分包方的技术管理、施工机具设备配置情况等作更进一步的考察。

分包可分为劳务分包和专业工程分包，这两种方式的选择标准应该有所不同，在评价内容上也应有不同的侧重点。

另外，还有一类特殊的分包（咨询的分包），如聘请专门的技术咨询公司进行专业技术咨询服务、GPS定位等，聘请专门的公司建立施工过程监控系统等，应该增加如何对这些分包方进行控制的要求。

3. 分包采购实施

分包采购是指施工企业按照管理制度中规定的标准和评价办法依法选择合适的分包方。

1）分包采购的类型

按采购实施主体划分：

（1）施工企业总部（或分公司）采购，即项目经理部上级管理层的分包方管理部门组织采购；

（2）项目经理部采购；

（3）发包人采购，即业主选择并与分包方签订合同，交予施工企业统一协调管理。

按采购方法划分：

（1）招标采购：施工企业以招标文件的方式，邀请采购策划名单中的多家分包方投标，经过评标，选择最佳分包方。对于工程大或分包工程金额较大的，宜采用招标采购方式确定分包方。

（2）邀标采购：施工企业以招标的方式邀请特定的分包方投标。对于工程量较小、承包额较低以及不宜招标的，可采用邀标采购方式确定分包方。

（3）独家议标采购：主要适用于发包人直接指定分包方。在特殊情况下若市场上仅有一家或直接确定一家有利于项目管理目标实现，可采用独家议标的方式确定分包方。

2）分包采购过程

在施工的不同阶段，施工企业应针对所需要的分包方，采用适宜的方式实施分包采购过程。具体方法如下。

（1）招标采购及邀标采购

分包方采购实施主体组织编制招标文件。招标文件中应明确：分包工程范围；工期要求；技术要求；质量要求及工程创优要求；人员要求；施工机具、设备要求；环保及职业健康安全管理要求。

施工企业组织对投标分包方的技术标进行评价。评价的内容包括：施工组织设计，技术方案，进度计划等。

施工企业组织对投标分包方的商务标进行评价。商务标的评价内容主要是价格，原则应是合理最低价中标，即分包商的价格不偏离成本价格的最低价。

施工企业根据招标的评价原则确定中选分包方。如果各投标分包方的最终报价均大幅度偏离标底，或招标过程中发生明显不利于定标的异常情况，分包采购经办人应该向采购决策人报告，以决定招标是否有效或是否重新招标。

（2）独家议标采购

独家议标采购主要适用于业主直接指定分包方。

发包人指定分包方有两种情况：第一种是分包工程范围不在项目经理部的承包范围，分包方是发包人选择的，但发包人有书面文件规定由项目经理部与分包方签署合同或签署三方合同，并纳入项目经理部的管理范围；第二种是分包内容在项目经理部的承包范围，但发包人有文件指定了唯一的分包方。

对于第一种情况，项目经理部可组织直接签订合同。

对于第二种情况，项目经理部在向企业主管部门提交分包申请计划时，同时提交有关业主指定分包商的文件。

对于第二种情况的分包方采购仍然需履行招标采购形式所规定的程序。

对于非发包人指定分包方，在特殊情况下宜采用独家议标方式时，仍需履行招标采购形式所规定的程序，由施工企业授权人批准。

3）分包采购计划

分包采购计划的内容包括：分包方采购申请计划和分包方采购计划中的相关信息。

（1）分包方采购申请计划

项目分包方的采购内容和范围应在合同中规定。

项目经理部应根据施工需要及进度安排编制项目分包方采购申请计划。当项目分包方采购系由项目的上一级组织统一采购时，项目须将经项目经理批准后的分包方采购申请计划上报施工企业。

分包方采购申请计划需明确：分包方类别（如降水、土方、基础、装修、机电安装等），暂估造价，合同形式，对分包方的资质要求，付款方式，特殊要求（如对分包方注册地址的要求、对分包方负责采购物资的要求、对分包方考察的要求等）。

项目经理部可推荐候选分包方，但须在分包方采购申请计划中列明分包方的名称、联络方式等信息。

（2）分包方采购计划的审核及实施

施工企业负责组织分包采购的相关人员审核项目经理部提出的分包方采购申请计划，确定候选分包方名单。施工企业的主办部门，根据候选分包方的评审结果提出确定分包方的建议并实施。

分包方采购计划主要包括：采购实施部门，采购方式，合同形式，候选分包方，分包方报价原则，采购工作的起止时间。

4）采购结果

施工企业在完成上述程序后，经过主管领导批准，确定分包方选择结果。

值得关注的是：

1. 施工企业对分包方的评价应客观、真实、有效，既要看到其优势，也要对其不足有充分的考量。

2. 施工企业应对分包方进行全面评价后，在合格分包方名录中选择使用，建立公开、公平、公正机制，选择适宜的分包方。

本条文是第 10 章第 10.4 和 10.5 条款的具体实施性条款。

分包方的质量管理水平直接影响着施工企业项目管理的整体水平，如果不能按分包管理制度的要求选择适宜的分包方，在施工过程中造成分包合同中止或更换分包队伍，则可能给工程项目的质量、进度、成本以及施工企业信誉带来不利影响。

【条文】

9.2.2 分包合同应依据总包合同的约定和工程需要订立，明确双方的质量责任，并经企业授权人员审核。

【条文解读】

在选择确定分包方后，施工企业要按照总包合同的约定和工程需要，依法订立分包合同，本条款规定了分包合同订立、审核的相关要求。

分包合同包括专业分包合同、劳务分包合同等。

1. 分包合同依据分包工程的难易、大小可简可繁。对某一项小的单项分包工程，可能只有简单的几项内容，但对于大的分包工程项目，分包合同应内容详尽，权利、义务明确。具体的订立分包合同的方法有：根据分包合同条件草拟工程分包合同，与分包方进行合同谈判，使用工程分包合同标准文本等。

2. 施工企业与分包方订立分包合同时，应以工程总承包合同为基础。

分包合同应：

（1）符合法律法规的规定；

（2）符合建设工程总承包合同或专业施工合同（特指相应的劳务分包）的规定；

（3）明确施工或服务范围，双方的权利和义务，质量职责和违约责任；

（4）明确分包工程或服务的工艺标准和质量标准；

（5）明确对分包方的施工或服务方案、过程、程序和设备的签认、审批要求；

（6）明确分包方从业人员的资格能力要求。

3. 分包的标准合同和非标准合同。

分包的合同形式主要是标准合同，但在特殊情况下可以订立非标准合同。

1）标准合同的内容：

（1）合同格式；

（2）合同形式；

（3）支付方式；

（4）保函；

（5）保险；

（6）材料供应和检测；

（7）工程范围和时间；

（8）临时工程和设施的使用；

（9）施工现场、通道或便道的使用；

（10）工程变更；

（11）保留金和维修期限；

（12）税务；

（13）总包商接管权利的行使；

（14）争议的解决。

2）非标准合同（特殊情况下）的内容。

与分包方订立的非标准文本合同至少应包括：

所分包的内容、时间（工期）、质量、安全、文明施工、绿色施工等要求，结算方式与付款办法，交工后提供的服务，违约处理意见等。

4. 分包合同的审核：

分包合同在订立前，应由企业质量、技术、生产等相关部门审核，企业授权人员批准，方可签订。

5. 分包合同的执行：

分包合同一旦签订，双方应认真执行。施工企业对分包方履约情况的评价，可在分包施工和服务活动过程中或结束后进行，按照管理要求由项目经理部或相关部门实施。

分包合同内容要详尽、具体，明确分包工程内容和双方相应的责任、义务。

本条文是第 10 章第 10.4、10.5 节的具体实施条款。有关分包方在施工过程中的质量管理内容执行第 10 章的相关内容。

施工企业按照总包合同的约定和工程需要，依法订立分包合同，不仅是法律法规的要求，更重要的是企业实施施工质量管理的过程需要。如果没有符合法律法规的合同保证，就会导致工程施工过程的控制、检验、沟通、协调、索赔和责任追究等没有规定的管理准则，施工企业的现场质量管理也就失去了风险预防的基础。

本 节 实 施 重 点

分包方选择是分包管理的重要起点。选择信用高、能力强、业绩好的分包方是确保工程项目质量管理的基本条件。施工企业应该关注：分包方选择标准的合理性，分包方评价过程的客观、公正，分包方采购结果与采购需求的符合程度。其中，重点管理内容包括：

（1）分包方采购策划的充分与适宜；

（2）获得分包资格的供方信用、能力与业绩水平；

（3）分包合同内容的前瞻性；

（4）分包采购过程的合规性；

（5）分包采购风险的评估。

9.3　分包项目实施过程管理

【条文】

9.3.1　施工企业应对分包方的下列施工和服务条件进行验证和确认：

    1 项目管理机构；

    2 进场人员的数量和资格；

    3 主要工程材料、构配件和设备；

    4 投入的施工机具与设施。

【条文解读】

本条款要求对分包方的施工或服务质量进行验证和确认。其中，对分包方的验证需在施工或服务开始前进行，也可根据工程进度的安排分阶段进行，必要时应在实施过程中进行验证。

为了保证分包方的施工或服务条件符合分包工程的需要，本条款专门提出了确认分包方项目管理机构、进场人员数量和资格，验证分包方的主要工程材料、构配件和设备及施工机具与设施的要求。

分包施工或服务方案需规定主要工程材料、构配件和设备及主要施工机具与设施的范围。分包方的主要工程材料、构配件和设备是指影响分包工程安全性能和关键使用功能的工程材料、构配件和设备。分包方的主要施工机具和设施是指影响施工关键质量（工程结构安全、使用功能和工程合同关注的质量要求）特性的施工机具和设施。

项目经理部作为责任主体，应负责分包方进场的人员确认和主要工程材料、构配件和设备、投入的施工机具与设施的验证工作，以确保进场的分包方以及主要工程材料、构配件和设备、投入的施工机具与设施符合施工策划和合同中规定的要求。需要时项目经理部可以根据施工策划的要求到分包方在其他场所的加工现场进行验证和确认。

1. 分包方项目管理机构的确认：

（1）项目管理机构设置，包括质量、技术、施工管理等部门的设置；

（2）项目负责人，包括分包总负责人、质量、技术、生产等负责人的配备等。

2. 分包方进场人员数量和资格的确认：

（1）管理和技术人员的数量和资格，包括质量检查员、技术负责人、施工管理员素质、数量；

（2）操作人员的数量和资格，包括操作工人技术等级、数量、特殊工种上岗证等。

3. 分包方的主要工程材料、构配件和设备的验证：

（1）主要材料、构配件的验证，包括水泥、钢材和混凝土、预制构件等；

（2）主要设备的验证，包括空调、电梯、配电柜等工程设备。

4. 投入的施工机具与设施的验证：

（1）主要施工机具的验证，包括起重、混凝土泵送、混凝土搅拌、混凝土浇筑、机加工设备等。

（2）主要设施的验证，包括脚手架、模板、吊篮和其他重要的临时设施等。

项目经理部对分包方施工或服务条件的验证和确认应在施工或服务开始前进行。需要时，可在施工或服务过程进行验证和确认。

（1）确认的方法包括审核、认定等；确认的依据包括人员资格要求和能力标准等；

（2）验证的方法包括审核、观察、目测、检验等；验证的依据包括质量和安全标准等。

当发现问题时，施工企业应及时采取适宜的措施督促分包方进行改进。

本条文是第 8.3、8.4 条款和第 10.4、10.5 条款的关联条款，具体的实施内容应执行第 8.3、8.4 条款和第 10.4、10.5 条款的要求。

施工企业对分包方的施工或服务条件进行确认和验证，是施工企业对分包方实施管理的关键过程。确认分包方项目管理机构、进场人员数量和资格，验证分包方的主要工程材料、构配件和设备是施工企业应该切实落实的工作。否则分包方的质量管理可能处于失控的状态。

【条文】

9.3.2 分包项目实施前，施工企业应对分包方进行施工和服务要求交底，审批分包方编制的施工和服务方案。

【条文解读】

本条款规定了对分包方进行施工和服务要求的交底，审批其施工和服务方案的要求。

施工企业应对分包方的施工和服务过程进行控制，在分包项目实施前对从事分包的有关人员进行分包工程或服务要求的交底。施工企业对分包方的交底控制是工程项目质量管理的重要内容，需根据分包方能力选择适宜的交底控制方式。

项目经理部技术负责人要策划和实施具体的交底活动。各有关人员参加交底的相关过程。交底可以分层次进行，但必须保证将必要的技术质量要求沟通到分包方的施工操作人员。

交底内容包括：分包工程项目的质量、进度、安全和环保（可以含成本）等要求，以及技术方法、施工工艺和资源配置规定等。

在施工之前，施工企业应审核批准分包方编制的施工或服务方案以及分包方的技术交底，这些方案和技术交底应该符合施工企业的项目管理要求。如果发现存在问题时，应及时要求分包方进行改进。

项目经理部应根据事先对分包工程关键过程、特殊过程和重要过程的识别，对技术交底落实的重点情况实施监督和管理。包括：

1. 执行的质量策划和技术交底结果的正确性；
2. 施工人员的文化程度、技术水平、工作经验、上岗资格与技术交底的符合性；
3. 使用的施工机具的状态满足过程能力的程度；
4. 施工过程的人员活动与施工安排的适宜情况；
5. 分包施工过程检验、试验的可靠程度；
6. 分包施工作业与总包的施工要求的接口情况；
7. 分包工程的质量特性与验收、标准的偏差状况。

本条文是第10.4和10.5条款的关联条款，具体的实施内容应执行第10.4、10.5条款的要求。

施工企业在分包项目实施前对从事分包的有关人员进行分包工程施工或服务要求的交底，审核批准分包方编制的施工或服务方案，是施工准备的关键内容。如果没有把握好这个环节，将可能造成施工企业所有质量策划的内容不能真正到位，甚至成为质量事故的源头。

【条文】

9.3.3 施工企业应对分包方的下列施工和服务过程及结果进行监督管理：

1 关键岗位、人员变动、技术措施、质量控制和材料验收；
2 施工进度、安全条件、污染防治和服务水平。

【条文解读】

本条款规定了施工企业应对分包工程施工和服务过程及结果进行监督管理的要求。

施工企业应按照分包管理制度的规定，对进场的分包方施工和服务过程进行监督检查和管理，各级职能管理部门应定期或不定期地对其管辖范围内的分包方进行检查和监督。项目经理部对项目使用的分包方及其施工队伍进行日常监督检查与管理。

监督检查的主要内容包括：

1. 关键岗位、人员变动，包括项目负责人、技术负责人、特殊工种等岗位配置及其人员变动情况。

2. 技术措施、质量控制和材料验收，包括技术方案、技术措施执行情况、工程或服务质量、原材料质量等。

3. 施工进度，包括生产要素配置、分包项目总体进度安排及年、月、周进度控制执行情况。

4. 安全条件、污染防治，包括安全生产、文明施工、环境保护以及职工生活、劳保待遇等。"安全条件"是指分包方确保安全风险处于受控状态所具备的各种条件。包括：资质与安全生产许可、作业人员资格、安全生产协议、安全管理机构与专职人员配备、安全管理制度、安全资源投入、安全技术交底、应急预案、安全生产措施、安全防护设施与设备等。

5. 服务水平，包括分包与总包方及与其他专业的协调配合、沟通能力等。"服务水平"是指分包方满足总包方要求的服务质量，包括质量管理过程的技术资料、实施证据的及时提供，配合总包方实施的验收、整改、回访、保修和用户满意度调查等。

项目经理部应在日常检查的基础上，对分包方进行综合考核和评价，根据分包工程量和施工组织设计制订分包方质量评价计划，必要时对分包工程的重要过程组织多部门联合参加的专项检查和验收。项目经理部在施工过程中应重点加强对分包工程质量、安全、进度等管理目标和措施实施情况的监督检查，确保分包工程达到预期的目标要求。

本条文是第 10.4、10.5 条款和第 11.2、11.3 条款在分包方管理中的具体应用，与第 9.1.4 条款是关联条款。

本条文规定的对施工企业项目分包过程进行监督检查的要求是实施施工质量管理的重要工作，如果没有对分包方的施工和服务活动过程的监督检查，发现问题及时提出整改要求并跟踪复查，工程项目的整体质量管理水平将难以得到充分保障。

【条文】

9.3.4 对分包方的履约情况应进行评价并保存记录，作为重新评价、选择分包方和改进分包管理的依据。

【条文解读】

本条款明确了施工企业对分包方履约情况进行管理的要求。

施工企业对分包方履约情况的评价，可在分包施工和服务活动中或结束后进行，按照管理要求由项目部或相关部门实施。

施工企业应对分包方履约情况进行评价并保存记录。分包合同履约完毕或分包施工和服务活动过程中，施工企业负责分包方管理的部门可以会同项目经理部，对分包方进行履约情况评价，内容包括：

1. 分包项目的质量水平；

2. 施工进度；

3. 质量过程控制能力；

4. 质量成本；

5. 合同履行情况等。

其中，评价质量成本的目的在于衡量分包方持续和稳定的质量管理能力。

施工企业对分包方履约情况进行评价的方式主要包括：

1. 项目经理部按要求对项目使用的分包方进行评价，作为分包合同结算的依据之一；

2. 企业主管分包方的部门根据分包方的表现，对分包方进行分级，并反映在企业的合格分包方名单中；

3. 已评价为不合格的分包方，在企业的合格分包方名单中予以删除；

4. 根据工程施工的需要对曾经使用但已被删除或长期没有使用的合格分包方在使用前进行重新评价。

以上评价的记录应该予以保留，以便施工企业对分包的长期评价和使用管理。

施工企业要根据评价的结果及时淘汰不合格的分包方，以确保分包工程的质量水平。

在实施上述活动工作中应该持续进行分包管理工作的改进，包括：发现并处理分包管理中的问题；重新确定、批准合格分包方；修订分包管理制度等。分包工程完工后，项目经理部应对分包方的履约情况进行全面评价，质量、进度、安全目标落实情况应作为评价重点，评价不合格的应注销其合格分包方资格，企业其他项目不再继续使用。

本条文是第 12 章的具体应用。对分包方的履约情况进行评价，作为重新评价和选择分包方和改进分包管理工作的依据。这是实施质量改进的基础工作，也是提高工程质量的重要环节。

【条文】

9.3.5 分包工程在实施过程中发生的变更，施工企业应履行审批手续，进行审核验证。分包工程变更文件应作为分包合同的补充内容。

【条文解读】

本条款明确了施工企业对分包工程变更的管理要求。

施工企业需按照管理部门和项目部等层次规定分包工程变更的管理职责，并明确分包工程变更管理所需的授权人员审核验证和实施的程序。

施工企业作为总承包方，按照经发包人签认的变更通知要求，对涉及分包工程变更的内容进行策划，审批分包工程变更实施方案，做好分包工程变更交底，明确工程变更要求，及时办理变更交底手续。分包工程变更的相关文件资料应作为分包合同的组成部分予以保存。

因变更引起工期变化或分包合同价格变化的，施工企业应与分包方沟通，合理调整工期和分包造价，调整幅度应满足总包方对施工变更的总体要求。

施工企业应按变更设计要求，实施分包工程验收和质量控制，有效预防质量偏差。

分包工程变更控制是工程项目施工变更管理的重要环节，施工企业需关注分包工程变更内容、变更措施的相关影响因素及其应对风险和机遇措施的实施效果，以预防分包工程变更导致的各种可能风险。

本条文是第 10.5、10.6 条款的具体实施要求。

施工企业如果不按规定对分包工程变更进行控制，则可能导致不能满足发包方或设计方新的设计意图或施工意图，造成工程质量偏差或质量成本损失。

本 节 实 施 重 点

分包项目实施过程管理是工程项目质量管理的重点内容，决定了工程项目质量管理的现场管理绩效。施工企业应该关注：对分包施工和服务条件进行验证和确认过程的有效性，对施工和服务过程及结果进行监督管理的方式、方法，对分包过程变更控制的效果。其中，重点管理内容包括：

（1）分包方关键岗位、人员变动、技术措施、质量控制和材料验收的状态；

（2）分包方施工进度、安全条件、污染防治和服务水平等符合规定要求的水平；

（3）分包工程变更内容、变更措施的相关影响因素及其应对风险和机遇措施的实施效果；

（4）分包履约情况评价与重新评价、选择分包方和改进分包管理的衔接程度。

9.4 分包工程质量验收

【条文】

9.4.1 分包方应对分包工程进行自检。施工企业应依据设计文件、分包合同和国家现行相关标准规定的程序对分包工程实施验收，并保存验收记录。

【条文解读】

本条款明确了施工企业对分包工程实施验收的要求。

单位工程中的分包工程完工后，分包方应对所承包的工程项目进行自检，发现问题采取措施进行整改，确保分包工程质量满足验收要求。

施工企业应依据设计文件、分包合同和国家现行相关标准和规定的程序对分包工程实施验收，包括产品的合格情况和分包方的服务质量，保存验收记录。在验收合格前，施工企业不得接收分包工程。记录内容应符合验收标准的要求。国家现行相关标准指工程项目合同所确定的技术规范和验收标准。国家和地方的质量标准的评价原则是完全一样的，但是内容上地方的质量标准一般要严于国家标准。规定的程序是指工程项目合同和质量验收标准所明确的分包项目验收程序。

分包工程完成后，施工企业应及时对分包工程进行验收，如果分包工程验收不及时或验收不合格将会影响项目的整体验收，工程整体质量也会受到影响。

施工企业应参加监理方组织的分包工程质量验收。

本条文是第 10.5、11.3 条款在分包方管理中的具体应用，与第 9.2.2 条款是关联条款。本条文规定的施工企业对分包工程进行质量验收是实施施工质量管理的重要工作。如果没有按规定的标准和程序对分包工程进行验收，施工企业工程质量的水平将会无法得到保证。

【条文】

9.4.2 对分包工程质量验收过程发现的问题，施工企业应提出整改要求并跟踪复查。

【条文解读】

本条款明确了施工企业对分包工程质量验收发现问题的整改验收要求。

分包工程完工后，施工企业应对分包工程进行检查验收，验收发现分包工程质量或分包服务不符合规定的要求，应提出整改要求。施工企业应监督分包方对验收发现的质量问题进行分析，制订整改方案，工程质量问题包括质量事故应按有关质量验收标准的规定进行处理。施工企业对分包方质量问题整改情况需进行跟踪复查，复查合格后，方可验收。

本条文是第 10.5、11.3 条款在分包方管理中的具体应用，与第 9.2.2 条款是关联条款。本条文规定的施工企业对分包工程质量问题进行跟踪复查是质量控制的重要环节。如果没有分包工程质量问题跟踪复查，将难以保证质量问题的有效解决和处理，进而影响整体工程质量验收和准时交付。

【条文】

9.4.3 分包工程竣工后，施工企业应按国家现行工程施工质量验收标准、竣工档案资料归档要求和分包合同约定，验收分包方移交的归档资料。

【条文解读】

本条款明确了施工企业对分包移交的工程资料进行验收的要求。

分包工程竣工并验收合格后，分包方应将工程的有关资料整理完整，移交给总包单位。工程资料的内容、填写方式及归档整理应符合国家现行工程施工质量验收标准、竣工档案资料归档要求和分包合同约定。施工企业应及时收集分包工程的相关资料，检查和验收分包方移交的归档资料，发现问题，向分包方提出整改要求，整改合格后验收归档。

建设单位组织单位工程质量验收时，分包单位负责人应参加验收，并对所承包的分包项目的质量和工程资料负责。

本条文是第10.5、11.3条款在分包方管理中的具体应用，与第9.2.2条款是关联条款。施工企业及时收集和验收分包方的工程项目资料，是分包工程质量管理的重要环节。没有施工企业对分包方移交资料的验收归档，就难以保证单位工程质量验收资料的准确完整和及时交付。

本 节 实 施 重 点

分包工程验收是衡量工程质量管理成果的重要环节，对于整个工程的质量验收影响明显。施工企业应该关注：分包工程验收工作的实施流程与过程，验收结果与合同要求的符合程度，及相关问题的处理结果。其中，重点管理内容包括：

(1) 分包工程验收的有效性；

(2) 分包自检结果的准确性；

(3) 分包工程质量验收过程中发现问题的相关影响；

(4) 分包验收资料、相关归档资料的完整性、及时性。

案例 9-1

某施工企业分包商考核管理办法

I 案例背景

某施工企业最近存在工程实体质量水平下滑现象。经调查，主要是由于项目经理部对分包商的质量、技术及进度管理存在执行力弱、管理措施落实不彻底等原因。结合这一问题的存在，从企业体系管理及制度建设角度进一步分析发现，根源在于项目部现行分包商管理制度对分包商激励和约束不够，导致分包商管理不到位。因此，该企业重新分析了现行的分包商考核管理办法，发现存在以下问题：

1. 分包商考核标准不全面，没有涵盖分包商技术、质量及现场队伍实力等方面，不能全面考核分包商；

2. 分包商考核标准尺度不严谨，无法杜绝考核主体的主观偏向，导致不同的项目及人员考核标准力度把握不一、考核结果欠缺一致性；

3. 分包商考核流程不明确，责任不清晰；

4. 分包商考核结果应用不明确，导致正向激励和负向约束不够。

因此，该企业认为要重新制定和落实分包商的考核管理，奖优罚劣、激励先进、摒弃后进，全面提升分包商管理水平。

Ⅱ 案例分析及解决方案

经充分调研，该企业重新制定了分包商考核管理办法，明确了各级考核主体和责任落实，并通过考核细则及具体考核项内容条款的充分设置，最大限度地确保分包商考核的公平性和公正性，以切实规范分包商的考核管理，培育企业分包队伍，具体如下：

《××企业分包商考核管理办法》

为规范公司分包商考核管理，培育核心合作队伍，有效保障企业持续健康发展，特制定本考核管理办法。

一、考核范围

公司所有在施合格分包商。

二、分包商考核具体办法

为避免考核结果的偶然性，使结果更能反映分包商的真实水平，公司将对在施分包商每月进行考核，一般月份由质检组长、安全组长、施工员、项目部生产经理及项目部总工程师分别进行考核，每个季度末增加项目经理考核。另外，项目部需对在本项目履约完毕的分包商进行履约评价，年底对每个分包商各项考核得分进行加权平均，得出该分包商年度考核成绩。

1. 一般月份考核

由质检组长对分包队伍的施工质量、技术力量进行考核评分；由安全组长对分包队伍的安全生产、文明施工进行考核评分；由现场施工员对所管辖分包队伍的施工进度、配合意识、设备配备、遵纪守法进行考核评分；项目部生产经理及项目部总工程师填写总体评价意见并评分，填写"××公司分包商月度考核表"，见附表1，每月一次（季度末的月份直接按季度末考核方法进行），考核结果于次月5日前报至公司系统主管部门。

2. 季度末考核

在月考核内容中增加项目经理总体评价意见并评分项目，填写"××公司分包商季度末考核表"，见附表2，每季度末一次，考核结果于次月5日前报至公司系统主管部门。

3. 履约评价

分包商在本项目合同履约完毕后，项目经理部需对分包商进行履约评价，并填写使用后评价，主要在质量管理、安全生产、合同履约、进度管理、工作配合五方面进行评价，每一方面评价分为三个等级，分别为"优"、"一般"、"差"。

4. 项目可视需要进一步细化制定考核项

5. 考核结果计算

$$分包商年度综合得分 = \sum 月考核分数/参与考核的月数$$

6. 考核评价

考核评价结果最终根据综合分数确定，考核分四个等级：

优秀：90 分（含）以上为优秀；

良好：80（含）～90 分为良好；

合格：60（含）～80 分为合格；

不合格：60 分以下为不合格。

有下列情形之一的，对分包商考核实行一票否决，定为不合格分包商：

（1）不遵守项目规定，违章作业造成较大质量与安全事故的；

（2）不服从项目管理，违反分包合同，私自撤场的；

（3）由于管理混乱造成农民工上访情节严重的；

（4）由于管理混乱，劳务用工中有违法乱纪行为且情节严重的。

7. 分包商的使用

（1）根据考核结果，被评定为"优秀"的分包商名单，由公司定时公布，推荐各项目部可根据优秀分包商名单在选择分包商时优先参考使用。

（2）考核结果为"不合格"的分包商，系统主管部门将其移出公司的合格分包商名录，并列入"黑名单"，两年内不再复用。

8. 公司级"年度优秀分包商"的评价及奖励

1）参与公司级"年度优秀分包商"评选的分包商需满足以下三个条件：

① 该分包商与公司合作在 2 年以上（含 2 年）；

② 该分包商本年度与公司合作时间在 5 个月以上（含 5 个月）；

③ 该分包商至少与公司 2 个以上项目进行过合作，并且考核结果均在"良好"以上。

2）年底对本年度综合考核评价结果为"优秀"的并且符合第 1）条规定的分包商进行综合评议，最终计算得出前 3 名的优秀分包商。

3）系统主管部门将综合评议得出的 3 名优秀分包商，报至公司领导处审批，最终由领导班子共同商议确定公司级"年度优秀分包商"。在全公司范围内对公司级"年度优秀分包商"进行通报表扬，并予以现金奖励。

年度优秀分包商享受优先结算的权力，连续三年被评为公司级"年度优秀分包商"的分包商在新组建的工程项目中优先推荐采用。

本文件自发布之日起执行。

附表 1 　××公司分包商月度考核表

工程项目名称：　　　　　　　考核日期：

队伍名称	分包内容	联系电话	实得总分	
1. 施工质量	15 分	实得分		
一次合格率 100%，从不返工（15 分）	质量很好，极少数返工（11～14 分）	基本满足要求，偶尔返工（8～10 分）	质量一般，返工率较高（6～8 分）	质量很差，经常返工（0～6 分）

续表

2. 技术力量	15 分	实得分		
技术力量雄厚，有经验丰富的技术人员，能对施工技术提出建设性意见，各种方案及资料上报及时、准确（15分）	技术力量很强，有经验丰富的技术人员，能按技术要求完成施工任务，资料能按要求上报（11～14分）	技术力量较强，有技术人员，基本能按技术要求完成施工任务，资料经指导能按要求上报（8～10分）	技术力量一般，没有固定的技术人员，不能很好地理解图纸意图，资料上报经反复指导方能符合要求（6～8分）	技术力量很差，无技术人员，完全凭经验施工，资料上报不能满足要求（0～6分）
3. 安全生产	15 分	实得分		
安全意识极高，正确佩戴劳保用品（15分）	安全意识很高，80%的人员能够正确佩戴劳保用品（11～14分）	安全意识较高，60%的人员能够正确佩戴劳保用品（8～10分）	安全意识一般，50%的人员不能正确佩戴劳保用品（6～8分）	安全意识很差，基本无劳动保护（0～6分）
4. 文明施工	15 分	实得分		
注重现场防护，严格控制扬尘、噪声（15分）	注重现场防护，基本控制扬尘、噪声（11～14分）	基本注重现场防护，基本控制扬尘、噪声（8～10分）	基本注重现场防护，对扬尘、噪声无控制（6～8分）	现场无防护，扬尘、噪声无控制（0～6分）
5. 施工进度	15 分	实得分		
施工进度很快，均能超前完成任务（15分）	施工进度快，80%能超前完成任务（11～14分）	施工进度较快，能按项目要求完成任务（8～10分）	施工进度一般，80%能按项目要求完成任务（6～8分）	施工进度慢，经常不能完成项目交给的任务（0～6分）

6. 配合意识	10分	实得分		
配合意识极强，能很好地为项目服务（10分）	配合意识强，对项目部指令能够完成（8～9分）	配合意识较强，对项目部指令80%能够完成（6～7分）	配合意识一般，对项目部指令50%能够完成（4～5分）	配合意识差，对项目部指令很少能执行（0～3分）
7. 设备配备	10分	实得分		
拥有全套施工设备，设备性能很高（10分）	拥有主要施工设备，能够满足施工需要（8～9分）	拥有部分施工设备，基本满足施工需要（6～7分）	施工设备较欠缺，对施工有一定影响（4～5分）	基本无施工设备，不能正常施工（0～3分）
8. 遵纪守法	5分	实得分		
遵守法规，有思想、有道德，遵守项目纪律（5分）	基本能够遵守项目纪律（3～4分）	经常违反项目纪律（0～2分）		
9. 生产经理总体评价意见及评分（50分）			签字：　年 月 日	
10. 项目总工总体评价意见及评分（50分）			签字：　年 月 日	

实得总分＝(1＋…＋8)×60%＋(9＋10)×40%

附表 2   ××公司分包商季度末考核表

工程项目名称：　　　　　　　　考核日期：

队伍名称	分包内容	联系电话	实得总分	
1. 施工质量	15分	实得分		
一次合格率100%，从不返工（15分）	质量很好，极少数返工（11～14分）	基本满足要求，偶尔返工（8～10分）	质量一般，返工率较高（6～8分）	质量很差，经常返工（0～6分）
2. 技术力量	15分	实得分		
技术力量雄厚，有经验丰富的技术人员，能对施工技术提出建设性意见，各种方案及资料上报及时、准确（15分）	技术力量很强，有经验丰富的技术人员，能按技术要求完成施工任务，资料能按要求上报（11～14分）	技术力量较强，有技术人员，基本能按技术要求完成施工任务，资料经指导能按要求上报（8～10分）	技术力量一般，没有固定的技术人员，不能很好地理解图纸意图，资料上报经反复指导方能符合要求（6～8分）	技术力量很差，无技术人员，完全凭经验施工，资料上报不能满足要求（0～6分）
3. 安全生产	15分	实得分		
安全意识极高，正确佩戴劳保用品（15分）	安全意识很高，80%的人员能够正确佩戴劳保用品（11～14分）	安全意识较高，60%的人员能够正确佩戴劳保用品（8～10分）	安全意识一般，50%的人员不能正确佩戴劳保用品（6～8分）	安全意识很差，基本无劳动保护（0～6分）
4. 文明施工	15分	实得分		
注重现场防护，严格控制扬尘、噪声（15分）	注重现场防护，基本控制扬尘、噪声（11～14分）	基本注重现场防护，基本控制扬尘、噪声（8～10分）	基本注重现场防护，对扬尘、噪声无控制（6～8分）	现场无防护，扬尘、噪声无控制（0～6分）
5. 施工进度	15分	实得分		
施工进度很快，均能超前完成任务（15分）	施工进度快，80%能超前完成任务（11～14分）	施工进度较快，能按项目要求完成任务（8～10分）	施工进度一般，80%能按项目要求完成任务（6～8分）	施工进度慢，经常不能完成项目交给的任务（0～6分）

续表

6. 配合意识	10 分	实得分		
配合意识极强，能很好地为项目服务（10 分）	配合意识强，对项目部指令能够完成（8～9分）	配合意识较强，对项目部指令80%能够完成（6～7分）	配合意识一般，对项目部指令50%能够完成（4～5分）	配合意识差，对项目部指令很少能执行（0～3分）
7. 设备配备	10 分	实得分		
拥有全套施工设备，设备性能很高（10 分）	拥有主要施工设备，能够满足施工需要（8～9分）	拥有部分施工设备，基本满足施工需要（6～7分）	施工设备较欠缺，对施工有一定影响（4～5分）	基本无施工设备，不能正常施工（0～3分）
8. 遵纪守法	5 分	实得分		
遵守法规，有思想、有道德，遵守项目纪律（5分）	基本能够遵守项目纪律（3～4分）	经常违反项目纪律（0～2分）		
9. 生产经理总体评价意见及评分（30 分）	签字：　　年　月　日			
10. 项目总工总体评价意见及评分（30 分）	签字：　　年　月　日			
11. 项目经理总体评价意见及评分（40 分）	签字：　　年　月　日			

实得总分＝(1＋…＋8)×60％＋(9＋10＋11)×40％

10 工程项目质量管理

10.1 一 般 规 定

【条文】

10.1.1 施工企业应建立并实施工程项目质量管理制度，对工程项目质量管理策划、工程设计、施工准备、过程控制、变更控制和交付与服务作出规定。

【条文解读】

工程项目质量管理是施工企业质量管理的核心组成部分。本条款明确了对工程项目施工质量管理策划、工程设计、施工准备、过程控制、变更控制和交付与服务予以管理的要求，是本规范的重要条款。

本规范针对施工企业提出了系统的项目质量管理要求，既适用于大型施工企业和大型工程项目，也适用于中小型施工企业以及中小型工程项目。

工程项目质量管理是一项系统的和复杂的施工现场活动，具有高风险和高难度的管理特征。施工企业应根据工程项目的特点制定质量管理制度，落实各层次的管理职责。要建立并实施从工程项目管理策划至保修过程的质量管理制度，开拓创新，持续改进，有序、规范地实施项目质量管理。

本条文是工程项目质量管理的基础要求，是本规范第3章、第4章和第5章的具体实施。工程项目施工和服务质量管理中的施工机具与设施，建筑材料、构配件和设备管理和分包管理活动应同时符合第7、8、9章中的相关规定。

【条文】

10.1.2 项目部应负责实施工程项目质量管理活动。施工企业应对项目部的质量管理活动进行指导、监督、检查和考核。

【条文解读】

项目部是实施工程项目施工质量管理的主体。项目部的职责是实施项目施工管理。项目部的设置应满足上述质量管理策划、工程设计、施工准备、过程控制、变更控制和交付与服务管理的需要，与工程项目的规模、施工复杂程度、专业特点、人员素质相适应。

项目部应围绕施工企业质量管理的目标要求，结合工程项目的规模、施工复杂程度、技术专业特点、人员素质等情况，适宜地考虑项目组织和管理机构的设置方式，包括项目式、矩阵式和职能式等。项目部内部的责任、权利和岗位之间的相互关系应基于有效、高效和简单的原则进行确定。并根据项目管理需要设立质量管理部门或岗位。有条件的施工企业可以参照卓越绩效模式进行项目组织和管理机构的策划。

项目部的人员配备应满足相应质量管理的需求。一般包括：

企业技术负责人、质量负责人；

关键岗位：特殊工种、监督人员等；

重要岗位：项目经理、技术负责人、工长和质量检查人员等。

项目部各类人员专业和数量的配备均要与岗位职责和工作内容相匹配；关键岗位、特殊工种和重要岗位人员都应经过专门培训，并根据规定持证上岗，配备数量不得低于有关法律法规的要求。

人是最重要的质量管理因素和资源。施工企业项目部负责工程项目施工质量管理，因此项目部的机构设置和人员配备应满足项目质量管理的需要，这是决定工程质量水平的重要基础条件。

施工企业各管理层次应对项目部的工作进行指导，监督，确保项目施工和服务质量满足要求。施工企业应在相关制度中明确各管理层次在项目质量管理方面的职责和权限，包括对分包工程项目重要质量管理活动的监督管理的职责和权限。施工企业对项目部质量管理的监督、检查和考核活动应符合本规范第 12 章的要求。

施工企业对项目部的施工质量管理的对象是过程。与施工有关的过程成千上万，但起决定作用的是关键过程、特殊过程和其他重要过程。其中：

关键过程——是指对工程质量、安全、使用功能有重要影响的施工过程。如：钢结构制作安装、结构混凝土施工等。

特殊过程——是指过程的结果是否合格不易或不能经济地通过后续的监视或测量加以验证的施工过程。如：隐蔽工程的焊接施工、钢结构焊接、防水施工等。

其他重要过程——是指对施工过程和工程质量有直接影响的采购和检验、试验等过程。

施工企业应主要针对上述过程实施监督、指导、检查和考核。围绕关键的少数过程，提供必要的各种资源，保证施工过程的质量要求，实现工程项目的质量目标。监督、指导、检查和考核的方式可以是集中实施、分层实施和专项实施，频次可以是定期、不定期、临时性和阶段性实施，方法可以是采用定量、定性手段或两者的结合。

施工企业对项目部的施工质量管理进行监督、指导、检查和考核,可考虑从企业部门层次、岗位层次和分包方层次具体实施。

1. 企业部门层次

(1)企业质量主管部门:负责遵照《建设工程质量管理条例》和《质量管理体系 基础和术语》GB/T 19000 标准建立和持续改进企业的质量管理体系,负责审批重点项目编制的《质量计划》,监督项目质量管理体系的正常运行与质量责任制的落实;定期对项目质量管理工作进行考评,提出持续改进要求。

(2)项目部:负责在企业质量管理体系下建立和持续改进项目质量管理体系,满足建筑工程技术质量标准和相关方的要求,监督分包、分供方的质量管理工作,实施项目管理人员及相关方的培训、教育工作;负责工序检查验收、阶段验收以及项目评优工作;重点监控施工的关键过程、特殊过程和重要过程,确保过程验收一次合格;定期进行项目质量管理体系评价,对施工中存在的问题分析原因并制订改进措施。

2. 岗位层次

项目经理:项目工程质量的第一责任人,负责项目质量管理体系的建立与运行,确定和考核质量管理人员的管理职责、权限和工作绩效;在施工过程中正确处理工程质量与职业健康安全、进度、成本、环境保护之间的相互关系,确保工程的使用功能和质量目标的实现。

项目部其他人员的职责:根据项目要求设立并确定其质量职责和权限。

3. 分包方层次

根据分包合同的要求实现所有施工企业规定的质量目标。

本条款是第 9、11 和 12 章的具体实施要求。质量管理的关键环节之一是检查和监督。施工企业应通过对项目部的施工质量管理进行监督、指导、检查和考核,为项目工地营造规范的质量控制机制,以便保证工程质量管理的可靠性。

本 节 实 施 重 点

工程项目质量管理制度的建立实施是确保项目质量管理的基点。施工企业应该关注:各项制度之间衔接与接口质量的可靠性,工程项目质量管理策划的合理性与前瞻性规定,设计与施工、采购与施工风险管理的流程规定,施工过程质量控制的有效性保障。其中,重点管理内容包括:

(1)工程项目质量基本流程与制度的合理性;

(2)工程项目质量管理规定与项目质量风险防范需求的匹配性;

(3)工程项目质量管理实施机制的有效性。

10.2 策　划

【条文】

10.2.1 施工企业应收集工程项目质量管理策划所需的信息。

【条文解读】

质量管理策划是为了实现质量目标针对质量活动进行规划的过程，策划是一项风险比较大的前瞻性工作，需要系统、客观、真实的质量信息。信息包括：一方面，工程项目的勘察、设计、采购、施工、试运行等阶段内容，既有质量、安全、进度、环境方面的要求，又有合同、法律法规、标准规范等方面的规定；另一方面，包括市场、政策、技术与管理变化趋势的内容，还有改革发展、创新提升方面的内容。信息收集的途径可以通过市场、业主、相关方、政府等取得，也可以利用网络、会议、信函、电话、文件等方式获得。信息需要经过有效处理才能使用，施工企业应该针对收集到的信息进行鉴别、分析和传递。

【条文】

10.2.2 施工企业应实施工程项目质量管理策划，并明确下列策划内容：

1 质量目标；

2 项目质量管理组织机构和职责；

3 工程项目质量管理的依据；

4 影响工程质量的因素和相关设计、施工工艺及施工活动分析；

5 人员、技术、施工机具及设施资源的需求和配置；

6 进度计划及偏差控制措施；

7 施工技术措施和采用新技术、新工艺、新材料、新设备的专项方法；

8 工程设计、施工质量检查和验收计划；

9 质量问题及违规事件的报告和处理；

10 突发事件的应急处置；

11 信息、记录及传递要求；

12 与工程建设相关方的沟通、协调方式；

13 应对风险和机遇的专项措施；

14 质量控制措施；

15 工程施工其他要求。

【条文解读】

工程项目质量管理策划是为了实现工程项目的质量目标，针对相关项目特点所规定的系统的管理途径，包括所有施工活动的质量管理策划：质量目标、施工组织设计、质量计划、施工方案、技术交底、工序要求等。本条款按照施工的重点环节提出了项目质量管理策划的十五项基本要求，是项目质量管理策划的实施指南。值得注意的是：质量管理策划包含了工程设计的相关内容，这与2015年版ISO 9001标准的要求是完全一致的。

工程项目质量管理策划的内容是施工企业各项要求在工程项目的具体应用。策划结果根据规定所形成的文件是全面安排项目施工质量管理的文件，是指导施工的主要依据。施工企业需明确规定该文件编制的内容及相关职责、权限。在编制前，有关人员需充分了解工程项目质量管理的要求，包括确保外包（分包）过程受控的要求。

质量管理策划的要求与传统的施工组织设计和施工方案的策划内容是有一定区别的，其更加注重风险与机遇的应对，知识管理等。要注意把握好它们的不同，提高企业质量管理的策划水平。

质量管理策划的职责是根据不同的项目需要和施工企业的授权实施运作的过程，包括企业实施和项目实施等不同的层次运作，重要的是保证不同层次的相关质量管理策划的适宜性和有效性。

质量管理策划工作应结合本工程所在地自然环境条件、地理施工条件、工程特点难点、工艺特点、材料及设备选型来进行。

1. 项目质量管理策划的依据

（1）工程项目的情况与特点；

（2）合同及业主要求；

（3）项目设计文件；

（4）项目管理范围；

（5）与质量有关的标准和技术规范；

（6）国家及行业的法律法规及行业标准规范要求；

（7）企业的质量方针与质量目标。

2. 项目质量管理策划的结果

1）质量目标

质量目标及质量目标的细化分解。包括施工过程中的单位工程、分部、子分部、分项工程、检验批优良率、合格率的目标。

确定质量目标并进行分解，一方面是为了明确管理的具体方向，保证质量目标包括创优目标的顺利实现；另一方面实际上就是在质量水准和成本之间确立一个平衡点。为保证工程质量符合质量标准，质量的目标水准应高出合同规定的标准，但过高则是不经济的。施工企业需要在质量和成本之间有机地找到这个平衡点。

2）项目质量管理机构和职责

具体包括部门和岗位职责、权限以及与其他岗位的相互关系。其中，应明确规定对分包的管理职责。

相应的规定应围绕质量目标计划的要求展开。项目人力资源提供必须满足质量管理机构、职责与权限的规定、要求。

3）工程项目质量管理的依据

具体包括法律法规和各地方、行业的规定、要求，以及企业自身的管理要求等。只有系统、全面地了解和掌握这些要求，施工企业的质量管理规划才能真正到位。

4）影响工程质量的因素和相关设计、施工工艺及施工活动分析

影响工程质量的因素包括与施工质量有关的人员、施工机具、工程材料、构配件和设备、施工方法和环境因素等，相关设计、施工工艺及施工活动是与这些影响有关的重要过程。影响工程质量的因素和相关设计、施工工艺及施工活动分析是质量管理策划的基本内容，这里着力强调了工程设计与施工管理策划的衔接需求，不仅是新版 ISO 9001 标准的客观要求，而且与工程项目管理总承包的发展趋势完全契合。关键是识别施工过程影响项目质量的所有关键部位，协调和匹配施工的交叉作业，集成关键性的施工技术和管理活动的措施。尤其是应确定关键过程和特殊过程及其控制方法，关注检验、试验和采购等过程对它们的关联影响。相关设计、施工工艺及施工活动分析要求施工企业应具备一体化的策划思维，进行系统化策划，兼容集成，通过高品质的质量管理策划预防施工过程的各种风险，并且持续提升项目质量管理的水平。大型施工企业可以发挥集成优势，研究关键过程和特殊过程控制的专门课题，开发适宜的高端技术和管理标准，引领行业的质量管理。

质量控制点往往是影响工程质量的关键环节，是在相关设计、施工工艺及施工活动分析过程中应该考虑的重要内容。施工企业宜在项目质量管理策划中识别质量控制点，分析其质量控制措施的需求，确保与施工质量有关的人员、施工机具、建筑材料、构配件和设备、施工方法和环境因素之间的各种关系、相互作用清楚明了，为制订质量控制措施奠定条件。

5）人员、技术、施工机具及设施资源的需求和配置

人员、技术、施工机具及设施资源的需求和配置包括：符合施工进度要求的人力、材料、设备工具、图纸规范、资金配备以及场地、道路、水电、消防、临时设施规划实施等。施工企业应结合施工现场的自然情况和地质条件策划场地、道路、水电、消防、临时设施规划，充分兼顾质量、安全、进度、环保、成本和技术方法等因素的要求，施工的长期和短期需求相结合，合理确定施工的基础准

备工作。

应该注意的是：在实现合同要求的基础上，不同层次的施工企业提供的资源可以是不同的；不同规模和质量要求的项目资源的提供方式和品质也常常是不一样的，应该有机地体现这种项目质量管理的适宜性和差异性。

6）进度计划及偏差控制措施

需要特别注意的是：在质量管理策划的过程中处理好质量与施工进度协调的策划问题。必须有机地处理质量与施工进度的辩证关系，在质量、进度之间能够达成有效平衡。进度计划编制完成后，应由技术负责人协调通过后，报经项目经理审批，重要的进度计划必须上报，由企业审批。项目部的策划人员必须加强与政府和社会各方面的协调，强化与业主、监理、设计和各参建单位的沟通和协作，建立起和谐、高效的合作关系，确保施工进度和质量管理策划为工程营造良好的施工条件。同时，应该强化针对工期偏差的控制，实施监督趋势管理，确保工期正点到达。

7）施工技术措施和采用新技术、新工艺、新材料、新设备的专项方法

围绕企业质量目标确定影响项目施工质量的所有活动和过程，尤其是规定实现质量要求的专门控制方法和措施。包括新技术、新工艺的应用和施工流程、施工方法的统筹、计算、论证等。大型施工企业应努力开展项目创新，把质量管理策划与企业技术、管理升级结合起来，开发先进的施工技术和工艺，实现质量成本低、质量等级高的管理效果。中小型企业则更应该关注项目施工技术和方法的适宜性，确保工程合同质量目标的实现。

8）工程设计、施工质量检查和验收计划

明确与工程设计、施工阶段相适应的质量测量指标与测量方法（包括设计评审、检验、试验、测量、验证要求），预检、隐检、交接检的时间、频次和方法。策划结果应考虑检验人员的素质和数量情况，规定相应的测量指标与测量方法。有条件的施工企业要研究开发新工艺（如特种钢结构）、新材料施工的质量测量指标与测量方法，加快与国际先进工程质量水平接轨的步伐。

9）质量问题及违规事件的报告和处理

规定项目不合格品的控制要求，包括施工过程的不合格及质量事故的评审、处置和改进措施。要大量应用数据分析（包括大数据）的方法，以问题引导改进，实现工程项目质量的趋势管理。

10）突发事件的应急处置

明确当项目出现突发事件，或发生施工进度滞后和质量事故的趋势比较明显时的应急措施，包括事故报警、抢救险情、事故调查、调整进度计划和返工返修等。

11）信息、记录及传递要求

策划项目质量信息交流渠道，规定所有信息沟通传递的方法。为了便于信息

的沟通和交流，在形成书面记录的基础上，项目策划的所有手段应尽可能应用电子计算机和网络方式，同时要考虑信息安全的策划要求。只要能够满足质量管理的需要，在某些特殊的情况下，有些中小型企业可以采用传统的手段实施信息传递。施工企业应具体规定相关的记录要求，包括记录的内容和保存要求。

12）与工程建设相关方的沟通、协调方式

施工管理的相关方是影响工程质量的重要因素。应明确与工程建设相关方进行沟通的方式和方法，规定相应的沟通渠道和手段，分清职责、界定责任。

13）应对风险和机遇的专项措施

工程项目质量管理充满各种风险，同时存在潜在的机遇。应对风险和机遇的专项措施是针对工程项目增强有利影响、避免或减少不利影响、实现质量改进的专项措施。因此，项目质量管理策划应该考虑应对风险和机遇的专项措施，包括针对风险影响的措施：规避风险、控制风险、转移风险和风险自留；针对机遇的措施：创造机遇，利用机遇，放大机遇影响等。本条款也是 2015 年版 ISO 9001标准的新要求。

14）质量控制措施

质量控制措施是针对工程质量风险因素制订的专门实施措施，其中应该确定关键工序、特殊过程，明确质量控制点及控制方法。下列因素及相关过程可列为工序的质量控制点：

（1）对施工质量有重要影响的关键质量特性、关键部位或重要影响因素，比如施工模板安装和拆除、模板支撑系统的计算等。

（2）工艺上有严格要求，对下道工序的活动有重要影响的关键质量特性、部位，比如脚手架搭设的稳固性和及时性、模板施工的质量水平等都对下道工序的活动有重要影响。

（3）严重影响项目质量的材料的质量和性能，比如水泥、混凝土、钢材的质量和性能对项目的质量影响是十分重要的。

（4）影响下道工序质量的技术间歇时间，比如钢筋施工、模板流水、模板安装、拆除与混凝土浇筑之间的技术间歇时间的影响。

（5）某些与施工质量密切相关的技术参数，比如：施工模板和脚手架系统的荷载参数等。

（6）容易出现质量通病的部位，如混凝土浇筑、防水、特种电焊施工等。

（7）紧缺建筑材料、构配件和工程设备或可能对生产安排有严重影响的关键项目，比如施工急需的钢材不能及时进场等。

（8）其他由项目经理部认定的施工工序。

关键工序与特殊过程的控制应该与质量控制点的策划、控制与检查集成化实施，这样可以事半功倍。

15）施工企业质量管理的其他要求

这里包括施工企业提出的合同以外的要求，比如创优质工程要求、知识管理要求、对项目部的特定管理规定等。同时，项目质量管理策划应该考虑施工过程的成本、环保、进度、社会责任和安全健康管理的客观需要。要确保项目质量管理与这些管理之间的协调和匹配，以实现工程项目整体的系统目标。

工程项目质量管理策划可根据项目的规模、复杂程度分阶段实施。策划结果所形成的文件可以是一个或一组文件，可采用包括施工组织设计、质量计划等在内的多种文件形式，内容必须覆盖并符合企业的管理制度和本规范的要求，其繁简程度宜根据工程项目的规模和复杂程度而定。常规和简单的质量管理策划结果可以不形成文件。

本条文是第 10.2 条款中非常重要的内容。包括：质量目标；质量管理组织和职责；人员、技术、施工机具与设施等资源的需求和配置；影响工程质量的因素和相关设计、施工工艺及施工活动分析、质量控制措施；施工质量检查、验收及其相关标准；突发事件的应急措施等，都是项目质量管理策划中必须科学、系统考虑的内容。哪一个内容没有考虑完善或是内容之间不协调；都将会导致工程质量的重大缺陷。当然，在具体的工作中，在保证系统全面的同时，可以结合项目的特点在各项内容中有所侧重。应关注本条款与知识管理要求的衔接，确保施工经验与知识管理的有机融合。

【条文】

10.2.3 工程项目质量管理策划的结果应经审批后方可实施。

【条文解读】

本条款提出的"工程项目质量管理策划的结果"是指既包括按照有关行业和政府的规定需要形成文件的策划结果，又包括需根据施工情况决定是否需要形成文件的质量管理策划结果。

施工企业应将规定的工程项目质量管理策划结果形成文件，包括电子文件和书面文件。施工企业应对工程项目质量管理策划结果所形成的文件是否符合合同、法律法规及管理制度进行审核。要在实施前按照授权及时实施分层次的批准。项目部编制的质量管理策划文件经过项目经理批准后，报企业主管部门，包括质量、安全、技术部门等审核备案，授权人批准。企业编制的项目质量管理策划文件由企业授权人批准。不需要形成文件的质量管理策划结果也必须按照规定进行适宜方式的授权人审核或批准。

施工企业需对工程项目质量管理策划结果所形成的文件是否符合合同、法律法规及管理制度进行审核。质量管理策划的结果按照规定要求进行审批，包括施工企业内部审批和需按照《建设工程监理规范》GB/T 50319及相关法规要求将工程项目质量管理策划文件向发包方或监理方申报。

项目部应按建设工程监理及相关法规的要求将项目质量管理策划文件向发包方或监理方申报，使工程项目质量管理策划的结果得到发包方或监理方的认可。对方提出不同意见时应该及时进行修改和完善。

本条文是第10.2.2条款内容的延续。施工企业如果不将工程项目质量管理策划的结果形成文件并在实施前批准，可能造成质量责任的丧失和质量审核、监督职能的缺位，大大增加工程质量的风险。

【条文】

10.2.4 施工企业应对项目质量管理策划的结果实行动态管理，控制策划的更改过程，评审变更的风险和机遇，调整相关策划结果并监督实施。

【条文解读】

施工过程的情况是经常出现变化的。施工过程中工程和服务质量的要求发生变化时，相应的质量管理要求需随之变化，工程项目质量管理策划的结果也需及时调整，必要时，还需采取措施消除不利影响，以确保工程和服务质量满足要求。

施工企业对工程项目质量管理策划的结果实行动态管理，可以考虑以下影响质量的因素：

1. 项目管理和作业人员变化。特别是分包人员的素质和意识。

2. 材料和机电设备、现场施工机具与设施。包括分包提供的关键设备状况。

3. 施工工艺和方法。包括分包策划并编写的质量文件。

4. 作业环境。包括施工条件和运作因素。

施工企业对项目质量管理策划的结果实行动态管理时，要重点关注关键过程、特殊过程和其他重要过程质量管理策划的适宜性、预见性和可操作性。项目经理部应围绕这些过程从施工推进和监视测量等方面对策划结果的执行情况进行管理。

为了满足质量管理策划的有效性，施工企业应该控制策划的更改过程，评审变更的风险和机遇，确定风险的预防方法，扩大机遇的利用机会。

施工企业和项目部应组织专业人员及时实施策划过程能力的确认，保证对质量管理策划结果的变更控制。包括：如果混凝土施工中因为施工变更（或突发情况）需要进行质量管理策划结果的修改，则项目负责人员要通过确认项目质量策划的过程能力，尽快系统分析与混凝土施工变更有关的项目管理和作业人员，材料和机电设备、现场施工机械和设施、施工工艺方法和作业环境的相互影响及作用，及时调整相关策划资源，确保提供适宜的混凝土施工工艺和方法。

施工企业应根据修改的质量管理策划结果及时调整相关文件。

调整的文件包括施工组织设计、质量计划、施工方案、技术交底等；调整方法包括：

1. 文件补充；

2. 文件修改；

3. 文件作废，另外重新策划编写；

4. 其他。

所有修改的质量管理策划结果及调整的相关文件应由原批准人确认，或按照授权进行批准。

施工企业应监督施工活动按照更新后的策划结果实施。这种监督管理应该关注变更的风险和机遇，确定风险的预防方法，扩大机遇的利用机会。

本 节 实 施 重 点

工程项目质量管理策划是施工现场质量管理的龙头。施工企业应该关注：质量管理策划的方式与内容的合理性，质量管理策划结果的变更控制状态，质量管理策划的落实途径，质量管理策划与其他专业管理的兼容性，质量管理策划自身的评价与改进。其中，重点管理内容包括：

（1）设计与施工的合理衔接；

（2）采购与施工的合理衔接；

（3）质量与进度的合理衔接；

（4）质量与安全、环境的合理衔接；

（5）质量与成本的合理衔接；

（6）变更内容的评审与风险防范。

案例 10-1

案例——某工程项目的《质量计划》编制

Ⅰ 案例背景

本项目是位于某市郊区的大型商场项目，建筑面积 9 万 m²，建筑物高度 61m，共 23 层。其特点是现浇钢筋混凝土框架—剪力墙结构，需要大量的模板、钢筋和混凝土作业。为了提高工程质量，保证项目应对风险的水平，该项目部围绕工程风险，采用了"过程识别与控制书"的方式实施质量管理，为保证项目的质量水平，需要编制《质量计划》对该工程项目的质量管理进行规划。

Ⅱ　案例分析与解决方案

经过系统分析，该工程的质量计划应从质量目标、质量管理基本要求、质量管理体系、风险应对措施、质量控制方法等方面进行规定。另外，由于本工程需要大量的模板、钢筋和混凝土作业，因此拟从过程控制的角度编制专门的过程识别与控制要求，其特点是过程清楚，措施具体，相互对应，效果明显。该工程的质量计划编制如下。

一、质量目标

质量目标为：确保工程质量等级"合格"，确保整体工程获得"长城杯"、"鲁班奖"，竣工一次交验合格率100％。

按照企业成熟的项目管理模式，并依据 GB/T 19001—ISO 9001：2015 质量管理体系运作实施，重点预防项目重点质量风险，推行科学化、标准化、程序化、制度化管理。

二、质量管理基本要求

1. 首先建立完善的质量保证机制，配备高素质的项目管理和质量管理人员，强化"项目管理，以人为本"。

2. 严格过程控制和程序控制，开展全员质量管理，树立创"过程精品"、"业主满意"的质量意识。

3. 制订质量目标，将目标层层分解，质量责任、权力彻底落实到个人，严格奖罚制度。

4. 建立严格而实用的质量管理和控制办法、实施细则，在工程项目上坚决贯彻执行。

5. 严格样板制、三检制、工序交接制度和质量检查与审批等制度。

6. 广泛深入开展质量职能分析、质量讲评，大力推行"一案三工序"的管理措施，即"施工方案、监督上道工序、保证本道工序、服务下道工序"。

7. 利用计算机技术等先进的管理手段进行项目管理、质量管理和控制，强化质量检测和验收系统，加强质量管理的基础性工作。

8. 严把材料（包括原材料、成品和半成品）、设备的出厂质量和进场质量关。

9. 确保检验、试验和验收与工程进度同步；工程资料与工程进度同步；竣工资料与工程竣工同步；用户手册与工程竣工同步。

三、质量管理体系

1. 机构设立

建立由项目经理领导，由主任工程师策划、组织实施，土建副经理和机电副经理中间控制，区域和专业责任工程师检查、监督的管理系统，形成项目经理部、各专业承包商、专业化公司和施工作业班组的质量管理网络。

项目质量管理组织机构见下图：

2. 质量职责

1）项目经理

是项目质量的第一责任人，组织工程质量策划，应对工程主要风险，指导和监督项目质量工作的实施。

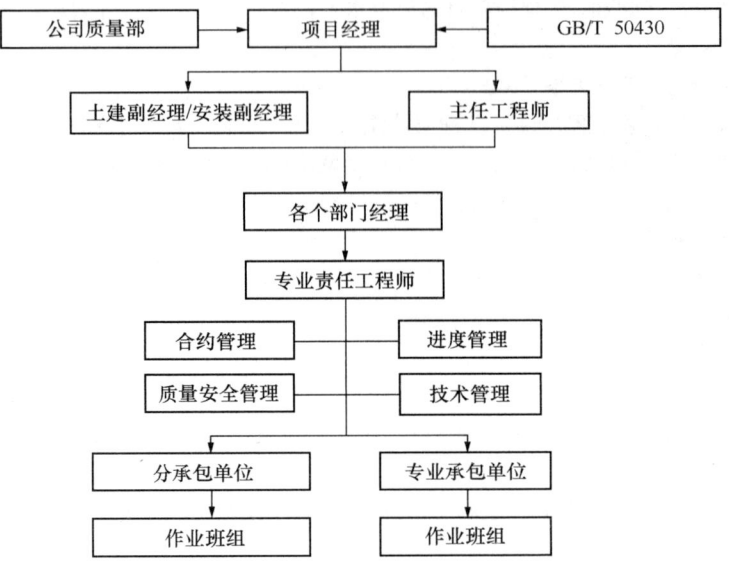

图 10-1-1　项目质量管理组织机构图

2）项目总工程师

参与工程质量策划，制订阶段质量控制与风险应对措施，并组织和指导责任部门质量工作的实施，并对阶段目标的实施情况定期监督、检查和总结。

3）工程管理部、机电部

（1）对施工进行安排、部署，保证按工程总控计划实现工期目标。

（2）实施工程过程质量监控，严格遵照公司《质量管理手册》，按照国家规范、标准对施工过程进行严格检验与控制，确保工程实体质量优良。

（3）质量记录的收集、整理，做到准确、及时、完整、交圈。

（4）工程成品保护管理，做到职责到人，保护措施到位。

（5）组织分部工程质量评定。

4）技术部

（1）确定图纸、施工方案、工艺标准并及时下发，识别风险水平，指导工程的施工生产。

（2）编制专项计划，包括质量检验计划、过程控制计划、质量预控措施等，对工程质量控制进行指导与控制。

（3）对工程技术资料进行收集、管理，确保施工资料与工程进度同步。

5）物资部

（1）严格按物资采购程序进行采购，确保物资采购质量。

（2）组织对工程物资的验证，确保使用合格产品。

（3）采购资料及验证记录的收集、整理。

6）质量部

（1）监督检查质量控制与风险应对措施的落实情况。

（2）组织检查各工序施工质量，参加或组织重要部位的预检和隐蔽工程检查。

（3）组织分部工程的质量核定及单位工程的质量评定；针对不合格品发出"不合格品报告"或"质量问题整改通知"，并监督检查其落实。

（4）负责定期组织质量讲评、质量总结，以及与业主和业主代表、监理进行有关质量工作的沟通和汇报。

3. 组织保证措施

根据质量管理体系，建立岗位责任制和质量监督制度，确定应对风险的措施，明确分工职责，落实施工质量控制责任，各负其责。根据现场质量体系结构要素构成和项目施工管理的需要，建立由公司总部服务和控制、项目经理领导、总工程师组织实施的质量保证体系，土建副经理和安装副经理进行中间控制，区域和专业责任工程师进行现场检查和监督，从而形成项目经理部管理层、专业管理层到作业班组三个层次的现场质量管理职能体系，从而从组织上保证质量目标的实现。

四、质量管理制度

1. 目标管理

对单位工程的分部工程进行目标分解，以加强施工过程中的质量控制，确保分部、子分部、分项工程优良率、合格率的目标，防范各种可能的风险，从而顺利实现工程的质量目标。

2. 过程质量的预控

1）项目开工之初，编制项目策划、创优计划、质量检验计划等

2）对图纸、规范的强化学习，识别各种可能的风险，包括正面与负面风险

项目将定期组织技术人员、现场施工管理人员以及分包方的主要有关人员进行图纸和规范的学习，做到熟悉图纸和规范要求，严格按图纸和规范施工。同时，也给图纸多把一道关，在学习过程中将图纸存在的问题及时找出，并将信息及时反馈给设计院。

3）施工组织设计、专项施工方案和措施交底

结合质量创优需求，精心编制施工组织设计、专项施工方案、措施交底，用以指导工程的施工。编制时严格按照北京市"长城杯"、国家"鲁班奖"的评审要求，结合工程实际认真编写，并掌握施组战略的指导性、方案战役的部署性、交底战斗的可操作性，做到三者互相对应、相互衔接、相互交圈，层次清楚、严谨全面，符合规范。

4）培训和交底

增强全体员工的质量意识是创过程精品的首要措施，项目每周末、每月下旬组织质量讲评会，同时组织到创优内外部单位进行观摩和学习，并邀请上级质量主管领导和专家进行集中培训和现场指导；做好规范、标准和技术知识的培训工作，促使项目人员的素质不断提高，从人的因素上消除产生质量问题的源头。

项目对分包方的主要管理人员也要定期进行质量管理的培训，对分包班组长及主要施工人员，按不同专业进行技术、工艺、质量综合培训，未经培训或培训不合格的分包队伍不允许进场施工。项目责成分包方建立责任制，并将项目的质量保证体系贯彻、落实到各自的施工质量管理中，且督促其对各项工作的落实。

5）材料供应商的选择和材料进厂检验

结构施工阶段模板加工与制作、钢筋原材料、装修材料及加工成品的采用等均采用全方

位、多角度的选择方式，以产品质量优良、材料价格合理、施工成品质量优良为材料选型、定位的标准。材料、半成品及成品进场要按规范、图纸和施工要求严格检验，不合格的立即退货。

3. 创"过程精品"的关键过程

1）按方案施工的要求

施工中有了完备的施工组织设计和可行的施工方案，以及可操作性强的措施交底，就能保证全部工程整体部署有条不紊，施工现场整洁、规矩，机械配备合理，人员编制有序，施工流水不乱，分部工程方案科学、合理。施工操作人员严格执行规范、标准的要求，将有力地保证工程的质量和进度。

2）样板引路的推行

分项工程开工前，由项目经理部的责任工程师，根据专项方案、措施交底及现行的国家规范、标准，组织分包单位进行样板分项（工序样板、分项工程样板、样板墙、样板间、样板段等）施工，样板工程验收合格后才能进行专项工程的施工。同时，分包方在样板施工中也接受了技术标准、质量标准的培训，做到统一操作程序，统一施工做法，统一质量验收标准。

3）过程质量的执行程序

在施工过程中坚持检查上道工序、保障本道工序、服务下道工序，做好自检、互检、交接检；遵循分包自检、总包复检、监理验收的三级检查制度；严格工序管理，认真做好隐蔽工程的检测和记录。

4）挂牌制度的实行

实行技术交底挂牌，施工部位挂牌，操作管理制度挂牌，半成品、成品挂牌，以明确责任。

5）质量例会制度、质量会诊制度规定，对质量通病的控制措施

每周、每月定期由质量总监主持，由项目经理部及分包方的施工现场管理人员和技术人员参加，总结项目施工的质量情况、质量体系运行情况，共同商讨解决质量问题应采取的措施，特别是质量通病的解决方法和预控措施，最后由质量总监以《质量管理情况简报》的形式发至项目经理部有关领导、各部门和各分包方，简报中对质量好的分包方要给予表扬，需整改的部位注明限定整改日期。

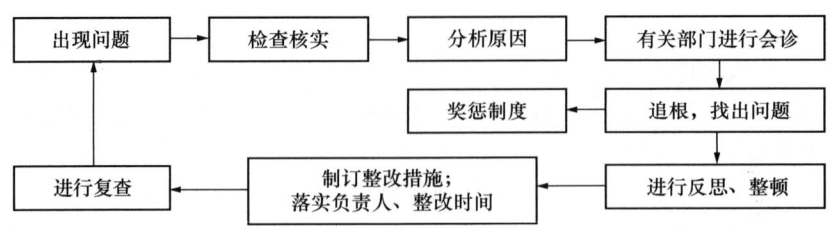

图 10-1-2 会诊制度流程图

6）对成品的保护的管理措施

由于各工种交叉频繁，对于成品和半成品，容易出现二次污染、损坏和丢失，影响工程

进展，增加额外费用。制订专门的成品保护措施，并设专人负责成品保护工作。在施工过程中对易受污染、遭破坏的成品和半成品要进行标识和防护，由专门负责人经常巡视、检查，发现现有保护措施损坏的，要及时恢复。

工序交接检要采用书面形式由双方签字认可，由下道工序作业人员和成品保护负责人同时签字确认，并保存工序交接书面材料，下道工序作业人员对成品的污染、损坏或丢失负直接责任，成品保护专人对成品保护负监督、检查责任。

7) 奖罚制度

实行奖惩公开制，制定详细、切合实际的奖罚制度和细则，贯穿工程施工的全过程。由项目质量总监负责组织有关管理人员对在施作业面进行检查和实测实量。对严格按质量标准施工的班组和人员进行奖励，对未达到质量要求和整改不认真的班组进行处罚，以利于提高质量。

五、质量管理程序

1. 质量保证程序

针对质量控制点规定质量管理和保证措施的实施流程（略）。

2. 施工过程质量执行程序

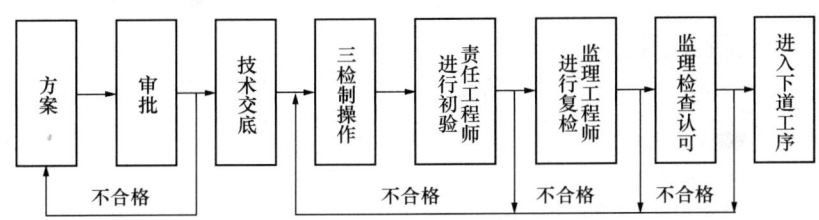

图 10-1-3　施工的过程是执行程序图

六、质量控制和保证的具体措施

质量控制和保证措施分为钢筋工程、模板工程、混凝土工程、钢结构工程、防水工程、砌筑工程、抹灰工程等，在此不再详述。

附表：过程识别与控制书——质量

过程识别与控制书（1）

大体积混凝土施工　　　　　　　　　　　　　　　　表 10-1-1

施工过程流程图	定位放线 R、YU→ 侧模支设 YU→ 底板下铁绑扎 → 底板上铁绑扎 YIN→ ·混凝土浇筑 R→ ·养护、测温 R		
需要关注的问题	质量方面	环境方面	安全方面
	控制裂缝的产生★	略	
预防措施	1. 优化配合比设计，采用低水化热水泥，并掺用一定配比的外加剂和掺合料，同时采取措施降低混凝土的出机温度和入模温度。 2. 混凝土浇筑应做到斜面分段分层浇筑、分层捣实，但又必须保证上下层混凝土在初凝之前结合好，不致形成施工冷缝，应采取二次振捣法。	本章略	本章略

续表

预防措施	3. 在四周外模上留设泌水孔，以使混凝土表面泌水排出，并用软轴泵排水。 4. 混凝土浇筑到顶部，按标高用长刮尺刮平，在混凝土硬化前1～2h用木搓板反复搓压，直至表面密实，以消除混凝土表面龟裂。 5. 混凝土浇筑完后，应及时覆盖保湿养护或蓄水养护，并进行测温监控，内外温差控制在25℃以内	本章略	本章略
纠正措施			

注：$\boxed{\cdot\text{XXXX}}$——关键过程；◆$\boxed{\text{XXXX}}$——特殊过程；带★的为需要制订纠正措施的方面；R——记录或报告；YIN——隐检；YU——预检。

过程识别与控制书（2）

钢筋工程

表 10-1-2

施工过程流程图	$\boxed{\text{钢筋进场检验、试验}}$ R→$\boxed{\text{钢筋加工成型}}$→$\boxed{\cdot\text{钢筋现场绑扎}}$→◆$\boxed{\text{钢筋连接}}$→$\boxed{\text{现场取样试验}}$ R→$\boxed{\text{钢筋隐蔽检查}}$ YIN

	质量方面	环境方面	安全方面
需要关注的问题	1. 墙柱钢筋位移★ 2. 钢筋接头位置错误 3. 绑扎接头、对焊接头未错开 4. 箍筋弯钩不足135° 5. 板的弯起钢筋、负弯矩筋被踩到下面	略	
预防措施	1.①在混凝土浇筑前检查钢筋位置，宜用梯子筋、定位卡或临时箍筋加以固定；浇筑混凝土前再复查一遍，如发生位移，则应校正后再浇筑混凝土。 ②浇筑混凝土时注意浇筑振捣操作，尽量不碰到钢筋，浇筑过程中派专人随时检查，及时修整钢筋。 2. 梁柱墙钢筋接头较多的情况下，翻样配料加工时应根据图纸预先画施工简图，注明各号钢筋搭配顺序，并避开受力钢筋的最大弯矩处。 3. 经对焊加工的钢筋，在现场进行绑扎时对焊接头要错开搭接位置，加工下料时，凡距钢筋端头搭接长度范围以内不得有对焊接头。 4. 钢筋加工成型时应注意检查平直长度是否符合要求，现场绑扎操作时，应认真按135°弯钩。 5. 板的钢筋绑好之后禁止人在钢筋上行走或采取有效措施防止负筋被踩到下面，且在混凝土浇筑前先整修合格	本章略	本章略
纠正措施			

注：$\boxed{\cdot\text{XXXX}}$——关键过程；◆$\boxed{\text{XXXX}}$——特殊过程；带★的为需要制订纠正措施的方面；R——记录或报告；YIN——隐检；YU——预检。

过程识别与控制书（3）
模板工程　　　　　　　　　　　　　　　　　　表 10-1-3

施工过程流程图	模板设计 → 模板制作 → 现场拼装吊运 → ·现场组装 → 预检 YU → 模板拆除 → 模板倒运		
	质量方面	环境方面	安全方面
需要关注的问题	1. 墙体混凝土厚薄不一致 2. 墙面凹凸不平、模板粘连 3. 阴角不垂直、不方正 4. 梁柱接头错台★		
预防措施	1. 墙体放线时误差应小，穿墙螺栓应全部穿齐、拧紧；加工专用钢筋固定撑具（梯子筋），撑具内的短钢筋直接顶在模板的竖向纵肋上。模板的刚度应满足规定要求。 　①要定期对模板进行检修，板面有缺陷时，应随时进行修理，不得用大锤或振动棒猛振模板或用撬棍击打模板。 　②模板拆除不能过早，混凝土强度达到 1.2MPa 方可拆除模板，并认真及时清理和均匀涂刷隔离剂，要有专人验收检查。 3. 对于阴角处的角模，支撑时要控制其垂直度，并且用顶铁加固，保证阴角模的每个翼缘必须有一个顶铁，阴角模的两侧边粘贴海绵条，以防漏浆。 4. 在柱模上口焊 20mm×6mm 的钢条，柱子浇完混凝土后，使混凝土柱端部四周形成一个 20mm×6mm 交圈的凹槽，第二次支梁柱顶模时，在柱顶混凝土的凹槽处粘贴橡胶条，梁柱顶模压在橡胶条上，以保证梁柱接头不产生错台	本章略	本章略
纠正措施			

注：$\boxed{\cdot\text{XXXX}}$——关键过程；$\blacklozenge\boxed{\text{XXXX}}$——特殊过程；带★的为需要制订纠正措施的方面；R——记录或报告；YIN——隐检；YU——预检。

过程识别与控制书（4）
混凝土工程　　　　　　　　　　　　　　　　　表 10-1-4

施工过程流程图	方案设计 → 混凝土搅拌、运输 → ·混凝土进场检验、试验 R→ ·混凝土浇筑、振捣 → 养护 → 拆模 → 外观检查		
	质量方面	环境方面	安全方面
需要关注的问题	1. 麻面、蜂窝、孔洞★ 2. 漏浆、烂根 3. 楼板面凸凹不平整		

续表

预防措施	1. 在进行墙柱混凝土浇筑时，要严格控制下灰厚度（每层不超过50cm）及混凝土振捣时间；为防止混凝土墙面气泡过多，应采用高频振动棒振捣至气泡排除为止；遇钢筋较密的部位时，用细振动棒振捣，以杜绝蜂窝、孔洞。 2. 墙体支模前应在模板下口抹找平层，找平层嵌入模板不超过1cm，保证下口严密；浇筑混凝土前先浇筑 5～10cm 同强度等级混凝土水泥砂浆，混凝土坍落度要严格控制，防止混凝土离析；底部振捣应认真操作。 3. 梁板混凝土浇筑方向应平行于次梁推进，并随打随抹；在墙柱钢筋上用红色油漆标注楼面 +0.5m 的标高，拉好控制线控制楼板标高，浇混凝土时用刮杠找平；混凝土浇筑 2～3h 后，用木抹子反复（至少 3 遍）搓平压实；当混凝土达到规定强度时方可上人	本章略	本章略
纠正措施			

注：│·XXXX│——关键过程；◆│XXXX│——特殊过程；带★的为需要制订纠正措施的方面；R——记录或报告；YIN——隐检；YU——预检。

10.3　工　程　设　计

【条文】

10.3.1　施工企业应建立工程设计质量管理制度，按设计文件和合同约定进行工程设计，并对工程设计质量进行控制。

【条文解读】

工程设计是指施工图设计和（或）施工详图设计，也可包括工程总承包企业的初步设计等。其中，施工详图设计是施工企业针对施工图纸的细化和深化工作，属于把实体的要求转换为更为详细的要求的过程，需纳入工程设计的管理范畴。这是 2015 年版 ISO 9001 标准的重要要求。

施工图设计及细化、深化工作涉及主体结构变更时需报原主体相关单位确认。

工程设计是工程质量管理的重中之重。在执行本规范的基础上，设计过程的质量管理具体可执行《工程建设设计企业质量管理规范》GB/T 50380。

具有工程设计资质的施工企业，其设计的管理需符合工程设计的相关规定。工程设计的委托及监控需符合本规范第 9 章的规定。

项目施工图纸的深化细化是质量过程的管理重点，它在很大程度上决定了工程项目的质量水平。具有施工详图设计需求的施工企业应根据本条款进行施工图深化细化的实施工作。

工程项目以初步设计为条件进行招标，施工图设计为基础进行投标，是国际工程竞争的基本趋势。施工图设计只有与项目总体施工策划相结合，将工程需求与资源优化相接口，才能使施工图设计和施工过程达到既节约资源，实现技术的提升作用，又提高施工效率的目的。

大型施工企业应具备一定的施工图设计和实施能力，包括设计策划、设计输入、设计输出以及设计评审、设计验证、设计确认的实施能力。项目部则应具备对设计单位设计的施工图纸进行管理的能力，包括在施工图纸的设计评审、验证和确认中有效控制与施工组织需求相适宜的设计质量，在施工过程中及时分析施工风险，预测图纸问题，控制设计变更过程的能力。

有条件的施工现场，项目部应该配备具有设计资格的设计人员，把设计与施工组织有机地结合起来。施工图设计只有与项目施工组织设计相结合，将工程需求与资源优化相接口，才能提高项目管理的策划和实施的技术层次。

项目部应安排有能力的施工技术人员（包括相关专业人员）对设计方提出的图纸进行全面评价和审核，找出图纸中的风险，为施工设计人员制订纠正措施提供输入条件。

本条文是第 10.2 条款的延续和具体实施。目前，推行工程总承包的项目，尽管存在企业相关资质制度的问题，但工程设计仍然应该成为施工企业项目质量管理策划的有机组成部分。施工企业进行工程设计时，如果职责不明确，不及时策划并实施工程设计的管理，并对其委托的工程设计活动进行控制，将会造成工程设计错误并严重影响后续的施工质量。其中，如果工程设计没有把施工经验有机地与设计策划相互结合，则可能还会严重影响施工过程的成本、进度等目标的实现。

【条文】

10.3.2　施工企业应明确工程设计的依据，对其内容进行校对、审核，并保存相关记录。

【条文解读】

工程设计的依据直接决定了工程设计的正确与否，关系工程设计的基本质量保证。因此，针对工程设计内容的校对、审核是确保预防效果风险的不可或缺的管理过程。工程设计的依据包括对设计过程的要求及法律、法规要求等。工程设计依据的校对、审核主要是针对设计依据的充分性与适宜性进行评审。施工企业应该重点关注工程设计依据的校对、审核活动，明确工作责任，规定工作流程，对相关信息输入与信息输出进行严格评审，以保障工程设计依据的正确无误。

【条文】

10.3.3 施工企业应按设计策划安排对工程设计进行评审、验证和确认。评审、验证和确认记录应予以保存。

【条文解读】

1. 工程设计评审、验证和确认的实施内涵

工程设计评审是指对设计能力和结果的充分性和适宜性进行评价的活动。

工程设计验证：为确保设计输出满足输入的要求，依据所策划的安排对工程设计进行的认可活动。

工程设计确认：为确保产品能够满足规定的使用要求或已知用途的要求，依据所策划的安排对工程设计进行的认可活动。

工程设计的评审、验证和确认需参照工程设计的相关规定和制度执行，也可采用审查、批准等方式进行。

工程设计变更：是指设计单位依据建设单位要求对原设计内容进行的修改、完善和优化。设计变更需以图纸或设计变更通知单的形式发出。

工程设计的依据除了需考虑规定的设计输入要求以外，还需考虑由工程和服务性质决定的、失效的潜在后果。

工程设计策划除了需规定设计全过程的质量管理要求，还应考虑发包方和用户在工程设计活动中可能的参与需求等。

根据专业特点和所承接项目的规模、复杂程度，施工企业的工程设计活动及其管理可适当增减或合并进行。

工程设计所需的评审、验证和确认活动实际是对设计过程、结果的各种风险和可能的问题进行重点评估；对形成的图纸和相关结果进行符合性审核；对使用该图纸在施工执行中的过程能力和问题实施认定等。相关的实施记录应该及时保存，以便及时追溯相关质量责任。

由于施工企业的特点，工程设计、特别是施工详图的评审、验证和确认也可以采用审核、审查和批准的方式进行，重要的是工程设计所需的评审、验证和确认活动的内容应该得到体现。

根据专业特点和所承接项目的规模、复杂程度，施工企业的工程设计活动及其管理可适当增减或合并进行。

2. 施工企业的工程设计可以参考以下流程实施

施工企业宜组成设计工作小组，明确施工设计的依据，并对其内容进行评审、验证和确认活动。设计结果应形成必要的文件，经审批后方可使用。

为了有效进行相关活动，设计工作小组应建立以下过程。

1）协调沟通过程

设计协调沟通流程分为内部流程和外部流程两部分。其中，内部流程主要是项目内部的流程，包括了设计流程和各专业协调流程，而外部流程则是设计图纸经过项目内部审核之后，进入外部图纸报批工作。

为方便专业间及时、全面地沟通，定期召开全体小组成员（或有关责任人员）及协作单位负责人参加的设计协调例会，开会前各专业提交设计进度和计划例会汇报单，至技术负责人，会后由专人整理会议纪要，分发各部门。例会主要解决计划、沟通、流程等，对于较大且滞留比较长时间没有解决的问题，可以提出清单，以便在会后进行专题会议。

协调沟通内容为：

（1）各专业汇报图纸评审、审核情况；

（2）各专业提出目前与其他专业及与业主、设计院和监理之间交叉存在的问题。提出问题的同时应相应提出建议解决方案。

2）专题会议过程

对于设计过程涉及其他专业且复杂的问题，需要各专业协调解决的问题，应组织相关方召开专题会议解决。主要内容是设计评审所涉及的设计方案和图纸中的各种风险，以及设计过程满足设计要求的能力问题。专题会议为非例会性会议，应根据设计（或审核）进度随时召开。

3）图纸会签过程

设计审核形成会签制度，每次设计出图时需首先经过部门内部审核和确认。合格后的图纸由本部门决定由哪些相关配合专业进行校核，相关专业部门校核后在图纸审核签字表相应的栏目内填写审核意见，当所有涉及专业（含商务人员）均同意时，该图纸方可进入外部报批程序。若未报给相关涉及专业审核而出现问题时应由本部门负责。

【条文】

10.3.4　设计结果应满足实现预期目的、保证结构安全和使用功能所需的工程和服务特性，符合合同要求，并形成文件，经审批后使用。

【条文解读】

工程设计结果控制是工程设计的关键性工作。预期目的包括产品质量标准、相关技术参数、计算依据、风险论证等内容，其核心是保证结构安全和使用功能所需的工程和服务特性，确保这些要求的合理、到位是工程设计结果的基本要求。

由于工程设计的专业特点和工程项目的规模、复杂程度、设计进度需求不同，因此施工企业应经过风险识别后针对工程设计和管理活动进行适宜的增加或减少。

施工企业如果不确定工程设计所需的评审、验证和确认活动，并明确其程序和要求，则在工程设计中可能导致设计的内容错误或内容的互相矛盾，影响正常的施工过程。施工企业的设计能力在很大程度上在此得到体现。

【条文】

10.3.5　施工企业应明确设计变更及其授权要求和批准方式，规定变更所需的评审、验证和确认程序，并保存相关记录。

【条文解读】

施工企业应按照设计程序明确设计变更及其批准方式、授权人员和记录要求。其中，关键是根据设计变更的风险，合理地规定批准方式和授权人员。常见的设计变更可以授权给设计负责人实施，但是可能引起质量风险的重大设计变更应由企业技术负责人组织实施。批准应该采用书面的方式进行。

当内、外部人员经过确认或评价提出设计变更要求时，应由原设计负责人（或经过授权的人员）进行评估，严格控制设计变更过程。当变更可能造成施工质量影响时要及时实施评审、验证和确认活动，包括企业组织设计人员针对需要变更的问题进行分析，评估所有可能的影响，根据评估结果安排适宜的施工设计活动。

由于设计工作的风险性和可追溯性要求，所有设计变更的情况应该由规定的责任人进行记录，并予以保存。

本条文是第10.3.3条款的延续。施工企业明确设计变更及其批准方式和要求，规定变更所需的评审、验证和确认程序；对变更可能造成的施工质量影响进行评审是在施工过程中进行有效管理的重要环节，决定了施工企业质量管理的可靠性和水平。

本 节 实 施 重 点

工程设计是施工企业质量管理具有关键性意义的技术应用过程。施工企业应该关注：工程设计人员资格与能力的可靠与稳定，工程设计的信息输入的充分性评审，工程设计评审的及时性与有效性，设计验证与确认的规范实施，设计变更的有效控制。其中，重点管理内容包括：

（1）工程施工图与施工详图合理衔接水平；

（2）工程施工图与施工详图的深度到位情况；

（3）工程设计评审、验证、确认人员的资格与能力；

（4）设计结果满足实现预期目的、保证结构安全和使用功能所需的工程和服务水平。

案例 10-2

某工程项目深化设计案例

Ⅰ 案例的工程背景

该工程位于北京城区某地。工程采用由国外设计工程公司提供的设计方案，施工图纸由国内某设计院负责实施。由于该项目采用了国内外很少见的大跨度钢结构和特殊的拱形建筑造型，因此施工与设计难度都比较大，工程施工风险十分明显。为了保证设计和施工的质量，应对工程项目风险，施工承包商在监理和业主的支持下决定在项目上实施深化设计，并且探索相关设计施工一体化的可能性。

Ⅱ 案例分析与解决方案

该工程在进行深化设计过程中，最重要的是建立了深化设计的职责机构，理顺了深化设计与施工作业的工作流程，并确定了相应的管理程序与制度，不仅解决了施工质量管理的现实需求，而且为设计施工一体化的管理模式提供了有益的经验。

某工程项目深化设计管理

一、落实组织职责，成立深化设计部

项目根据职能进行组织机构的设置，在引入深化设计职能之后，应有相对应的人员和部门，通常可以在技术部内部分支出深化设计小组，如果深化设计内容多且专业性较强，可以单独设置深化设计部。为了做好深化设计，项目必须从组织机构、人力资源、流程和作业指导以及制度等方面进行调整和完善。

1. 设计部职责

（1）编制深化设计进度计划，监控计划的实施情况并及时调整；

（2）牵头本专业和其他专业的协调、配合，审核深化设计负责人编制的作业指导书、备忘录，并在其上签字；

（3）审核本专业深化设计图纸，组织相关人员对其他专业深化设计图纸进行内部审核，并在其上签字。

2. 商务部职责

商务谈判、分包模式分判、分包确定、现场材料使用量核实，成本控制。

3. 设计小组职责

（1）负责设计过程的技术接口的协调和处理；

（2）组织重要的设计评审工作，实施相应的设计验证；

（3）负责设计确认的相关准备和协调工作。

4. 项目设计负责人

负责项目深化设计的全面工作，负责审查、批准相关技术文件。

二、围绕施工需求，深化设计内容

本工程的深化设计内容包括：钢结构深化设计；外幕墙深化设计，机电综合图深化设计，精装修深化设计等。

主要内容如下：

（1）项目设立深化设计小组或部门；

（2）负责不同专业深化设计的人员构成，划分项目管理人员和专业深化设计人员的工作范围和职责；

（3）深化设计的流程，包括项目内部流程和项目外部流程；

（4）深化设计的作业指导，分深化设计前期准备、深化设计过程中以及后期的修改等三个部分详细阐述；

（5）深化设计制度，包括例会制度、专题会议制度和图纸会签制度。

三、深化设计的流程

深化设计流程分为合同外专业协调流程和合同内专业协调流程，划分见下表。

深化设计流程表　　　　　　　　　　　　　　　　表 10-2-1

分类	项目管理人员职责	举　例
合同外专业深化设计	不参与深化设计，牵头协调与其他专业及相关方的问题，同时控制深化设计的进度，对深化设计的质量并不负责	例如幕墙不在施工总包的范围内，则采取该模式
合同内专业深化设计	参与深化设计的全过程，牵头协调与其他专业之间的深化设计的问题，对深化设计进度、质量负全部责任	例如施工总包合同内的装修和机电深化设计采用该模式

内 部 流 程　　　　　　　　　　　　　　表 10-2-2

流程	责任人及主要内容

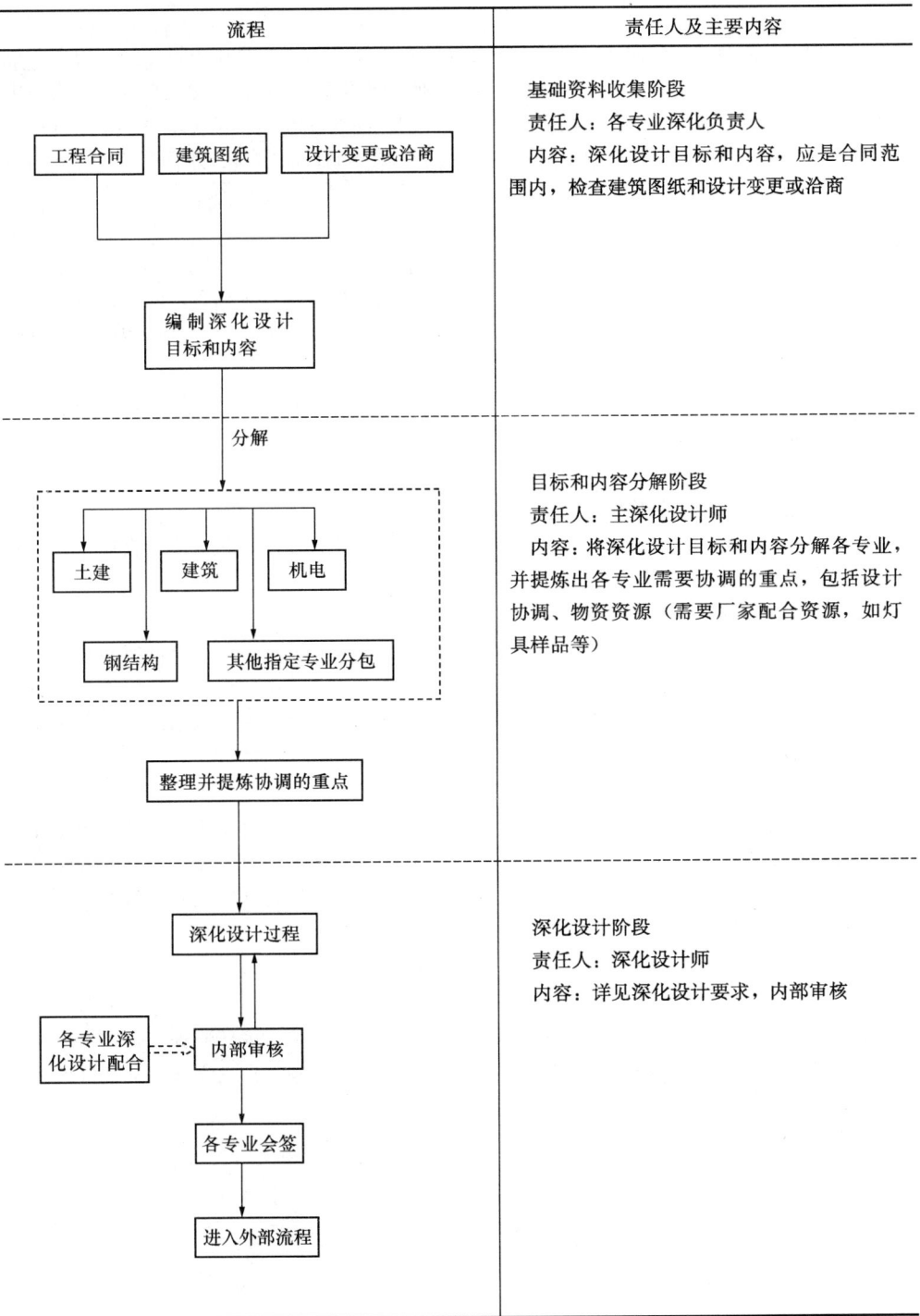

基础资料收集阶段

　责任人：各专业深化负责人

　内容：深化设计目标和内容，应是合同范围内，检查建筑图纸和设计变更或洽商

目标和内容分解阶段

　责任人：主深化设计师

　内容：将深化设计目标和内容分解各专业，并提炼出各专业需要协调的重点，包括设计协调、物资资源（需要厂家配合资源，如灯具样品等）

深化设计阶段

　责任人：深化设计师

　内容：详见深化设计要求，内部审核

四、深化设计制度

1. 例会制度

为方便专业间及时、全面地沟通，定于每周四下午 3：30 召开全体小组成员及协作单位负责人参加的深化协调例会，上午 10 点之前各专业提交例会汇报单，至深化设计部，会后由专人整理会议纪要，分发各部门。例会主要解决计划、沟通、流程等问题，深化设计过程中需要协调的具体问题不在此次会议上解决，但是对于较大且滞留比较长时间没有解决的问题，可以提出清单，以便在会后进行专题会议。

例会内容为：

（1）各专业汇报本周进度计划，并和深化设计总控进度计划进行对比。

（2）根据计划检查结果，提交下周进度计划（当深化设计进度计划之后的工作量需要按照常规的工作效率 1 周以上时必须提交追赶计划）。每逢月末的最后一个星期四提交下月进度计划。

（3）各专业提出目前与其他专业、业主、设计院和监理之间交叉存在的沟通、流程问题，提出问题的同时各专业应相应提出建议解决方案。

2. 专题会议制度

对于深化设计过程涉及其他专业且复杂的问题，需要各专业协调解决的问题，应组织相关方召开专题会议解决或是通过规范化的设计评审进行解决。专题会议为非例会性会议，应根据深化进度随时召开。

3. 图纸会签制度

本工程深化设计形成会签制度，每次深化设计出图时需首先经过部门内部审核，合格后的图纸由本部门决定由哪些相关配合专业进行校核，相关专业部门校核后在图纸审核签字表相应的栏目内填写审核意见，当所有涉及专业（含商务部）均同意时，该图纸方可进入外部报批程序。若未报给相关涉及专业审核而出现问题时应由本部门负责。

五、围绕施工难点，系统运行设计过程

项目设计人员围绕施工难点，与设计院的人员一起协商，明确施工难点，确定深化设计重点，按照设计流程，展开深化设计活动。包括依据施工程序和设计制度，及时推进深化设计评审，实施相应的设计验证和设计确认的实施和协调工作。发现问题及时召开设计小组会议，提出解决问题的方法。

图纸通过后按照规定报外部设计、监理和业主批准后实施。

下面是一个具体有关装修深化设计的实例：

整体装修的协调流程分为内部流程和外部流程两部分。其中，内部流程主要是项目内部的流程，包括了深化设计流程和各专业协调流程，而外部流程则是深化设计图纸经过项目内部审核之后，进入外部图纸报批工作。

该工作的具体过程见下面流程：

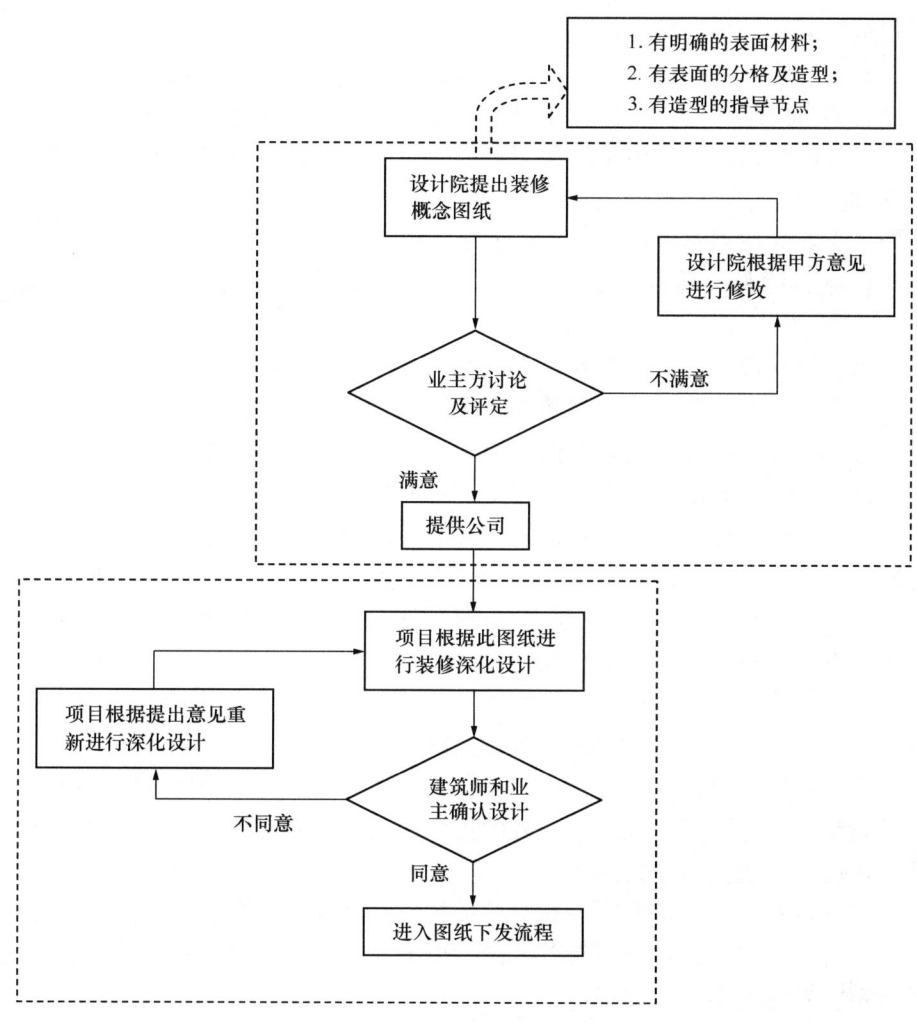

图 10-2-1 装修设计深化流程图

10.4 施 工 准 备

【条文】

10.4.1 施工企业应依据工程项目质量管理策划的结果进行施工准备。项目部应根据约定接收设计文件、参加设计交底和图纸会审，并对结果进行确认。

【条文解读】

工程项目质量管理策划的结果首先必须通过施工准备环节进行落实。施工企业应根据策划的结果，安排施工现场平面布置，包括人员、设备、工具、材料、通信、交通、消防和办公、生活（含住宿、食堂）基础设施等的施工准备活动。施工准备要考虑施工的技术和质量风险的预控需要，符合环境保护和社会责任的管理要求。同时，应考虑施工的长期和短期的不同需要，做到在满足施工质量目标的基础上合理地降低项目成本。

施工企业应按照本规范第7、8、9章的要求选择供应方、分包方，组织施工机具与设施、材料、构配件、设备和分包方人员进场并确认相应的施工准备情况。

图纸会审和设计交底是为了解决工程项目施工中可能出现的设计和图纸问题，明确有关施工的基本风险和管理要求，在施工前由发包人、设计、施工单位和监理等相关方参加的专门沟通协调会议（或其他方式）上进行。这种沟通会议以及会议前的准备和协调过程，对施工质量的影响是十分重要的。因此，施工企业应对设计文件的接收、审核和设计交底、图纸会审等活动进行程序性规定。项目经理部应按规定接收设计文件，参加图纸会审和设计交底并对结果进行确认。

施工企业应对设计文件的接收、审核及图纸会审、设计交底的程序、方法加以规定。有关人员应掌握工程特点、设计意图、相关的工程技术和质量要求，并可提出设计修改和优化意见。施工图纸等设计文件的接收、审核结果均应记录。设计交底、图纸会审纪要应经参加各方共同签认。

重大工程项目设计文件的接收、审核和设计交底、图纸会审等活动应由施工企业负责组织实施，以保证项目内外的工作协调和资源提供。一般工程项目的相关活动由施工企业授权项目部实施。

项目部应及时通过正常渠道获得相关的设计文件，并全面了解图纸的要求和问题，结合施工现场特点分析有关风险。要准时参加图纸会审和设计交底，提出图纸自审中发现的问题，并确认：

1. 图纸的可施工性；
2. 图纸之间的协调性；
3. 图纸内容的正确性。

其中，可施工性是指将施工知识和经验最佳的应用到项目的策划、设计、采购和现场操作中，以实现项目的总体目标。可施工性内容包括：可实现性、施工难度、施工的风险（含安全）、施工操作的需求等。必要时，可以采用计算机模拟的方式对图纸中可能影响施工的风险实施评估。

项目部在与设计等方面沟通后确定解决的方法，并对结果进行确认。

在一般情况下，施工企业项目应安排有能力的技术管理人员（包括相关专业人员）对设计方提出的图纸进行全面评价和审核，找出图纸中的问题或风险，为制订纠正措施提供准备条件。

项目部如果不按规定接收设计文件，参加图纸会审和设计交底并对结果进行确认，将无法实施有效的项目质量管理策划，更不能有效地推进工程质量管理。

本条文是第10.5条款的基础，也是实施第10.3、10.5、10.6和10.7条款的基础条件。

【条文】

10.4.2 项目部应确认施工现场已具备开工条件，进行报审、报验，提出开工申请，经批准后方可开工。

【条文解读】

施工企业在施工开工前，向监理方或发包方进行报审、报验工作是国家法律和法规的强制规定，也是保证施工活动正常实施的重要环节。报审、报验的内容、职责应明确并符合报验规定。

施工企业应对所具备的开工条件与分包方或监理方共同进行确认，该工程项目应按照规定获得主管部门的许可。开工条件的内容及开工申请程序应符合国家及项目所在地的相关规定。

施工企业应按规定内容和程序向监理方或发包方进行策划文件、人员、机具等的报审、报验工作，提供各种书面和实物证据，包括项目质量管理机构、管理人员、关键工序人员及特殊工种人员、测量成果、进场的材料设备、技术文件、分包方情况等。文件、人员、机具等的报审、报验工作是与施工的进程动态进行的。

人员、方法、设备、设施、工具、材料和环境（含"三通一平"等）等方面是确认项目是否具备开工条件的基本内容。确认方法应是书面和现场证据的结合，比如：勘测报告、验收证明和现场观察的结果等。确认方式可以是授权项目部实施，也可以是施工企业直接进行确认。

施工企业只有确认项目已具备开工条件，并按规定提出开工申请，经监理方和发包方等批准后才能开工。

本条文是第11章的关联性条款。施工企业按规定向监理方或发包方进行报审、报验是施工现场准备和质量检查与验收的重要内容。施工企业应确保项目施工的开工条件符合规定、要求，否则容易出现施工过程能力不能满足规定要求的现象，甚至导致工程质量检查与验收风险难以有效降低。

【条文】

10.4.3 施工企业应对工程项目质量管理策划结果进行交底，并应明确交底的层次、阶段及相应的对象、内容和方式，保存适当记录。

【条文解读】

工程项目质量管理策划结果需要通过交底进行落实。交底包括技术交底及其他相关要求的交底。

1. 交底的依据应包括：项目质量管理策划结果、专项施工方案、施工图纸、施工工艺及质量标准等。

2. 交底的内容一般应包括：质量要求和目标、施工部位、工艺流程及标准、验收标准、使用的材料、施工机具、环境要求及操作要点。

施工企业在施工前应通过交底确保被交底人了解本岗位的施工内容及相关要求。交底可根据需要采用口头、书面及培训等方式，分层次、分阶段地进行。交底的层次、阶段及形式应根据工程的规模和施工的复杂、难易程度及施工人员的素质确定。对于小型、常规的施工作业，交底的形式和内容可适当简化。

施工企业技术负责人负责公司技术交底的组织和策划的管理工作。项目经理负责技术交底的全面管理和推进工作。技术负责人应负责相关的技术组织、协调和监督工作。各专业技术、管理人员负责实施和管理工作。具体方法：

1. 施工企业的技术交底主要针对重大施工项目并在项目开工前进行。技术交底按照企业、分公司、项目等层次依次实施。内容主要包括公司的质量目标、技术管理要求、项目质量管理策划结果、重要的专项施工方案、施工图纸、施工工艺及质量标准等。

2. 项目技术交底是项目施工管理人员向项目管理人员、分包管理人员和施工操作班组实施的交底。交底内容包括工序质量目标、施工部位、施工工艺流程及标准、施工技术工艺、质量验收标准、安全措施、使用的材料、施工机具、环境要求及操作要点等。技术交底可以分层次、分专业实施，包括施工组织设计交底、施工专项技术交底等。形式包括会议交底和现场交底等。项目应保证在单位工程、分部工程、分项工程、检验批施工前进行技术交底。

3. 项目技术交底的重点是工序技术交底，其内容应符合各层次项目质量管理策划的基本要求。要采用合理的、先进的施工工艺、先进的施工技术和新材料，按照科学的施工方法，尽量保证均衡施工速度，提高工序验收合格率，节省施工过程成本；重要工序要开展跨专业图纸会审，提前进行深化设计，根据施工的实际需要及时完成关键部位的节点详图；应进行重点、难点方案的讨论，实施多方位的技术经济比较，在编制各种专项技术方案的基础上及时做好交底。各专业人员应提前针对施工作业人员的人体功效和工艺风险编制专项的技术交底，并及时向施工班组进行有针对性的交底。

4. 项目交底工作一般通过由施工企业或授权项目召开的例会制度实施。一般情况下，每日或定期由总包方召集的工作例会是项目经理部实施技术交底的主要手段，通过对日施工计划和交底的检查落实保证项目控制性计划的达成。

　　施工现场经常性的工序技术交底由专业人员及时进行。为确保提高现场总体协调水平和技术交底的严肃性，各方相关人员必须参加相应的会议。项目经理部参加人员：项目班子成员、部门经理、现场责任工程师；其他参加人员：各分包方、分供方的现场负责人和相关人员。

　　每次会议交底应该形成记录，会议内容包括汇报技术交底执行情况及出现的问题、施工计划安排及需要协调解决的问题。需要协调解决的问题由项目生产经理或现场经理对问题进行裁决和处理。

　　5. 现场技术交底的执行效果由专业管理人员负责。土木、安装、装饰、市政和其他专业管理人员对照交底的要求管理本专业的实施活动，特别是关注各专业之间的接口和匹配情况，发现问题及时实施改进措施。如果在执行过程中发现技术交底存在修改的需求时，应该由原策划（或授权人）和交底人员进行完善。

　　本条款是第 10.2 条款的实现性条款，是把质量管理策划的结果有效落实的重要过程。施工企业应按规定将质量管理策划的结果向项目经理部进行交底，否则任何有效的质量管理策划也将变得没有任何意义。为了有效实现本条文，施工企业应重点把握需要确定交底的层次和阶段以及相应的职责、内容、方式。目前，特别应关注的是施工企业针对项目经理部中分包方的交底管理，否则施工企业再好的质量管理策划也无法实现其应有的作用。

本 节 实 施 重 点

　　施工准备是工程项目质量管理的重要过程。施工企业应该关注：图纸会审与设计交底的充分性，施工开工条件的保障水平，质量管理策划结果的交底效果。其中，重点管理内容包括：

　　（1）图纸会审的范围、内容与深度把握；

　　（2）设计交底的有效性、适宜性与充分性保障；

　　（3）质量管理策划结果交底的有效性保证。

10.5　过　程　控　制

【条文】

10.5.1　施工企业应对施工过程进行控制，通过下列活动保证工程项目质量：

　　1　正确使用工程设计文件、施工规范和验收标准，适用时，对施工过程实施样板引路；

2 调配合格的操作人员；

3 配备和使用工程材料、构配件和设备、施工机具、检测设备；

4 进行施工和检查；

5 对施工作业环境进行控制；

6 合理安排施工进度；

7 对成品、半成品采取保护措施；

8 对突发事件实施应急响应与监控；

9 对能力不足的施工过程进行监控；

10 确保分包方的施工过程得到控制；

11 采取措施防止人为错误；

12 保证各项变更满足规定要求。

【条文解读】

施工过程的质量控制是决定项目质量管理成效的关键性工作。本条款明确了十二项控制的重点要求。不同施工企业实施的具体方法可能是不一样的，但是施工过程控制质量的最低效果与合格标准应是一样的。施工企业要根据这些要求，识别和确定现场相应的关键过程、特殊过程和重要过程及其相关因素，形成施工过程的质量控制点，建立或细化适宜的操作程序，系统地展开质量控制活动。

1. 正确使用工程设计文件、施工规范和验收标准。适用时，对施工过程实施样板引路

开工之初，项目经理部要努力解决好正确使用施工图纸、设计文件、验收标准及适用的施工工艺标准、作业指导书的问题，合理确定质量标准和施工能力的接口。特别是注意图纸会审中发现的问题及与相关质量管理策划文件的协调接口问题。如果图纸错漏百出，就无从谈起以图纸为蓝图的工程质量。因此，施工企业一方面要善于发现不同专业的图纸中不相符之处，发现图纸与技术规程、工程量清单之间的不符之处，尽快解决，确保图纸质量；另一方面应根据相关图纸会审中的确定结果编制和完善项目质量管理策划文件、创优计划、质量检验计划等。

重要工程或是缺少经验的施工过程，应该坚持样板引路。重要的分项工程开工前，由项目经理部的责任工程师，根据专项方案、措施交底及现行的国家规范、标准，组织施工人员或分包单位进行样板分项（工序样板、分项工程样板、样板墙、样板间、样板段等）施工，要从操作人员、工艺方法和施工设备、施工环境等方面进行施工过程确认，包括工序的检查、技术复核、施工过程参数的监测和必要的统计分析活动，过程确认合格并样板工程验收合格后才能进行专项工程的施工。样板引路是提升质量管理的良好实践经验，在样板工程施工前施工人

员应接受专门技术方法和质量标准的培训，统一操作程序，统一施工做法，统一质量验收标准，做到样板施工未雨绸缪。

2. 调配合格的操作人员

相关规定包括：人员的数量、质量和进场时间。其中，人员的质量包括人员满足持证上岗要求和质量责任要求的程度。施工企业要充分保证合理的人力资源投入，调配符合规定的现场操作人员，例如配备有规定资格的特殊施工操作人员、符合要求的一般操作人员和工序质量控制人员等。调配的操作人员必须能够胜任各自岗位质量责任规定的工作。为了保证调配符合规定的操作人员，岗位质量责任可以与工作任务需求相匹配，配套实行技术交底挂牌、施工部位挂牌、操作管理制度挂牌的方式，以明确操作人员的责任并便于实施考核。

增强全体员工的质量意识是保持调配的操作人员符合要求的重要措施之一。项目可定期组织质量讲评会，同时组织到创优内外部单位进行观摩和学习，并邀请外部质量专家进行集中培训和现场指导；做好规范、标准和技术知识的培训工作，促使项目人员的素质不断得到保持和提高，从人的因素上消除产生质量问题的源头。

3. 配备和使用工程材料、构配件和设备、施工机具、检测设备

根据质量管理策划的要求，提供和配置需要的建筑材料、构配件、施工机具和检测设备，及时进行进场验收和检验。同时，应按照规定的施工要求，使用建筑材料、构配件、施工机具和检测设备。要严格控制进场材料的紧急放行，凡是影响结构安全性能的材料（水泥、钢材和混凝土等）未经检验、试验一律不得投入工序。在重要施工工程部位，包括结构施工阶段模板加工与制作、钢筋原材料、装修材料及加工成品采用等均应采用全方位、多角度的选择方式，以产品质量优良、材料价格合理、施工成品质量优良为材料选型、定位的标准。材料、半成品及成品进场要按规范、图纸和施工要求严格检验，不合格的立即退货。

项目经理部应与分包方之间签订合同/责任状，按计划目标明确规定分包应该配备和使用的建筑材料、构配件、施工机具和检测设备。具体按本规范的第6、9章执行。

4. 进行施工和检查

按照规定要求进行施工和检查是施工过程质量控制的基本内容。

施工过程中各种因素变化多样，施工企业要根据施工需要精心修改和完善质量管理策划结果，调整时要严格按照有关规定要求，掌握施工组织设计的指导性、施工方案的部署性、技术交底的可操作性、质量计划（有条件的企业含创优计划）的引导性，做到四者互相对应、相互衔接、相互交圈，层次清楚、严谨全面，符合规范。这里的核心是如何从工艺上降低达到质量标准（有条件的企业含创优标准）的难度，如何保持一个合理的质量成本。需要时应重点做好施工图的

深化设计。

（1）施工企业要确保按质量管理策划的相关方案施工。施工中只要有了完备的施工组织设计和可行的施工方案，以及可操作性强的措施交底，就能保证全部工程整体部署有条不紊，施工现场整洁、规矩，机械配备合理，人员编制有序，施工流水不乱，分部、分项工程方案科学、合理，施工操作人员严格执行规范、标准的要求，有力地保证工程的质量和进度。

（2）施工企业应该做好施工过程的变更交底。项目有关人员针对施工变化及时实施技术交底。变更交底主要针对施工因素的变化情况进行策划和安排，明确工艺、方法、材料和程序的变更要求。要及时办理变更交底手续。需要时，应该进行配套的培训工作。

（3）施工企业应根据需求进行采用新材料、新工艺、新技术、新设备的实施策划和控制。其中，应在施工过程中识别影响工程质量的重要关键环节，完善新材料、新工艺、新技术、新设备在施工过程中的应用方法，改进配套施工技术和管理活动的专项措施。一方面，应调整、改进新材料、新工艺、新技术、新设备的关键技术参数，研究它们对可能出现风险的关联影响；另一方面，项目经理部应根据策划规定进行全过程的风险控制。有条件的先进企业应发挥技术集成化的竞争优势，探索新材料、新工艺、新技术、新设备的应用途径，研究、探索不同层次的施工技术和管理标准，切实提升新材料、新工艺、新技术、新设备的项目质量管理绩效。

与按照规定施工配套的是施工过程检查活动。施工现场要认真落实检查验收制度：

（1）对施工过程予以标识，标示出验收合格、不合格或待检状态。对于施工过程中的不合格项，项目质检员或工长应及时下发"质量整改单"，并跟踪整改到位。

（2）按照进度计划组织质量检验。检验机构、人员和设备均应具备相应的资格和能力。定期或在人员、材料、工艺参数、设备发生变化时，重新进行确认。

（3）在施工过程中坚持检查上道工序、保障本道工序、服务下道工序，做好自检、互检、交接检；遵循分包自检、总包复检、监理验收的三级检查制度；严格工序放行管理，没有通过规定检查的工序，不能转入下一个工序。认真做好所有检验、试验的相关记录。

5. 对施工作业环境进行控制

对施工作业环境的控制包括：安全文明施工措施、季节性施工措施、现场试验环境的控制措施、不同专业交叉作业的环境控制措施以及按照规定采取的其他相关措施。

施工过程控制的关键是从形成工程质量的环节入手，把自然环境条件和施工准备工作结合起来，有效控制和监督施工作业环境的关键参数，包括施工粉尘、温度、湿度、风力和地理位置等。施工企业在施工过程策划中可以确定对工程质量影响较大的关键工序、不能由后续的检验试验加以验证的特殊工序等的作业环境因素作为施工工序的质量控制点。

6. 合理安排施工进度

项目部应分析施工过程的关键路径和施工节点，确定施工的里程碑和时间表。在可能的条件下，应保证施工过程的均衡性，避免施工的无故间断和赶工。要在施工的过程中充分考虑施工进度和质量要求的匹配关系，提供充分的各种资源，特别是人力资源，保证施工过程的进度和质量水平。

项目部要在进度检查中考虑质量管理的要求，在质量检查中考虑施工进度的要求。如果发现施工进度影响了质量时，应首先保证质量要求。同时，在质量稳定的情况下应该努力保证施工进度的要求。

项目部在对所有分包方、分供方严格管理、监督、检查和控制的前提下，积极主动服务，创造良好的施工作业条件，对所有参建单位进行统一组织和协调，做好工序计划安排以及相互之间的工序穿插和衔接，把质量要求与施工过程的系统目标有效结合起来，确保整个工程高效、有序进行。

7. 对成品、半成品采取保护措施

成品和半成品防护的范围应包括供施工企业使用或构成工程产品一部分的发包方财产，这些财产不仅包括发包方提供的文件资料、建筑材料、构配件和设备，还包括：

（1）施工企业作为分包单位时，发包方提供的未完工程。

（2）施工企业作为总包单位时，发包方直接分包的工程。

这些防护活动应贯穿于施工的全过程，直至工程移交为止。

项目部要根据工程的特点、规模、质量标准及业主的要求，制订出成品保护措施。科学、合理安排施工生产，减少交叉作业等人为因素造成的成品破坏。在与各分包方签订合同或协议书时，应在条款中明确规定分包方所承包的施工项目在成品保护方面应承担的责任。

建立工作面半成品、成品保护移交制度，落实工序交叉作业或上下工序作业时成品保护的责任人。建立 24 小时值班制度，预防不测事件的发生。特别要注意防盗、防火、消防及供水管线系统的监控及对卫生洁具的保护；要建立巡回检查制度，提高警惕，预防有意识的破坏活动的发生。

8. 对突发事件实施应急响应与监控

工程质量管理的重心伴随着施工生产不同阶段的质量控制重点不同而不同，随着管理对象的特征改变而改变，因此往往可能产生突发情况或者是事故。施工企业在大型或特种项目的施工中的应急措施可在有关施工方案中予以明确。必要时，应该制订专门的应急方案。应急方案的内容可包括：

（1）应急情况确定；

（2）应急准备措施；

（3）应急信息发出与传递；

（4）应急响应实施；

（5）应急效果评价。

在有条件的情况下应该实施应急措施的测试。

工程质量控制的实施过程是一个动态检验产品、对比统计分析和预测变化趋势的过程，因此，本着风险预防的原则，持续有效的突发事件应急响应与监控需要立足以下三个实施过程：

（1）要有预见的实施管理策划。

在质量发生偏差之前，通过对工序的检查、技术复核、施工过程参数的监测和必要的统计分析活动，能够预见到问题所在。防患于未然是最成功的质量管理。如工程在进行结构施工时，就考虑到结构与将来装修接口之间的关系，预留空位。

（2）要关注质量的变化趋势。

应对质量偏差的出现保持敏感。表面偶然的质量偏差，可能预示着潜在的质量风险。一方面，质量控制人员要谨慎、敏感，不放过每一个"偶然"，找出后面隐藏的"必然"；另一方面，质量控制人员要注意质量偏差的连锁反应，某一工序的轻微质量偏差，可能是下一道工序的质量隐患。杜绝经常性的质量偏差和严重质量事故。经常性的质量偏差往往表明工程质量管理存在问题，需要及时纠正。

（3）要依据施工质量趋势的内在规律进行改进。

项目质量管理人员应及时控制不合格品，分析产生质量偏差的原因，掌握施工质量趋势的内在规律，并实施相应的改进行动。特别是在质量事故发生后，应该针对问题原因，采取相应的改进措施（如改进施工工艺、更换操作人员、调整管理人员等），整改不合格产品，改善工程质量。改进质量计划中面对明显不合理的质量标准，要同监理工程师、设计、业主达成协议。

如果具备上述三个过程的质量管理能力，一旦发生质量事故，进行应急响应的有效性就会大大增强。

9. 对能力不足的施工过程进行监控

能力不足的施工过程是人员、机具与设施、方法不能满足要求并可能导致事故的施工过程。由于施工因素的不平衡性，往往会出现能力不足的施工过程，对项目质量管理产生较大影响。因此，应重点关注这些过程和突发事故的可能性，并及时进行监督和控制。具体内容包括：

（1）项目管理人员和施工班组人员应连续监督过程能力、过程变化情况；

（2）项目管理人员针对可能的突发事故风险制订应急措施；

（3）提供和配备必要的应急资源；

（4）测量和试验相应的应急措施。

施工企业在大型或特种项目的施工中的应急措施可在有关施工方案中予以明确。必要时，应该制订专门的应急方案。在有条件的情况下应该实施应急措施的测试。

10. 确保分包方的施工过程得到控制

要严格保证施工分包方的科学使用，从施工业绩、工程质量、人员素质、管理水平、安全情况、服务能力和团队文化等方面分析已经选定的供应方施工特点，确定风险环节，在此基础上考虑适宜分包方的作业方法。一方面要严格控制分包人员按照施工策划要求实施工序活动，从作业人员的技能、意识、经验和反应能力等环节进行过程监督。比如在大体积混凝土施工中要全面控制模板工艺、混凝土泵送技术、混凝土浇筑活动、施工安全条件等重要因素与作业人员的结合状态，观察施工过程中各种因素的变化趋势，及时调整工艺方法和管理方式。另一方面要严格控制分包人员的无序流动和不适宜的管理惯例，形成作业现场合理的梯形人员结构，保证施工人员的技能和经验在整体上是稳定的，防止施工的过程能力失去控制。

项目对分包方主要管理人员也要定期进行质量管理的培训，对分包方班组长及主要施工人员，按不同专业进行技术、工艺、质量综合培训，未经培训或培训不合格的分包队伍不允许进场施工。项目责成分包方建立责任制，并将项目的质量保证体系贯彻、落实到各自的施工质量管理中，并督促其对各项工作进行落实。

项目部应在施工全过程对分包方进行动态的监督管理和使用评价，发现问题及时进行处理。施工企业对分包方施工过程进行的控制应该符合本规范第 9 章的规定。

本条文是第 10.2 条款的具体落实。本条款不仅是项目质量管理和控制的基础规定，也是项目部对施工过程质量进行控制的关键控制环节。实际上本条款是施工企业质量管理工作的有机集成。

11. 采取措施防止人为错误

工程项目是更多地依赖人的过程。一方面人的不确定性远远大于其他生产要素，另一方面人为错误是导致发生质量事故的核心源头。因此，施工企业应该关注防错关联的需求，确定可能发生质量事故的人为因素，这些人为因素包括：错位的意识、低下的技能、糟糕的组织与混乱的次序等。同时，施工企业应该及时采取有针对性的防错措施，包括：及时、充分的培训，详细、精确的交底，严密、周到的监督等。防止人为错误的防错措施与出现人为错误以后的控制措施都必须考虑人性化方法的需求。本条款是 2015 年版 ISO 9001 标准的重要要求。

12. 保证各项变更满足规定要求

施工过程的变更往往是经常发生的。变更的风险可能导致质量、安全、进度、环境、成本方面的事故与问题。施工企业应该：一是严格控制随意变更，二是做好施工过程的变更交底，三是确保变更措施的风险防范。项目有关人员应针对施工变化及时实施技术管理与工序控制，确保变更有效传递到分包过程。变更过程必须按照规定流程实施，必须经过评审与批准手续。施工现场员工主要针对施工因素的变化情况进行策划和安排，明确工艺、方法、材料和程序的变更要求。要及时办理变更手续并且进行监督。需要时，应该围绕变更控制进行配套的培训工作。

【条文】

10.5.2 当施工过程的结果不能通过其后工程的检验和试验完全验证时，项目部应在工程实施前或实施中进行下列确认：

1 对技术文件和工艺进行评审；

2 对施工机具与设施、人员的能力进行核实；

3 定期或在人员、材料、工艺参数、设备、环境发生变化时，重新进行确认；

4 记录必要的确认活动。

【条文解读】

需要确认的过程往往是其结果不能由后续的检验、试验进行验证（又称为特殊过程）或经济地进行验证的过程。不同施工企业的验证能力不同，因此需要确认的过程往往也是不同的。

本条款关注的施工过程是特殊工序。特殊工序确认的落脚点是确保这类工序的风险预防和控制。

施工过程的确认目的是为了证实这些过程实现所策划的结果的能力。施工企业应在施工过程中根据工序的特点，对需要确认的过程及时实施确认活动。施工过程的确认包括事前与事中的确认，施工企业可以根据自身能力选择适宜的确认方法。

1. 重要工序样板引路的确认。根据专项方案、措施交底需进行样板施工引路的工程（分项工程样板、工序样板、样板间、样板段、样板墙等），应经过验收、确认合格后才能进行施工。

2. 施工过程的事先确认。混凝土浇筑、焊接、防水和预应力施工等工序的结果由于往往不能通过后续的监视和测量加以验证，因此需要在适当的时间，包括事先、事中及时进行确认。方法可以是对相关的工艺标准和技术文件进行评审，对操作人员上岗资格进行鉴定，并对施工机具与设施进行认可。根据工程需要，某些施工过程的确认也可以采取事中确认的方法，比如：在完成事先确认后的混凝土施工工序的事中确认，体量小并工艺简单的焊接施工在过程中进行事中确认。

3. 确认活动的灵活实施。由于不同企业施工过程的控制能力是不一样的，因此企业之间需要确认的过程可能差别较大，特殊过程（工序）可能是不一样的，需要灵活地应用和实施。比如大型施工企业的特殊过程（工序）可能与中小企业是不一样的。如果需要也可以把一般或关键性的施工过程进行确认。

本条文是第10.5.1条款的配套条款。重点是施工企业应根据需要事先或事中对施工过程进行确认，而且这种确认是贯穿施工质量管理的全过程。没有及时的确认工作，将会导致某些重要的施工过程缺乏质量风险的预防措施，施工过程的管理能力是不能满足要求的。

【条文】

10.5.3 项目部应负责工程移交期间的防护管理。

【条文解读】

工程移交和移交期间的防护是施工管理的收尾工作，决定了项目质量管理的最终效果。在工程移交过程中需进行的必要防护活动包括：标识、处置、污染控制及专项保护等。施工企业应根据合同或事先的约定策划工程移交和移交期间的防护：

1. 移交计划。包括工程移交的内容、时间、有关资料、参加人员和程序。

2. 移交期间的防护计划。包括：移交期间的防护内容、技术措施和人员要求等。

工程移交应由施工企业负责组织实施。企业应确保工程移交过程符合监理和合同的要求，并一次通过验收。当没有通过验收时，应采取措施实施改进，并尽快重新进行验收。企业和项目部应按照国家和地方的具体规定，收集和整理工程交工资料。

工程移交期间的防护由项目部实施。防护工作不仅需要人员的充分配备和资源，而且可能需要一定的技术措施。因此，针对特殊的工程项目，施工企业应编制有关工程移交期间防护的技术方案。

本条文是第10.5.1条款后续跟进的要求。再好的施工工程质量也必须按规定进行工程移交和移交期间的防护，否则工程质量的最终品质是不能满足顾客的需要的。这个要求是普遍适用的重要条款。许多施工企业由于没有做好工程移交和移交期间的防护而导致顾客对工程质量提出疑义和索赔要求，教训是十分深刻的。

【条文】

10.5.4 根据施工状态的控制需求，施工企业应进行施工过程标识，重要过程应具有可追溯性。

【条文解读】

为了有效识别和控制施工质量，随着施工进度的变化，施工过程和进度状态是需要及时进行标识的。施工企业可通过任务单、施工日志、施工记录、隐蔽工程记录、各种检验试验记录等表明施工工序所处的阶段或检查、验收的情况，确保施工工序按照策划的顺序实现。

值得指出的是：相对于 2007 年版规范，重要过程应具有可追溯性是 2017 年版规范的重要修订内容，这样既可以保证工程项目的过程质量，而且具有明显的可操作性。这里的重要过程是指对工程结构安全与使用功能产生重要影响的施工过程，包括关键工序、特殊工序及其检验试验、采购过程等，重要过程一般可在质量管理策划结果中规定。

施工企业需通过任务单、施工日志、施工记录、隐蔽工程记录、各种检验试验记录等表明施工工序所处的阶段或检查、验收的情况，确保施工工序按照策划的顺序实现。

相应的标识方式包括有形的和无形的两种。有形方式可包括书面方式（施工日记、检验试验记录等）和其他有形方式，如颜色、尺寸、大小等。无形的方式包括位置、惯例等。施工工程一般情况下需要进行书面的标识，影响结构安全性能的过程还应该具有可追溯性，特别是质量检验和不合格的返工记录，以便有效管理质量风险。在没有规定、要求的情况下则可能采用无形的方式进行标识。

施工现场标识的管理包括标识的建立、转移、改变和撤销。其中：

1. 建立：针对施工过程的特点形成适宜的标识；

2. 转移：根据施工进度的变化调整标识的位置；

3. 改变：依据施工突发情况的发生改变标识的内容；

4. 撤销：完成施工活动后对标识进行的撤销。

标识的管理必须与施工进度相匹配，与施工过程需求相适宜。

本条款强调对施工过程及进度进行标识的目的在于使施工过程具有必要的可追溯性。

本条文是第 10.5.1 条款的配套条款，也是第 11、12 章条款实施的基础条件。如果不及时地对施工过程及进度进行标识，并使其重要过程具有可追溯性，则施工质量管理的检查和改进将没有基本的信息来源。

【条文】

10.5.5 对工程项目使用的发包方和供方财产，施工企业应按约定对其进行妥善管理。

【条文解读】

本条款的供方包括供应商、分包商等。工程项目需要的发包方或供方的财产包括：工具、设施、发包方的场所、知识产权（图纸、资料等）、个人信息、工程材料、构配件和设备等。具体内容和范围一般可在合同或其他文件中规定。

施工企业在控制和使用发包方或供方的财产时，需进行如下妥善管理：

1. 对发包方和供方的财产，施工企业需予以识别、验证、保护和维护；

2. 若发包方或供方的财产发生丢失、损失或发现不适用情况，施工企业需向发包方或供方报告，并保留相关形成文件的信息。

有关构成工程一部分的由发包方提供的工程材料、构配件和设备管理见"8.3.3 发包方提供的工程材料、构配件和设备"。

本条款的供方财产管理要求是根据 2015 年版 ISO 9001 标准的新要求修订的。供方包括：分包、供应商等。

【条文】

10.5.6 施工企业应保持与工程建设相关方的沟通、协商，对相关信息进行处理，并保存必要的记录。沟通、协商应包括下列内容：

1　工程质量情况；

2　工程变更与洽商要求；

3　工程质量有关的其他事项。

【条文解读】

施工质量信息的交流和传递对于及时控制施工、降低风险是十分重要的。本条款强调了施工企业要及时与有关方实施信息沟通。施工企业质量信息的传递、接收和处理的方式应按照规定结合项目的规模、特点和专业类别确定。

信息交流和传递的有关方包括：顾客、监理、设计、分包方等。相关信息的范围包括：有关方需要或感兴趣的工程及其相关情况。施工企业和项目经理部应保持与工程建设有关方的沟通，主动测量、传递相关信息，分析特点，按照有关方的关注程度和信息的重要程度进行分级管理：

1. 立即进行沟通；

2. 事前进行沟通；

3. 事中根据需要进行沟通；

4. 事后再进行沟通；

5. 不需要进行沟通。

施工企业负责重大信息的管理和处理工作，项目经理部负责及时传递重大信息和一般信息的处理工作，信息传递不仅要快捷、及时而且应内容清楚、传递安全。

本条文是第 10.5.1 条款的配套条款。信息与沟通交流是施工质量管理的重要途径。施工企业如果不能及时保持与工程建设有关方的沟通，并按照规定的职责、方式对相关信息进行管理，施工过程的质量管理将无法及时获得控制和改进的需求信息，产生的后果是比较严重的。

【条文】

10.5.7　施工企业应建立和保持施工过程中的质量记录，记录的形成应与工程施工过程同步，包括下列内容：

1　图纸的接收、发放、会审与设计变更的有关记录；

2　施工日记；

3　交底记录；

4　岗位资格证明；

5　工程测量、技术复核、隐蔽工程验收记录；

6　工程材料、构配件和设备的检查验收记录；

7　施工机具、设施、检测设备的验收及管理记录；

8　施工过程检测、检查与验收记录；

9　质量问题的整改、复查记录；

10　项目质量管理策划结果规定的其他记录。

【条文解读】

本条款规定了十项质量管理记录作为基本的施工记录要求。施工企业可以结合工程项目的需要进行补充。项目经理部可以通过任务单、施工日志、专项施工记录、隐蔽工程记录、各种检验试验记录等表明施工工序所处的阶段或检查、验收的情况，确保施工工序按照策划的顺序实现。

施工日记是项目基本情况的综合反映。内容应包括：气象情况、施工内容、施工部位、使用材料、施工班组、取样及检验和试验、质量验收、质量问题及处理等情况。施工日记如果记录的质量较高将有效地减少其他记录的工作量。

质量管理信息存在的方式多种多样，主要有：谈话、口头协议、书面资料、其他媒介形式（音像、电话等），记录是其中非常重要的一部分，当然还有很多信息无法或不适合用记录的方式表达的情况。质量管理记录是项目信息的重要存储方式。

施工企业质量管理记录的管理主要包括记录的收集、传递，信息加工、处理等。记录应填写及时、完整、准确；字迹清晰、内容真实；按照规定编目并保存。记录的内容和记录人员应能够追溯。

质量管理记录渗透到项目管理的方方面面，具有明显的广泛性。监理、生产例会等记录的收集，将影响到项目的决策和项目内外对项目的评价与反映，关系到项目的质量管理绩效。同时，项目质量的范围可能涉及各个方面，因此更加需要相关信息的及时传递。项目质量管理过程，就是一个物质流和信息流相互作用的过程，从这个意义上讲，质量管理记录是同项目其他管理同时并存的。记录的形成应与工程施工过程同步，否则将会失去记录的作用。这一点，目前对于施工企业的管理意义十分重要。

随着计算机、网络和多媒体技术的普及，物质流的信息化程度和信息的保真程度及处理速度越来越快，对信息流的分析处理能力越来越强。同时，通过信息流监督和控制物质流的过程，使项目质量信息越来越快捷、方便，与外界包括相关方的质量交流也越来越灵活和及时了。当然多媒体信息的保密也显得更加重要了。因此，应尽快建立和有效实施项目的质量信息和信息安全系统，使之发挥应有的作用。

本条文是第3.5条款的具体实施性要求。施工记录只有符合相关规定的要求，才能满足施工过程质量控制的追溯性要求和质量改进的预防和纠正措施信息的需求。

本 节 实 施 重 点

过程控制是确保工程项目质量管理符合要求的核心保障环节。施工企业应该关注：工程项目质量控制方法的适宜性和充分性，工程施工现场人员配备、施工工艺、材料提供、施工机具与设施安装、拆除、使用及施工环境控制的控制水平，工程特殊过程的确认能力，施工过程沟通与信息交流的及时性，施工过程标识管理的可追溯性，质量记录管理的真实性与完整性。其中，重点管理内容包括：

(1) 工程项目实施过程中设计与采购、施工的衔接接口；

(2) 工程项目人为错误的控制效果；

(3) 工程项目特殊过程确认的有效性；

（4）各种变更风险的规避与防范；

（5）各种变更机遇的捕捉与利用；

（6）施工过程质量与进度、安全、环保需求的管理平衡；

（7）施工过程标识与记录管理符合规定、要求的程度。

10.6 变 更 控 制

【条文】

10.6.1 工程项目施工过程发生变化时，施工企业应对施工变更进行评估和控制。

【条文解读】

工程项目施工过程发生变化时，施工企业的当务之急是针对施工变更进行评估，包括变更发生的背景、可能的原因、时间、影响等，同时尽快采取有效措施控制变更的可能负面影响，防止其蔓延或者扩大。

【条文】

10.6.2 施工企业应规定相关层次施工变更的管理范围、岗位责任和工作权限，项目部应明确施工变更的工作流程和方法。

【条文解读】

施工企业需按照管理部门和项目部等层次规定施工变更的管理职责，并明确施工变更管理所需的授权和实施程序。值得一提的是：有关施工图设计与施工详图设计的变更风险控制可能对于施工现场质量管理的影响较大，因此包括变更管理的工作界面以及变更评审、审核、批准的授权制度是施工企业必须关注的重要工作。

由于设计变更导致的施工变更分为：合同内与合同外变更两类。合同内变更执行合同条款的有关要求，合同外变更需与发包方、监理、勘察、设计，必要时与政府主管部门沟通后确定。

【条文】

10.6.3 施工变更控制应确保质量偏差得到有效预防。变更控制应依据下列程序实施：

1 变更的需求和原因确认；

2 变更的沟通与协商；

3 变更文件的确认或批准；

4 变更管理措施的制定与实施；

5 变更管理措施有效性的评价。

【条文解读】

实施变更控制程序是动态控制施工变更的重要环节，施工企业需关注施工变更内容、变更措施的相关影响因素及其应对风险和机遇措施的实施效果，以预防施工变更导致的各种可能风险。其中，"偏差得到有效预防"的内涵是把变更可能的非期望影响控制在规定范围内。上述变更控制程序体现了变更管理的基本规律，是施工企业工程项目质量管理的重点工作。

【条文】

10.6.4 项目部应实施和跟踪施工变更管理，进行偏差控制。

【条文解读】

发生施工变更后，项目部应实施和跟踪施工变更管理，包括变更措施的实施风险跟踪、偏差控制效果跟踪，应用各种适宜方法和工具，分析变更管理的绩效趋势，及时采取新的改进措施，把偏差控制在规定的范围内，以防范任何可能的新的变更风险。

本 节 实 施 重 点

工程变更管理是风险比较明显的工程质量管理过程。施工企业应该关注：工程变更的需求识别与原因分析，工程变更控制流程的合理确定，偏差与风险控制的有效性。其中，重点管理内容包括：

（1）变更产生的因素评价；

（2）变更控制措施的合理性；

（3）变更偏差控制效果的确认。

10.7 交 付 与 服 务

【条文】

10.7.1 施工企业应按工程合同约定进行工程竣工交付。

【条文解读】

工程竣工交付是工程项目质量管理的重要环节，根据合同要求具体实施并且完成工程竣工交付是项目收尾阶段的质量管理工作，高质量的交付结果可以为施工企业完美履约、开展工程质量保修提供良好条件。施工企业应该建立适宜的内部工作流程，明确关注责任，配套监督机制，确保工程竣工交付万无一失。

【条文】

10.7.2　施工企业应策划并组织服务活动的实施。服务活动宜包括下列内容：

　　1　工程保修；

　　2　提供工程使用说明；

　　3　非保修范围内的维修；

　　4　工程合同约定的其他服务。

【条文解读】

服务水平是施工企业质量管理的重要标志，直接影响着发包人和用户的满意程度。本条款明确了在施工全过程中及时进行合同、协议或口头约定的服务活动的要求。服务不仅包括工程交付后的保修工作，而且包括施工过程中的服务活动。施工企业应按照所赋予的职责对工程项目的服务进行策划，可以形成具体的项目用户服务/质量回访计划。本条款规定的服务内容共四项，包括：

1. 保修。包括合同范围规定的和企业承诺的保修项目。施工企业的保修活动应依据有关法规、保修书和相关标准进行，并符合相关规定。

2. 提供工程使用说明。包括建筑物结构承重的安全使用要求。

3. 非保修范围内的维修。包括在保修以外双方协商确定的维修内容。

4. 合同约定的其他服务。包括施工企业在合同中承诺的项目试生产或运行中的配合服务、培训等其他服务。

项目用户服务/质量回访计划应该包括上述内容。由施工企业主管部门组织或授权项目经理部实施。

为了更好地体现为用户服务的理念，应由施工企业主管部门牵头及时了解发包人和用户对项目部的意见和建议，实施在施工程和竣工工程用户满意度调查工作，不断提升施工项目的服务质量。

用户满意度调查工作可采用用户意见调查表、电话、网络、会议和回访等的形式，了解发包人和用户在施工或竣工后对工程质量、进度、施工管理、保修服务、满意度和社会影响等方面的意见和要求。

施工企业服务主管部门应整理分析调查表，与项目经理部共同对不合格项制订整改措施，并监督项目部的落实情况。

对于发包人和用户反映的严重问题要进行内部通报或沟通，以促进项目部施工管理的改进和提高。

对于项目部已经撤销的工程项目应由施工企业主管部门负责组织相应的服务工作。

本条文是第 7 和 10 章的重要实施性要求，是第 13 章的重要关联条款。施工企业应按规定的职责对工程项目的服务进行策划，包括：保修，非保修范围内的维修，合同约定的其他服务并组织实施。本条款的实施是施工企业质量管理成效的重要标志，服务工作不到位必将对施工企业的质量管理结果产生较大的负面影响。

【条文】

10.7.3 在规定期限内，施工企业对服务的需求信息应作出响应，并对服务质量进行控制、检查和验收。

【条文解读】

在工程项目的全过程，服务工作是必须落实的重要活动。本条款规定施工企业应在合同规定的期限内及时作出服务响应的内容有：

1. 收集信息、预测服务需求；

2. 有效实施服务措施；

3. 及时测量服务效果；

4. 制订和落实提高或超越服务期望的措施。

本条款要求施工企业对服务质量进行控制、检查和验收的含义是从企业层次上保证服务工作的到位。施工企业的责任部门要对服务质量按照相关服务标准进行控制和验收，管理部门应及时进行检查和指导。"规定的期限"是指按照合同或相关要求确定的时间。

本条文是第 10.7.2 条款的具体实施要求。施工企业应在规定的期限内对服务的需求信息作出响应，包括对服务质量按照相关规定及第 11 章的相关要求进行控制、检查和验收，以保证服务活动的有效质量。

【条文】

10.7.4 施工企业应收集服务的相关信息，分析发包方的满意程度，评价质量管理持续满足发包方需求的能力。

【条文解读】

本条款明确了施工企业为实施质量分析和改进收集有关服务信息的基本要

求。施工企业应及时收集项目的有关服务信息，包括：

1. 发包方、用户的评价；

2. 工程的使用效果；

3. 保修成效；

4. 物业反馈；

5. 其他。

施工企业要分析上述信息的相互影响和作用，寻找信息中的客观特性或特点。有条件的施工企业应建立完善的服务信息系统，多渠道收集相关方的反馈信息，包括发包方、用户、社会公众和其他相关方的满意程度。一般施工企业应该至少收集发包方、用户满意程度的有关信息。

施工企业要有效利用收集到的服务信息，实施服务的质量改进，不断提高发包方、用户的满意度。具体形式可以灵活多样，内容包括：

1. 把收集到的服务信息，用于质量分析和改进，纳入质量管理项目绩效考核；

2. 实施公司和项目的质量管理内部审核；

3. 检查项目保修服务管理活动；

4. 对项目实体质量（包括使用过程的质量状况）进行监测；

5. 在管理评审中实施服务活动的评审。

关键是把获得的相关信息正确、及时地用于质量管理改进。这种改进的基点是分析发包方的满意程度，评价质量管理持续满足发包方需求的能力。

施工企业收集服务的有关信息比较常见的方式是企业质量管理分析会和管理评审会。由企业主管领导主持，项目经理部和相关部门人员参加。会议主要沟通企业服务的重要信息，了解社会对企业服务的评价，研究改进的方向和措施。

项目部收集服务的有关信息比较常见的是质量例会。由项目部主持，所有参建单位的相关人员参加。会议主要沟通收集到的各种反馈信息，分析服务活动中存在的不足或问题，和与会者共同商讨整改办法和预控措施。会议要做好会议纪要，作为下次例会检查执行情况的依据。

施工企业应组织相关部门对项目部的服务情况进行定期考核，对项目质量情况进行监控，必要时进行现场指导，协助项目质量管理水平的提升。

本条款是第12章的具体实施性要求。施工企业通过及时收集服务的有关信息，用于质量分析和改进，可以有效地保证工程质量水平和施工过程品质，同时可以有效地提升项目管理的层次，否则工程质量的品质和项目管理的成效是无法得到保证的。

本 节 实 施 重 点

交付与服务是工程项目质量管理的重要环节。施工企业应该关注：工程移交阶段的防护绩效，基于服务策划的有效性与适宜性，顾客对于工程项目服务工作的认可程度。其中，重点管理内容包括：

（1）工程防护方式、方法的适宜性；

（2）工程保修范围内的工作绩效；

（3）顾客满意度调查的成果。

11 工程质量检查与验收

11.1 一 般 规 定

【条文】

11.1.1 施工企业应建立并实施质量检查与验收管理制度，明确各管理层次对工程质量检查与验收的职责和程序，并对检查、验收、检测设备管理、质量问题与事故处理作出规定。

【条文解读】

施工质量检查制度是施工企业保证质量管理水平，提升工程施工质量的重要制度之一。施工质量检查所涉及的范围不仅包括最终工程产品的质量检查，也包括各中间环节如分部分项工程和材料、构配件、设备、施工机具与设施等的检查。施工企业的质量检查制度所涉及的内容既应包括原材料、构配件设备的质量检查，也应包括中间产品和最终产品的质量检查；既应包括施工前准备工作状态的检查，也应包括施工过程和结果的检查；既应包括对施工管理人员的检查，也应包括对施工操作人员的检查；既应包括技术问题的检查，也应包括管理问题的检查；既应包括施工方案的检查，也应包括施工机械、设施的检查。总之，施工企业的质量检查制度应力求内容全面、系统性强，并且具有可操作性。

施工企业应通过质量检查与验收活动，确保施工质量符合规定。按照我国《建筑法》第二十九条的有关规定，总承包单位与分包单位就分包工程对建设单位承担连带责任。因此，作为总承包单位的施工企业也必须对分包工程做好质量检查和验收工作。分包工程的质量检查和验收工作是施工质量管理的重要问题之一。施工企业的分包主要包括劳务分包和专业工程分包两种。对于劳务分包的质量检查与验收，应着重于施工人员、施工机械、施工方法的检查与验收，而对于专业工程分包的检查与验收，还应着眼于建筑材料、构配件和工程设备的检查与验收。建筑材料、构配件和设备的验收活动应符合本规范第8章的规定。

施工企业可以通过采用不同的检查方式达到控制工程质量的目的。施工质量检查从检查方式上可以分为日常检查、跟踪检查、专项检查、综合检查和监督检查等。

　　施工质量检查中，除了要检查施工准备情况、施工过程和施工结果之外，还应将整改落实情况作为重点检查对象。

　　本条款是第 3 和 4 章的具体实施要求，也是对第 10 章和其他相关条款的支持性条款。

【条文】

11.1.2 施工企业应对工程质量检查与验收活动进行策划，内容包括检查和验收的依据、内容、步骤、对象、人员、职责、时间、抽样、方法和记录。

【条文解读】

　　质量检查活动策划是项目质量管理策划的重要内容之一，其根据需要可单独形成文件，经批准后作为工程项目施工质量检查活动的指导性文件。

　　质量检查的策划内容一般包括：检查项目及检查部位、检查人员、检查方法、检查依据、检查程序、判定标准、应填写的质量记录和签发的检查报告等。策划的结果要传达到所有的相关部门和个人，并按规定经批准后实施。

　　在质量检查活动的策划过程中，施工企业应尽可能地收集各种工程有关信息和资料作为策划的依据。质量检查活动策划的一般性依据包括国家有关的法律法规、标准和规范；设计文件及相关资料；施工组织设计文件及其他相关的技术文件、管理文件和合同文件等。同时，施工企业还可将以往类似工程的施工质量检查的过程和结果作为本工程质量检查活动策划的依据。另外，施工企业在进行质量管理活动策划的过程中，还应该与建设单位、监理单位和设计单位等相关单位进行充分沟通，从而使检查活动能得以更加有效地实施。

　　施工企业质量检查的方式包括自检、互检、专检和交接检等。

　　施工质量的影响因素包括施工人员、施工材料、施工机具与设施、施工方法和施工环境等。在检查中，应将这些因素作为主要的检查内容。

　　1. 施工人员的控制

　　施工人员的素质和工作能力直接会影响到工程的质量。施工人员可能对施工质量产生影响的原因包括人的技术水平、生理缺陷、心理行为等。因此，必须通过对施工人员的检查及时发现由于技术水平有限、生理缺陷和心理行为等方面的原因对质量可能产生的影响。对施工人员进行检查的目的不仅是督促施工人员按要求进行施工，而且还要及时发现施工人员在施工中的不良心理状态，防患于未然，从而确保工程的施工质量。

　　2. 施工材料的控制

　　施工材料是施工最终产品的组成部分。因此，施工材料的质量将对施工最终产品的质量带来直接的影响。施工材料的检查包括对施工原材料、构配件、半成品等方面的检查。检查的重点包括材料供货商的情况、材料运输环节的控制、材料进场验收环节的控制、材料储存情况、材料使用前的再验证等。检查过程中应以材料质量控制的相关标准为依据。材料的检验方法包括书面检验、外观检验、理化检验和无损检验等。材料的检验程度分为免检、抽检和全检。施工企业可以根据不同的材料和实际情况合理确定检验的时间、检验的方法和检验的程度。

3. 施工机械的控制

施工机械是影响工程质量的重要因素，同时也是安全管理的关键内容。施工机械的检查包括机械设备的选用是否合理、是否具备相关的合格证明文件、是否与施工方案相符、施工机具与设施使用前的状态是否能保证施工的质量和安全等。在保证施工质量和安全的前提下，还应考虑经济性问题。在质量检查中，施工机具与设施的检查内容可以与安全检查内容结合制订。

4. 施工方法的控制

施工方法也会对施工质量产生直接影响。对施工方法的检查包括对施工方案、施工技术措施、施工工艺、施工程序等方面的检查。施工方法的选择应保证技术上可行，经济上合理。在检查过程中，应将涉及新技术和新工艺的施工方法列为重点检查对象。

5. 施工环境的控制

施工环境的变化是影响施工质量的重要因素。施工过程中环境的变化包括劳动作业环境的变化和自然环境的变化等。在质量检查的策划中，应明确在施工环境因素变化时保证工程质量的措施和要求。

本条文是第 3.3 条款的具体实施要求，也是第 10.2 条款质量管理策划结果的重要组成部分。对施工质量检查进行策划，包括质量检查的依据、内容、人员、时机、方法和记录，是施工企业的重要活动。如果这项工作的内容不充分，将直接影响质量检查和验收的实施效果，甚至造成由于检验策划不到位而导致工程质量事故的发生。

【条文】

11.1.3　实施工程质量检查、验收、检测和相关资料管理的人员应具备相应资格和能力。

【条文解读】

施工企业的质量检查制度所规定的检查层次和内容以及检查人员资格的要求应该遵循我国工程建设质量检查与验收的相关制度。其中，资格包括施工企业或者国家授权机构实施的资格认可成果；能力包括工作经历、教育程度和培训结果。

在建立并实施施工质量检查制度方面，施工企业如果不规定各管理层次人员对施工质量检查与验收活动进行监督管理的资格和能力，没有要求检查和验收活动应由具备相应资格的人员实施以及按规定做好对分包工程的质量检查和验收工作，有可能造成施工企业的质量基础与验收缺乏基本的管理条件，缺乏系统、规范的监督管理保证，工程质量的风险是十分明显的。

本 节 实 施 重 点

工程质量检查与验收的基本管理制度是确保工程检查与验收工作质量的关键。施工企业应该关注：保障施工质量检查的策划水平，施工质量验收的程序与验收人员的资格，质量检查与验收的实施效果。其中，重点管理内容包括：

（1）质量检查与验收抽样数量与分布部位的管理规定；

（2）质量管理检查与验收时间、方法、程序的实施要求；

（3）质量管理检查与验收数据的分析结果；

（4）检查与验收人员的资格要求。

11.2 检 查

【条文】

11.2.1 项目部应根据工程质量检查策划的安排，对工程质量实施检查，跟踪整改情况，并保存相应的检查记录。

【条文解读】

在完成施工质量检查活动的策划后，项目经理部应严格按照策划的安排具体实施施工质量检查。在实施检查活动中，可能会遇到各种质量问题，对于质量问题的处理应按本规范第 11.5 条款的要求进行。

实施检查的依据是已经完成的策划安排和施工质量验收标准、规范。

项目部应对工程质量检查记录进行管理。在质量检查记录管理制度中，应明确记录的管理职责，规定记录填写、标识、收集、保管、检索、保存期限和处置等要求，对存档的质量检查记录的管理应符合我国档案管理的有关规定。质量记录的内容和格式应该符合我国《建筑工程施工质量验收统一标准》GB 50300 及其他相关标准和规范（如铁路、水利、航空等）的规定。质量检查记录的管理应符合本规范第 3.5.3 条款的规定。

本条文是第 10.2 条款的具体实施要求，是第 3.3 条款在施工质量检查与评价中的具体实施要求。施工企业对质量检查记录的管理成效关系到工程质量检验效果的体系保证，没有完善的质量检查记录势必形成检验结果处理的重大遗漏，违反建设行业法律法规的相关要求。

【条文】

11.2.2 施工企业应实施工程质量检查，并对项目部的工程质量检查活动进行监控。

【条文解读】

为了确保稳定的工程质量，促进项目部能够做好质量检查工作，施工企业应对工程质量及项目部的质量检查活动进行监控。监控的方式可以根据施工企业的规模、专业特点、管理模式及项目的分布情况，综合考虑成本等因素后确定。另外，对于技术条件复杂、建设工期紧、施工难度大、质量目标高的项目，施工企业应特别制订专门的监控措施，以确保工程项目的质量满足相关的要求。

施工企业在对项目部质量工作的检查中，应重点关注以下内容。

1. 工程开工前的施工准备工作

（1）施工条件的调查和分析

施工条件的调查和分析包括项目部在施工前是否对合同条件和要求进行了分析；是否对施工现场的自然环境、施工条件进行了调查；是否对相关部门的管理规定进行了调查和分析等。

（2）设计资料的分析

施工前充分了解设计意图对于保证施工质量是十分关键的。项目部在施工前应在图纸会审和设计交底活动中充分了解设计的意图，并就施工中的难点问题与设计单位进行有效沟通，及时提出施工中潜在的问题并与设计单位共同商讨处理措施。

（3）施工组织设计

施工组织设计文件是指导工程施工的重要文件，项目部在开工前应通过施工组织设计，编制合理的施工方案、配置合适的施工资源，并进行合理的施工进度安排。

（4）工程测量定位和标高基准点的控制

在开工前，施工单位应根据设计文件所要求的工程测量定位及标高的引测依据，建立工程测量基准点，做好技术复核工作，并按照规定的要求报监理机构审查。

（5）施工分包单位的选择

选择并控制施工分包的质量是保证工程施工质量的重要前提。项目部在施工前应按照规定的程序对施工分包单位进行选择和评价。

（6）材料的质量控制

项目部对所应用的建筑材料、构配件和设备的管理应建立完善的采购、验收、储存管理制度。

（7）施工机具与设施的质量控制

施工前应合理选择施工所用的施工机具与设施，并确认施工机具与设施的状态满足施工的要求。

2. 施工过程的质量控制

（1）技术复核的控制

施工技术复核是指对用于指导施工或提供施工依据的技术数据、参数、样本等的复查核实工作。施工技术复核必须以施工技术标准、施工规范和设计规定为依据，从源头保证技术基准的正确性。施工技术复核是质量控制中的关键环节。凡涉及施工作业技术活动基准和依据的关键技术工作，都应严格安排专人进行检查，以避免给工程质量带来无法挽回的损失。

（2）施工计量的控制

施工计量控制包括投料计量与检测计量等。施工现场的项目部应建立一套行之有效的计量管理制度，并通过增强计量意识和法制观念，建立监督机制，保证计量工作的法制性、统一性、准确性及时性。

（3）质量控制点的设置

质量控制点是质量管理的关键环节，对于质量的影响往往是至关重要的。凡对施工质量影响大的特殊工序；施工过程中的关键工序和隐蔽工程；施工中的薄弱环节；质量不稳定的工序或部位；对后续工程施工或对后续质量或安全有重大影响的工序、部位或对象；采用新技术、新工艺、新材料的部位或环节以及施工上无把握、施工技术难度大、施工条件存在困难的工序和环节都应设置质量控制点。

（4）工程变更中的质量控制

在工程变更的过程中，可能会造成施工内容、施工条件、施工人员、施工方法或施工机具与设施的变化。因此，在工程变更的质量控制中，应就施工中的人、机、料、法、环等方面的控制问题进行重新规划和控制，从而确保变更工程的质量。

（5）停工和复工的质量控制

施工过程中可能由于各种原因会出现停工现象。在停工过程中，可能会对工程质量问题带来潜在的隐患。因此，在停工过程中，应注意对未完工程的保护并做好相关的质量控制工作。另外，在复工时也要做好相关的复工准备工作，以保证工程施工的质量。施工单位的停工和复工都应按照规定的指令执行。

（6）质量跟踪档案的建立与控制

施工质量跟踪档案分为材料生产跟踪档案和建筑施工及安装跟踪档案等，其内容包括有关的文件、图纸、试验报告、质量合格证明文件、各种质量检验单、质量问题及处理情况等。开工前，施工企业应按要求建立各级施工质量跟踪档案；施工开始后，应要求各项目部认真并连续填写各项材料、半成品加工生产以及建筑施工及安装工作的有关内容；完工时，应确保工程质量档案内容完整、有效，并与工程进度同步。

3. 施工完成后的质量控制

（1）已完工程的保护

做好已完工程的保护工作，是施工质量控制的重要环节。已完工程的保护措施包括防护、覆盖、封闭、包裹等。项目部应按照企业制定的已完工程保护的相关管理制度对已完工程实施保护。

（2）工程质量检查、验收

工程质量的检查、验收是确保施工满足相关质量要求的重要环节。项目部的施工质量检查、验收工作应符合企业的相关管理制度的要求。关于工程质量验收的问题将在11.3节进行阐述。

本条文是第3.4条款的实施性要求，也是第10.5条款的关联性要求。对项目部的质量检查活动进行监控关系到工程质量的稳定性和风险预防的有效性。这项工作的执行成效是衡量质量检查水平的重要环节。

本 节 实 施 重 点

工程质量检查是测量工程质量形成过程状态的重要活动。施工企业应该关注：保持工程质量检查策划的实施水准，掌握工程质量检查的实施情况，工程质量检查的监督与控制效果。其中，重点管理内容包括：

（1）质量检查样本抽样的合理性；

（2）质量检查的时间、效果；

（3）项目质量检查的有效性；

（4）项目质量检查数据的分析。

11.3 验　　收

【条文】

11.3.1 施工企业应按设计文件和质量验收标准、规范、规程实施质量内部验收。过程验收和竣工验收应符合要求，项目部应在自检合格后报验。未经验收或验收不合格的工程不得转入下道工序或交付。

【条文解读】

工程质量验收是工程质量管理结果的重要测量环节，也是确保向使用者提供满足合同约定质量要求工程产品的最关键一步。因此，施工企业必须对施工质量验收活动进行策划。明确验收活动的工作内容、工作要求、组织分工、实施步骤等。

施工企业的质量验收工作应遵循我国相关工程质量验收标准的规定。施工企业在制定质量验收标准时的主要依据包括《建筑工程施工质量验收统一标准》GB 50300 以及其他各专业验收规范等。

建设工程质量验收的层次划分为检验批、分项工程、分部（子分部）工程和单位（子单位）工程。检验批一般按楼层、施工段、变形缝进行划分；分项工程一般按主要工种、材料、施工工艺、设备类别等进行划分；分部工程一般按专业性质、建筑部位划分，当分部工程较大或者较复杂时，可按施工程序、专业系统及类别等划分为若干个子分部工程；单位工程是指具有独立施工条件并能形成独立使用功能的建筑产品。

检验批验收的合格规定有两点：一是主控项目和一般项目的质量经抽检检验合格，二是具有完整的施工操作依据、质量记录。

主控项目是指建筑工程中对安全、卫生、环境保护和公众利益起决定性作用的检验项目，主控项目的验收必须从严要求，不能出现不符合要求的检验结果。主控项目的检查具有否决权。一般项目则应按照项目专业规范的规定进行验收和处理。

分项工程质量验收合格的规定也包括两点：一是分项工程所包含的检验批均应符合合格的规定；二是分项工程所含的检验批的质量验收资料完整。

分部工程质量验收合格的规定有四点：一是所含的分项工程的质量均验收合格；二是质量控制资料应完整；三是地基与基础、主体结构和设备安装等分部工程有关安全及功能的检验和抽验检测结果应符合有关规定；四是观感质量验收应符合要求。

单位（子单位）工程质量验收的合格规定有五点：一是单位（子单位）工程所含分部（子分部）工程的质量均应验收合格；二是质量控制资料应完整；三是单位（子单位）工程所含分部工程有关安全和功能的检测资料完整；四是主要功能项目的抽查结果应符合相关专业质量验收规范的规定；五是观感质量验收应符合要求。

工程质量验收的程序和组织应遵循规定的程序进行。检验批及分项工程应由监理工程师（建设单位项目技术负责人）组织施工单位项目专业质量（技术）负责人等进行验收；分部工程的质量验收应由总监理工程师（建设单位项目负责人）组织施工单位项目负责人和技术、质量负责人等进行验收；地基与基础、主体结构分部工程的勘察、设计单位的工程项目负责人和施工单位技术、质量部门负责人也应参加相关分部工程验收工作。另外，单位工程质量验收也应按照规定的程序进行，详见第 11.3.2 条款。

施工企业应建立试验、检测管理制度。试验和检测管理必须符合我国相关法律法规的要求。

本条文是第 10.2 条款的具体落实要求，也是第 7.3、8.3、9.4 等条款的相关要求。施工企业按规定策划并实施工程质量验收直接关系到工程质量的稳定、改进提升的水平。任何违反该项要求的施工过程必将对施工过程和中间工程质量产生不利的影响。

【条文】

11.3.2 施工企业应参加发包方组织的工程竣工验收，并对验收过程发现的质量问题进行整改。

【条文解读】

我国已经建立了规范化的竣工验收管理制度，对工程项目的竣工验收进行管理。在竣工验收过程中，首先施工单位要进行自检，即在竣工验收前进行内部验收。对内部验收发现的问题作整改后，进行复验。在复验合格后，按照竣工验收备案制度规定向监理方提交竣工验收报告。必要时，施工企业的工程项目施工质量管理部门应按照规定对完工项目进行全面的施工质量检查。

竣工验收的基本对象是单位工程。单位工程的竣工验收应按规定的程序进行。单位工程完工后，施工单位应自行组织有关人员进行检查评定，并向建设单位提交工程验收报告。建设单位收到工程验收报告后，应由建设单位（项目）负责人组织施工（含分包单位）、设计、监理等单位（项目）负责人进行单位（子单位）工程验收。单位工程由分包单位施工时，分包单位对所承包的工程项目应按相关标准规定的程序进行检查评定，总包单位应派人参加。分包工程完工后，应将工程有关资料交予总包单位。当参加验收各方对工程质量验收意见不一致时，可请当地建设行政主管部门或工程质量监督机构协调处理。单位工程质量验收合格后，应协助建设单位在规定的时间内将工程竣工验收报告和有关文件报建设行政主管部门备案。

本条文是第 10.2 条款的实施性条款。在竣工验收前，施工企业进行内部验收，并按规定参加工程竣工验收，是保证企业工程质量，提高企业质量信誉的基础保证。没有施工企业的内部验收将无法保证工程质量的整体品质，没有参加工程竣工验收将无法与相关方沟通质量情况，不能及时针对质量问题实施有效的改进措施。

【条文】

11.3.3　施工企业应按建设工程竣工档案资料归档的相关要求，收集、整理工程竣工资料。工程竣工验收后，按合同要求向相关方移交工程竣工档案资料。

【条文解读】

工程资料是记录工程质量和工作质量的载体，也是在使用过程中对工程进行维修、扩建、更新和改造的依据，同时还是施工企业提高质量管理水平，进行质量管理改进和创新的依据。施工企业应建立工程资料的管理制度，并按照《建设工程文件归档规范》GB/T 50328 规定的要求进行工程文件的归档和移交。

按照用途的不同，工程资料一般可分为向发包方移交的竣工资料、送交施工企业档案管理部门归档的竣工技术资料，以及公司管理制度所规定的各项记录。

工程竣工资料的形成应与工程进度同步，其目的是确保工程质量资料的真实性与客观性。

向发包方移交的资料应该符合合同约定的要求以及我国相关制度的规定。

企业内部用的工程资料可以根据企业管理的需要进行整理和归档。目前，企业内部用工程资料的管理是企业加强建筑业的知识管理，提高企业综合竞争力的重要手段之一。企业在生产经营活动中所涉及的成本、进度、质量和安全管理都需要以往的工程资料作为依据。因此，企业必须重视对工程资料的管理工作。

与质量管理直接相关的工程资料包括施工技术管理资料、工程质量控制资料、工程质量验收资料等。

施工技术管理资料包括图纸会审记录；工程开工相关资料（开工报告、开工报审表等）；技术交底资料；施工组织设计文件；施工日志；设计变更相关资料；工程沟通相关资料；工程测量记录资料（工程定位测量记录文件、施工测量放线报验表、基槽及各层测量放线记录文件、沉降观测记录文件等）；施工记录文件；工程质量事故相关资料（包括工程质量事故报告、工程质量事故处理记录等）；工程竣工文件。

工程质量控制资料包括原材料、构配件、半成品、成品和设备的出厂合格证及进场检验和试验报告；施工试验记录和见证检测报告；施工现场质量管理检查记录；交接检查记录等。

工程质量验收资料包括检验批、分项工程、分部（子分部）工程、单位（子单位）工程质量验收记录；隐蔽工程验收资料等。另外，竣工图也是工程资料的重要组成部分之一。

施工企业可以参照我国相关制度的规定，结合施工企业的实际情况规定工程资料的内容和格式以及收集、整理、存贮和传递的方法。对于特殊的项目，施工企业应制定专门的工程资料管理办法。这些特殊项目包括技术含量高、技术资料有极大应用价值的项目，建设单位对工程资料有特殊要求的工程项目以及其他相关部门对工程资料有特殊要求的项目等。

工程资料的收集和存储可以采用书面或电子方式进行。随着信息技术的发展，利用电子的形式收集、存贮和传递工程资料已经被普遍采用。施工企业应该通过各种手段推进企业管理的信息化，更加有效地利用信息技术实现工程资料的管理。

本条文是第 3.5 条款的具体实施要求。对工程资料的管理进行策划，并按规定加以实施是施工企业的重要工作。确保工程资料的形成与工程进度同步，是本条款实施的前提条件，否则工程质量资料本身的风险必然增大。

本 节 实 施 重 点

工程质量验收是确定工程质量成果的关键性测量过程。施工企业应该关注：质量验收策划的系统性，质量验收实施的方式、方法，质量验收的人员资格保证，质量验收问题的处理。其中，重点管理内容包括：

（1）验收样本的合理性；

（2）验收过程的合规性；

（3）验收结果的可靠性；

（4）验收资料的真实性。

案例 11-1

某项目的质量检验计划

Ⅰ 案例背景

某施工企业承建了由三栋独立塔楼和整体地下室、裙房组成的集办商业、公寓为一体的建设项目。项目的基本情况如表 11-1-1 所示：

项目基本情况   表 11-1-1

建筑功能	办公、商业、公寓		
建筑形式	三栋独立塔楼和整体地下室、裙房		
建设单位	上海创新置地有限公司	设计单位	长征设计有限公司
监理单位	天津河西建设监理公司	总承包	某建设发展公司
占地面积	21785m²	总建筑面积	172176m²
地上面积	111571m²	地下面积	60605m²

续表

建筑层数	地上 8～29 层/地下 4 层		建筑高度	40.15～99.85m
主体结构形式	现浇钢筋混凝土框架—剪力墙结构			
综合管理目标	工期目标	2011 年 1 月 25 日～2013 年 11 月 30 日		
	质量目标	结构工程——上海市"结构金奖" 整体工程——上海市"建筑工程白玉兰杯"		
	文明施工目标	上海市建设工程文明安全工地		
	安全目标	确保不发生重大伤亡事故、火灾事故和恶性中毒事件，轻伤发生频率控制在千分之六以内		

Ⅱ 项目质量检验计划的编制内容与管理

1. 项目质量检验目标

根据项目质量目标需求，本项目主要的分部分项工程质量目标均为优质。

为了保证结构工程符合：上海市工程结构金奖和整体工程、上海建筑工程质量奖的标准，项目规定以下施工过程为重要的质量检验控制环节：

地下室结构
1～4 层主楼及裙房结构
西塔结构
南、北塔 5～10 层结构
南、北塔 11～20 层结构
南、北塔 21 层至屋面结构

与此相呼应，确定项目质量检验目标：合规、及时、真实、准确。为实现质量检验目标需要系统地实施质量检验、试验工作。

本项目施工组织设计确定的质量控制点也是质量检验、试验的基础环节。

2. 质量控制点的设置

本项目在《施工组织设计》中确定了质量控制点：凡对施工质量影响大的特殊工序；施工过程中的关键工序和隐蔽工程；施工中的薄弱环节；质量不稳定的工序或部位；对后续工程施工或对后续质量或安全有重大影响的工序、部位或对象；采用新技术、新工艺、新材料的部位或环节以及施工上无把握、施工技术难度大、施工条件存在困难的工序和环节，都应设置质量控制点，并由项目专门质量检查人员实施检验和试验。

本项目的质量控制点包括：混凝土工程、模板工程、钢筋工程（含焊接工序）、脚手架工程和吊装作业等。

3. 质量检验人员和设备的配备

项目根据质量的目标要求，决定配备 16 名专门质量检验员，并设立项目质量总监负责检验、试验的工作。

项目根据施工组织设计配备完善的检测设备，包括经纬仪 3 台、水准仪 3 台、标尺 15 个、试模 30 组、台秤 3 个等。

对于自购的检测设备，检验、测量人员应进行定期的维护和保养，并在使用前进行调试、校准或测试，确认检测设备的有效性。对于租赁的检测设备，应检查设备的合格证明文件，并在租赁协议中明确检测设备的出租方对检测设备维护、保养、调试、校准等方面应提供的服务。对于临时借用的设备，也应检查设备的合格证明文件，并在使用前进行调试、校准或测试，确认检测设备的有效性。

4. 项目的进货检验、试验

本项目施工材料和其他物资的检查包括对施工原材料、构配件、半成品等方面的检查。检查的重点包括材料供货商的情况、材料（设备）运输环节的控制、材料（设备）进场验收环节的控制、材料（设备）储存情况、材料（设备）使用前的再验证等。检查过程中应以材料（设备）质量控制的相关标准为依据。材料（设备）的检验方法包括书面检验、外观检验、理化检验和无损检验等。材料（设备）的检验程度分为免检、抽检和全检。项目可以根据不同的材料（设备）和实际情况合理确定检验的时间、检验的方法和检验的程度。

本工程的进货检验、试验配备 5 名专门质量检验员，检验活动具体执行公司的《检验、试验管理程序》，所有影响结构安全性能的重要材料（水泥、钢筋、混凝土等）都不能紧急放行。

5. 工序（中间过程）的质量检验、验收

项目质量检查的方式包括自检、互检、专检和交接检等。施工质量的影响因素包括施工人员、施工材料、施工机械、施工方法、施工环境和施工结果等。在检查中，应将这些因素作为主要的检查内容。每次检验、试验活动结束应按照规定填写质量检验记录，办理相关签字手续。

本项目的质量验收工作应按照我国《建筑工程施工质量验收统一标准》GB 50300 以及各专业验收规范等实施。

本工程质量验收层次的划分依照图纸规定分为检验批、分项工程、分部（子分部）工程和单位（子单位）工程。作为基础的检验单位，检验批按楼层、施工段、变形缝进行划分。检验批验收的合格规定包括主控项目和一般项目的质量经抽检合格，同时具有完整的施工操作依据、质量记录。

项目中间工序的检验、试验工作由各施工部位的责任质量检验员负责实施。

为保证项目下一分部、分项工程提前插入施工，各项验收必须及时，按照该项目的实际情况，结构工程分段进行验收。此项验收计划由业主、监理、设计和质量监督部门密切配合。影响结构安全性能的重要过程都不能例外转序。

结构工程验收时间表   表 11-1-2

序号	部 位	结构验收时间	备注
1	地下室结构	2011 年 11 月 29 日	随后插入地下室装修
2	1～4 层主楼及裙房结构	2012 年 9 月 30 日	随后插入初装修
3	西塔结构	2013 年 4 月 14 日	随后插入初装修

序号	部位	结构验收时间	备注
4	南、北塔 5～10 层结构	2013 年 4 月 25 日	随后插入初装修
5	南、北塔 11～20 层结构	2013 年 6 月 17 日	随后插入初装修
6	南、北塔 21 层至屋面结构	2013 年 7 月 21 日	随后插入初装修

其中，施工质量验收的程序和组织应遵循政府和公司规定的程序进行。检验批及分项工程应由监理工程师（建设单位项目技术负责人）组织施工单位项目专业质量（技术）负责人等进行验收；分部工程的质量验收应由总监理工程师（建设单位项目负责人）组织施工单位项目负责人和技术、质量负责人等进行验收；地基与基础、主体结构分部工程的勘察、设计单位的工程项目负责人和施工单位技术、质量部门负责人也应参加相关分部工程的验收工作。

6. 最终质量检验、验收

工程项目完工时，项目经理、技术负责人应组织项目的专业人员和分承包方的人员进行检验、验收，包括观感和资料的验收。

最终验收由建设方组织施工单位项目负责人和技术、质量负责人等进行；包括勘察、设计单位的工程项目负责人和施工单位技术、质量部门负责人也应参加工程的整体验收工作并办理相关手续。

7. 不合格的处理

在检验、试验过程中发现的不合格，由责任人负责组织分析原因，评价不合格的原因，确定相应的纠正措施。在质量问题调查、处理过程中，项目技术负责人应与建设单位、设计单位、监理单位等进行有效的沟通，并严格按照我国相关制度的规定实施质量问题的处理。

项目施工质量问题的处理方式包括返工处理、返修处理、让步处理、降级处理和不作处理等。

当对工程质量不符合要求的情况进行处理时，应符合以下规定的要求：

（1）经返工或返修的检验批，应重新进行验收；

（2）经有资质的检测单位检测、鉴定能够达到设计要求的检验批，应予以验收；

（3）经有资质的检测单位检测、鉴定达不到设计要求，但经原设计单位核算认可，能够满足安全和使用功能的检验批，可予以验收；

（4）经返修或加固处理的分项、分部工程，满足安全及使用功能要求时，可按技术处理方案和协商文件的要求予以验收。

重大质量缺陷，应该直接上报项目经理进行处理。出现质量事故时应及时上报公司质量部门。

项目质量检查员应及时确定质量问题的原因，评价相应的质量影响和后果，并向项目经理建议人员处理的方案。项目经理负责进行质量责任的处理，需要时，上报公司进行处理。

8. 本计划的修改和管理

本计划由技术负责人策划，项目经理批准。需要修改时，由项目责任人提出修改意见，技术负责人审核修改，项目经理批准后实施。

9. 编制说明（略）

11.4　检测设备管理

【条文】

11.4.1　根据工程质量检查和验收需要，施工企业应确定和配备相应的检测设备。

【条文解读】

检测设备是保证工程项目检查与验收质量的基本条件。合理确定需要提供的设备型号、规格、技术等级、精确程度的检测设备是十分重要的质量管理过程，检测设备能力必须与工程检测需要匹配，包括根据工程施工需要配备的检测设备数量也是比较重要的管理内容。同时，及时配备到位符合检测验收需求的检测设备，对于施工企业检查与验收的有效性影响巨大。

施工企业应根据需要通过自购、租赁或借用的方式配备施工质量检查所需的各类检测器具和设备。无论是自购、租赁还是借用的检测器具和设备，都应建立一套完善的管理制度，确保检测器具和设备的数量和质量满足检测工作的要求。

对于自购的检测设备，应进行定期的维护和保养，并在使用前进行调试、校准或测试，确认检测设备的有效性。对于租赁的检测设备，应检查设备的合格证明文件，并在租赁协议中明确检测设备的出租方对检测设备维护、保养、调试、校准等方面应提供的服务。对于临时借用的设备，也应检查设备的合格证明文件，并在使用前进行调试、校准或测试，确认检测设备的有效性。

本条文是 10.4 的关联条款，也是 3.3 和 10.2 条款的具体实施要求。配备和管理施工质量检查所需的各类检测设备是实施有效的检查与验收的基础条件。没有质量合格和数量充足的各类检测设备就不可能保证工程质量管理的基本需求。

【条文】

11.4.2　施工企业对检测设备的管理应符合下列规定：

1　应根据需要采购或租赁检测设备，并对检测设备供应方进行评价；

2　应使用前对检测设备进行检查验收；

3　应按规定的周期检定或校准检测设备，标识相应状态，确保其在有效期内使用，并保存检定或校准记录；

4 应对国家或地方没有校准标准的检测设备制定相应的校准依据；

5 应对检测设备进行维护和保养，在使用期间保持其完好状态；

6 应在发现检测设备失准时评价和记录已测结果的有效性，并对检测设备产生的质量问题采取适当措施；

7 对应用于质量检测的计算机软件在使用前的确认与再确认进行要求。

【条文解读】

检测设备的管理应按照我国关于检测设备和计量管理的有关规定执行。

检测设备的管理包括检测设备的采购、验收、校准、保管和维护等。检测设备的采购应注意对供应方进行评价，检测设备的供应方应具有政府计量行政部门颁发的《制造计量器具许可证》。检测设备的验收包括两方面：一是验证购进测量设备的合格证明及应配带的专用工具、附件；二是对采购的监测设备性能和外观的确认。检测设备应按规定的周期进行校准，使其准确度、稳定性、量程、分辨率等符合施工质量检查的要求。当发现检测设备不符合要求时，施工企业应对以往测量结果的有效性进行检查、评价和记录。

施工企业对检测设备的保管和维护也要作出相应的规定。设备的保管和维护人员应经过相应的培训。检测设备的搬运、保存、停用、限用、封存、遗失、报废等都应符合相关管理规定的要求。

对于使用计算机软件的检测设备，当软件修改、升级或检测设备、对象、条件、要求等发生变化时，应对软件进行再确认。同时，必须注意确保软件在使用过程中没有被病毒所侵害。

本条文是第 10.5 条款的关联条款，也是第 3.3 和 10.2 条款的具体实施要求。按照要求配备检测设备是施工企业工程控制的基础，没有合格、有效的检测设备就无法保证施工过程的检验和检测质量，更不可能为质量预防提供有效的信息。

本 节 实 施 重 点

检测设备是工程质量检查与验收的基本手段。施工企业应该关注：检测设备的采购质量，检测设备的验收过程，校准计划的精确性，检测人员的资格水准，出现问题的处理效果。其中，重点管理内容包括：

（1）检测设备的校准依据；

（2）检测设备的校准绩效；

（3）检测设备软件的确认；

（4）检测问题的处理结果。

11.5　质量问题与事故处理

【条文】

11.5.1　施工企业应对工程质量问题进行分析处理。发生质量事故时，应报告相关方，并配合事故调查处理。

【条文解读】

质量问题是指工程质量不符合规定的要求，包括质量事故和质量缺陷等。施工企业应按照我国相关制度的规定，建立并实施质量问题处理制度。在质量问题处理制度中应对质量问题控制的职责、权限和工作流程作出相应的规定。在质量问题处理过程中，施工企业应与建设单位、设计单位、监理单位等进行有效的沟通，并严格按照我国相关制度的规定实施质量问题的处理。

施工企业应对质量问题（质量事故与缺陷）的分类、分级报告流程作出规定，按照要求分别报告工程建设相关方，以便及时获得各方的处理意见，有机地协调好工程质量问题的善后工作，这是施工企业进行质量改进，赢得各方信任的基础条件。

施工企业应对质量问题进行分类，分类的准则一般包括处置的难易程度、质量问题对下道工序的影响程度、处置对工期或费用的影响程度、处置对工程安全性能或使用性能的影响程度等。然后根据分类的结果确定分级报告和处理流程。对质量事故的分类和处理的要求应符合我国关于工程质量事故处理的规定。

按照事故产生原因的不同，还可以分为技术原因引起的质量事故、管理原因引起的质量事故、经济原因引起的质量事故、社会原因引起的质量事故以及自然灾害引起的质量事故等。

按照损失严重程度的不同，工程质量事故可以分为一般质量事故、严重质量事故、重大质量事故、特别重大质量事故。

按照事故责任的不同，又可以分为指导责任事故、操作责任事故。

工程质量事故的处理程序一般包括如下方面。

1. 事故调查

事故调查工作应力求客观、及时、系统和全面。调查结束后应完成调查报告。调查报告的主要内容包括工程概况、事故情况、事故发生后所采取的措施、相关的调查数据和资料、事故原因的初步分析与判断、建议的处理方案、事故责任者和涉及的相关人员等。

2. 事故原因分析

事故原因分析应从技术、管理、经济、社会、自然灾害等原因出发，在深入、细致调查的基础上，从设计、施工、材料等方面进行全面分析。

3. 制订处理方案

事故处理方案的制订应以施工原因分析为依据，广泛听取意见，并组织专家进行论证，确保处理方案技术上可行、经济上合理。

4. 处理事故

质量事故的处理应严格按照处理方案的要求在合适的时间用合适的方法进行。

5. 鉴定验收

质量事故处理应进行鉴定验收，并形成事故处理报告。施工企业应重视质量事故处理的检查验收工作，使质量事故的处理做到安全可靠，不留隐患。

6. 为今后提出改进建议

质量事故处理之后，应从技术和管理两个方面对今后的工作提出改进建议，并将质量事故分析和处理的结果纳入到企业的知识管理系统中，作为今后工作的指导依据。

施工企业应根据我国相关管理制度的规定和合同约定的要求，针对质量问题的特点，对各类质量问题制订相应的措施。这些措施包括返工处理、返修处理、让步处理、降级处理和不作处理等。对于施工质量未满足规定要求，但可满足使用要求而出现的让步、接收，应以不影响工程结构安全与使用功能为前提。施工企业应针对不同类别的质量问题在不同的管理层次进行质量问题处理的授权。质量问题的处理措施应充分研究制订，应经批准后实施。

本条文是 7.3、8.5、9.4 条款的相关质量问题处理的管理要求，也是 10.5 的关联性条款。施工企业如果对各类质量问题的处理没有制订相应措施，盲目进行随意的处理势必对工程质量的控制产生巨大的负面影响。

【条文】

11.5.2　施工企业应对影响工程结构安全和使用功能的质量问题，制定专项整改方案，并经相关方确认后实施。质量问题的整改处理结果应进行检查。

【条文解读】

涉及工程结构安全和使用功能的质量问题往往影响巨大，一般需要采取重大措施予以纠正，包括经翻修或者加固处理的分项、分部工程，需要改变外形尺寸才能满足安全使用要求等，必须由授权的设计、施工、监理与建设单位一起分析、研究，确定专项技术处理方案和协商文件进行处理。并且需要充分评估相关的实施风险，经过审核批准后予以落实。质量问题的处理应该重新进行检查与验收。

专项整改方案必须符合国家、地方和企业质量问题处理方式的要求。施工质量问题的处理方式包括返工处理、返修处理、让步处理、降级处理和不作处理等。

当对建筑工程质量不符合要求的情况进行处理时，应符合以下规定的要求：

1. 经返工或返修的检验批，应重新进行验收；

2. 经有资质的检测单位检测鉴定能够达到设计要求的检验批，应予以验收；

3. 经有资质的检测单位检测鉴定达不到设计要求，但经原设计单位核算认可，能够满足安全和使用功能的检验批，可予以验收；

4. 经返修或者加固处理的分项、分部工程，满足安全及使用功能要求时，可按技术处理方案和协商文件的要求予以验收。

本条款同时是第12章实施的信息输入条款。建立并实施质量问题处理制度，规定对发现质量问题进行有效控制的职责、权限和活动流程是施工企业质量管理改进工作的重要内容。

【条文】

11.5.3 施工企业应明确和实施质量事故责任追究的流程和方法。

【条文解读】

质量事故责任追究是建立在事故的调查与处理的基础上的。施工企业应及时上报质量问题，包括在工程施工、检查、验收和使用过程中发现的各类施工质量问题，特别是事故。需要时，也应该包括相应的责任追究结果。

施工企业应按照有关法律法规的规定建立质量事故责任追究制度，质量事故责任追究制度的制定应与质量责任制的建立相结合。为了避免出现在工作开始前质量责任不明确而在出现质量问题后互相推诿责任的情况，施工企业应该在工作开始前就落实质量责任，明确出现质量问题后的惩罚措施，从组织和管理措施上做好质量问题的事前控制。

施工企业应对质量事故责任追究流程进行规定。责任追究的流程一般包括问题分析、原因研究、影响评估、行为追究与责任确定等。同时，应该合理确定责任追究的方法，一般根据处置的难易程度、质量问题对下道工序的影响程度、处置对工期或费用的影响程度、处置对工程安全性能或使用性能的影响程度等确定。对质量事故的分类和处理的责任追究流程与方法应符合我国关于工程质量事故处理的规定。

【条文】

11.5.4 施工企业应保存质量问题和事故处理相关记录，作为工程质量改进的信息。

【条文解读】

质量问题处理结果的相关记录对于追溯质量责任和质量影响是相当重要的。特别是质量问题处理结果的检查和验收应符合第11.2和11.3条款关于施工质量检查和验收的相关要求。质量问题的处理和验收记录的管理应符合相应的规定。质量问题处理记录的真实性与完整性是工程质量改进的重要基础。

本条文是第3.5和4.3条款的具体应用要求。及时保存质量问题的处理和验收记录，建立质量事故责任追究制度，是施工企业落实质量责任、保证工程质量的基本工作，记录可以有效地追究质量责任，责任又可以通过质量记录予以规定和证实。

本 节 实 施 重 点

工程质量问题处理是防止质量问题失控并确保不再发生风险的活动。施工企业应该关注：工程质量问题的分类规定，质量事故处理的流程与方法，质量事故报告与追究的方式。其中，重点管理内容包括：

（1）质量问题报告的有效性；

（2）质量问题的数据分析；

（3）质量事故处理的结果；

（4）质量责任追究的及时性与精准程度。

12 质量管理检查、分析、评价与改进

12.1 一 般 规 定

【条文】

12.1.1 施工企业应建立并实施质量管理检查、分析、评价和改进管理制度。

【条文解读】

质量管理检查、分析、评价和改进工作应基于质量管理的 PDCA 循环理论加以实施。首先将质量管理体系策划的结果作为开展质量管理检查的依据制订检查计划，然后实施质量管理检查，在此基础上分析并评价检查的结果，最后针对检查发现的问题实施改进。并且，通过 PDCA 循环实现对企业质量管理体系的持续改进。

【条文】

12.1.2 施工企业应明确各管理层次和岗位的质量管理检查、分析、评价、改进职责，相关人员应具备规定的能力和资格。

【条文解读】

施工企业首先应对质量管理检查、分析、评价和改进工作进行分解，进而得到与其相关的各工作子项，然后针对每一工作子项，定义工作内容及目标、工作要点，然后确定工作职责并配备具有相应能力的相关人员以及各项配套资源。质量管理检查、分析、评价和改进工作的职责划分应做到清晰、明确，不出现管理盲区。同时，结合各工作子项，编制质量管理工作流程。对于所配备的质量管理检查、分析、评价和改进的相关人员应进行定期考核，确保其能力胜任所负责的工作。

【条文】

12.1.3 施工企业宜采用现代信息技术和手段，提升质量管理的有效性和效率。

【条文解读】

信息技术的发展为提高施工企业的质量管理效果和效率奠定了良好的基础。特别是近年来新一代移动通信技术、物联网、大数据、云计算的发展，也有效带动了质量管理水平的进步。

本规范鼓励和提倡施工企业采用现代信息技术和手段实施质量管理。施工企业需规定采用质量信息技术和手段的时机与方法，与企业质量管理体系和相关信息系统相一致，现代信息技术和手段包括全球定位系统（GPS）、建筑信息模型（BIM）、移动通信、物联网、大数据、云计算等。

全球定位系统（GPS）可以帮助施工企业有效提高数据定位能力，同时结合无人驾驶飞行工具（Unmanned Aerial Vehicle，简称UAV）技术，也就是俗称的无人机技术，可实现大规模的项目实体数据采集工作。

建筑信息建模（Building Information Modeling）技术不仅可以实现传统建筑设计从二维向三维模型的转换，而且可以通过将与项目进度、成本、质量管理的数据融入建筑物理数据模型，实现项目的集成的数据库，用于项目管理工作。

新一代移动通信技术不仅可以有效提高质量管理的沟通和知识共享效率，而且可以互联网＋工程质量管理，实现传统工程质量管理的变革。物联网技术的发展为施工企业实时监测和采集工程项目质量管理所需的供应链以及施工现场的相关数据创造了良好的条件。

大数据和云计算技术将会显著提高施工企业的质量管理能力。大数据具有规模性、多样性、高速性及价值性。与质量管理相关的大数据既涉及结构化的数据，又涉及半结构化和非结构化的数据。

目前，现代信息技术和手段在施工企业质量管理中的应用尚处于探索阶段，鼓励施工企业积极抓住这一历史机遇，借助现代信息技术和手段提高质量管理检查、分析、评价和改进能力。

本 节 实 施 重 点

质量管理检查、分析、评价和改进是支撑企业质量管理的关键性工作。施工企业应该关注：质量管理检查、分析、评价和改进管理制度的合理性，各管理层次和岗位质量管理检查、分析、评价、改进职责的落实程度，采用现代信息技术和手段的适宜性。其中，重点管理内容包括：

（1）检查与分析的及时性；

（2）评价和改进的有效性；

（3）人员能力和资格的符合性；

（4）信息技术应用的充分性。

案例 12-1

某施工企业信息技术管理案例

Ⅰ 案例背景

为了加强工程质量管理，某施工企业决定采用信息技术提高质量信息管理能力，并建立质量管理信息系统，对企业的质量信息进行统一分类、加工、存储、传递和应用，并为企业的质量管理提供决策支持。该企业专门安排了从某名牌大学计算机工程专业毕业的张宇负责该系统的开发。经过一段时间的努力，该系统终于开发完毕，但是在实际应用中，该企业的工作人员很少使用该系统。造成这种情况的原因主要有两点：一是工作人员感觉到该系统应用起来比较麻烦，要花费大量的时间输入各种数据；二是该系统和具体的质量工作有一定的差距，不能很好地提高质量效率。

Ⅱ 案例分析及解决方案

该施工企业质量管理信息系统开发所遇到的问题是目前我国施工企业管理信息化过程中遇到的典型问题。一方面，企业花了很多时间、精力和成本开展信息化工作，而另一方面这些信息系统却没有在具体工作中发挥应有的作用。该企业在质量管理系统的开发中应该注意以下问题：

（1）在本案例中，系统的开发过程中仅由 IT 人士负责整个系统的开发工作是不合理的，应成立由质量管理专业人员和 IT 人员共同组成的开发工作小组。质量管理信息系统的开发包括系统分析、系统设计、系统开发、系统调试、投入使用等过程。质量管理专业人士在系统分析阶段应发挥主要作用，并对系统的功能定位和主要作用等方面提出专业方面的建议。使得该系统的开发更贴近于实际工作。

（2）质量管理信息系统在投入使用前应进行专门的培训，提高工作人员应用该系统的能力，并采用各种措施提高工作人员应用该系统的积极性。

（3）质量管理系统的开发可以分为不同的层面，一是有简单的数据处理系统（Data Processing System，简称 DPS），即对工程现场的质量数据进行收集、加工和简单计算分析的系统；二是管理信息系统（Management Information System，简称 MIS），即建立专门的质量管理数据库，对质量管理的信息进行统一存储，并方便查询和使用；三是决策支持系统（Decision Support System，简称 DSS），即除了建立专门的数据库之外，还应建立质量管理的知识库、模型库、案例库和方法库，并对质量管理工作提供决策支持；四是基于互联网的质量信息门户（Quality Information Portal，简称 QIP）；五是建筑信息模型（BIM）的应用与推广。企业应该根据自身的情况，从简单到复杂，循序渐进地采用不同层面的质量信息系统。质量管理系统的开发和使用不可能一蹴而就，必须有个逐渐接受、使用和提高的过程。

（4）目前，我国非常重视施工企业管理的信息化问题，包括 BIM 技术应用十分迅速，很多企业也都在尝试提高企业信息化的水平。这种情况下，施工企业的质量管理信息系统的开发应与施工企业的信息化同步实施。也就是说，将质量管理信息系统作为企业管理信息系统的一个子系统，与企业的管理信息系统同步开发和使用。这样更有利于质量管理信息系统的使用。

12.2 检 查

【条文】

12.2.1 施工企业应根据质量管理需求进行质量管理检查，制定年度审核和例行检查计划。审核和检查结果应形成文件。

【条文解读】

施工企业应制订质量管理检查计划并定期或者根据需要不定期开展检查工作。检查的目的旨在确认各项质量管理活动的符合性和有效性。质量管理信息的收集是做好质量管理检查工作的关键。质量管理信息的收集一定要注意两个问题，一是应广泛收集各类与质量管理活动相关的信息，确保信息的完整性；二是要通过各种渠道收集信息，并实现不同渠道信息的交互验证，进而保证所收集信息的真实性。

施工企业质量管理检查涉及各个管理层次，可视情况与企业内审和其他检查结合进行。施工企业质量检查既要避免人浮于事，流于形式，又要通过有效的质量管理检查策划提高检查的效率和效果。

【条文】

12.2.2 质量管理检查策划应明确检查的内容、时机、步骤、人员安排、检查责任、组织管理、记录和发现问题时的处理要求。

【条文解读】

质量管理检查的策划对于质量管理检查的实施是十分重要的。质量管理检查的策划工作应由领导者牵头，结合既定的质量方针和目标，设计检查的时机和方案，明确检查的流程，并配备相应的组织机构和人员实施检查工作，界定其职责和权限范围，并提出文件和记录要求。检查的频度可以根据企业的需要来确定。通常情况下可以定期进行，如一年一次、半年一次或者一季度一次。当出现重大质量问题或者内外部环境发生重大变化等特殊情况时，应及时安排检查，按策划结果的要求完成处理工作。

施工企业策划对各管理层次的检查方式时，需以能识别质量管理活动的符合性、有效性为原则，可采取汇报、总结、报表、评审、对质量活动记录的检查、发包方及用户的意见调查等方式。

内容是指应用的领域和要求，时机是指应用的时间安排和条件，步骤是指应用的顺序和流程。

【条文】

12.2.3 质量管理检查策划应依据下列要求：

1 质量管理职责；

2 质量管理的重要过程和薄弱环节；

3 相关的建议和需求；

4 以往质量管理检查的结果。

【条文解读】

策划依据中所提到的各部门和岗位的职责既包括质量管理专职部门或岗位的职责，也包括质量管理兼职部门或者岗位的职责以及其他相关部门或岗位的职责；质量管理的重要过程和薄弱环节既包括与技术管理相关的重要过程和薄弱环节，也包括与组织管理相关的重要过程和薄弱环节；有关的意见和建议既包括来自于企业内部的意见和建议，也包括来自于企业外部的意见和建议；以往检查的结果既包括本企业开展质量管理活动监督检查和审核的结果，也包括外部相关方，如政府主管部门、建设单位等，监督检查和审核的结果。

在开展质量管理检查策划时，除了要重点基于本条文提出的四点依据之外，还应注意结合内外部环境条件的变化以及企业发展所面临的机遇和挑战，明确检查的重要内容及检查方式。在策划过程中，应明确质量管理检查不仅旨在确定质量的符合性要求，而且要引导企业的质量管理体系能够为企业的战略发展提供强有力的支撑。

【条文】

12.2.4 质量管理检查应包括下列内容：

1 法律法规、国家现行相关标准和工程合同的执行情况；

2 质量管理制度及其作业文件的落实情况；

3 各层次管理职责的落实程度；

4 质量目标的实现效果和工程质量的符合程度；

5 企业和相关方整改要求的落实情况。

【条文解读】

质量管理检查的内容首先是对国家法律、法规、标准、规范执行情况的检查以及质量管理制度和支持性文件的实施情况的检查。检查需要涵盖质量管理体系所涉及的与质量管理有关的各项组织机构、计划活动、职责、管理、程序、过程和资源等。其次要对各项质量管理活动的各层次的组织机构支持情况和管理职责落实情况进行检查。另外，还需要对质量目标的实现效果进行检查，以及对于已经发现的问题是否进行了有效整改进行检查。

检查过程中应该注意三个问题：一是对质量管理策划结果的检查，确认策划的质量是否达到了所期望的水平。二是对实施过程的检查。即检查质量管理活动是否符合策划结果规定的各项要求。如果未按照要求实施，主要的原因是什么。三是对实施效果的检查。即使按照质量管理制度和支持性文件的要求实施了质量管理，但是可能会由于实施人员的能力限制并未达到预定的效果。同时，在检查过程中应区别三种原因引起的不符合性：一是策划结果的质量存在问题，没有进行周密的质量管理策划，造成质量管理制度和支持性文件本身存在缺陷而引起难以实施的问题，这通常是企业领导层的问题；二是虽然建立了健全的质量管理制度和支持性文件，但是实施者未按照要求实施；三是实施者虽然按要求实施了质量管理制度和支持性文件，但是由于外部条件的影响和内部认知及能力的限制，造成实施结果出现问题。针对三种不符合性问题其处理方式也是不同的。

【条文】

12.2.5 施工企业应实施年度审核和例行检查计划，编制审核和检查报告，对于审核和检查中的不合格情况应提出整改要求，并形成相关记录。

【条文解读】

本条文的目的在于规范施工企业的年度审核和例行检查工作。施工企业对质量管理体系实施年度审核和评价的目的是及时发现质量管理体系运行中存在的问题，通过落实整改要求，跟踪整改结果，来不断完善质量管理体系。

这一工作不仅是对企业的质量管理体系进行的综合体检，而且也为企业制订未来的质量发展战略提供了一手的数据资料。因此，确保审核和检查活动的客观、公正性是十分重要的，同时要求对于开展审核和检查活动人员的能力和素质必须加以严格控制。

年度审核和例行检查可集中进行，也可根据所属机构、部门、项目部的分布情况，按照策划的结果分阶段进行。

年度审核和例行检查需覆盖质量管理体系并按照如下流程实施：

1. 制订审核或检查计划、确定人员；

2. 向接受审核或检查的区域发放计划，并可根据其工作安排适当调整时间；

3. 进行文件准备；

4. 实施审核或检查；

5. 根据审核或检查结果对质量管理进行全面评价；

6. 实施质量管理改进。

其中：需选择可确保审核和检查活动客观、公正的人员实施审核和检查。审核、检查人员的专业资格、工作经历需符合相关要求，并经培训合格。

本条文是第 3.4 条款的具体应用要求，也是实施第 12.3 和 12.4 条款的重要条件。施工企业通过对质量管理体系实施年度审核和评价，可以系统地、规范地解决相关的质量管理体系的各种工作界面和系统性的问题，对于提高企业质量管理的水平，实行风险预防，具有十分重要的意义。

本 节 实 施 重 点

检查是衡量质量管理绩效的重要途径。施工企业应该关注：质量检查的需求、实施方法、策划过程、结果内容的可靠性，确保检查人员的资格符合要求，年度审核和例行检查的有效性。其中，重点管理内容包括：

（1）检查样本数量与分布部位的客观性；

（2）检查方法与实施流程的符合性；

（3）检查结果对于管理体系的影响水平。

案例 12-2

某建设工程集团公司质量管理体系审核计划

Ⅰ. 案例背景

某建设工程集团公司，拥有完整的管理部门和两个在施工地（具体见审核计划）。为了对企业实施质量管理体系的测量、分析和改进，公司制订了审核计划，实施审核后，编写了审核报告，完整地体现了企业进行质量管理绩效测量的过程。具体如下。

Ⅱ. 审核计划案例

现 场 审 核 计 划

审核组长：__王×__

1. 被审核单位名称：__集团公司各单位__

2. 审核日期：__自 2017 年 6 月 16 日至 2017 年 6 月 17 日__

3. 首次会议时间：6月16日8时00分，末次会议时间：6月17日16时30分

4. 在审核期间被审部门有关人员参加下列活动：

首、末次会议：管理者代表、各部室主任、分公司经理、专业公司经理及相关人员。

审核过程：被审核部门配备1名陪同人员，各有关人员在岗。

审核依据：《工程建设施工企业质量管理规范》GB/T 50430—2017管理手册；程序文件及相关文件。

5. 任务分配：

表 12-2-1

成员	涉及部门	涉及体系要素
尹×	办公室	3.1~3.5 4.1~4.3 5
	物资机械设备公司	7.1~7.4 8.2~8.5 9.2~9.4
	钢结构公司	9.1~9.4 10.3~10.6
	上海路C项目部	10.3~10.6
	总裁	3.1~3.4 5.2 12
	管理者代表	4.2 4.3 12
李×	技术质量部	10.2~10.6 11.2~11.5 12
	装饰公司	10.2~10.7 11.2 11.3
	后勤部	3.4 7.4
	机电公司	10.2~10.6 11.2 11.3
	党工办	5.2 5.3
刘×	防水公司	10.2~10.6 11.2 11.3
	计划财务部	3.1 3.4 10.2 12.5
	门窗公司	10.2~10.6 11.2 11.3
	工程管理部	10.2~10.6 11.2 11.3
	本市南站项目部	10.2~10.6 11.2 11.3
	市场经营部	6.1~6.3

6. 审核日程：

表 12-2-2

日期	第一组		第二组		第三组	
	时间	部门/内容	时间	部门/内容	时间	部门/内容
16日	8：00～8：30	首次会议 受审核全体人员	—	—		
	8：30～10：00	管代	8：30～12：00	技术质量部	8：30～10：30	防水公司
	10：00～12：00	物资机械 设备公司	—	—	10：30～12：00	计划财务部
	13：00～17：00	上海路C项目	13：00～15：00	装饰公司	13：00～17：00	本市南站项目
			15：00～17：00	机电公司		
17日	8：00～10：00	办公室	—	—	8：00～10：00	工程管理部
	10：00～12：00	总裁	10：00～12：00	后勤部	10：00～12：00	市场经营部
	13：00～16：00	钢结构公司	13：00～16：00	党工办	13：00～16：00	门窗公司
	16：30～17：00	末次会议 受审核全体人员	—	—	—	—

12.3 分　析

【条文】

12.3.1 质量管理分析应确保其结果的有效性，分析程序包括下列内容：

1 收集质量管理信息；

2 进行数据统计分析；

3 确定质量管理状态；

4 形成信息分析结果。

【条文解读】

质量管理信息是质量管理检查、分析、评价、改进的基础条件。施工企业需明确质量管理信息的范围、来源、传递方式及其载体，确定质量管理信息的管理方法，规定施工企业各层次部门和岗位的职责和权限。

质量管理分析程序的第一步是收集质量管理信息。施工企业在进行质量信息收集之前应制定详细的质量信息管理规划，明确质量信息的分类和编码以及质量信息的收集、整理、存储、传递和使用的方式。质量信息管理规划作为企业信息管理规划的一部分，应该与企业的信息管理规划相结合。同时，在具体工程项目实施的过程中还应与业主方的信息管理系统相匹配。

质量管理分析程序的第二步是进行数据统计分析，本条文所列出的数据统计分析是质量信息分析的重要手段，在实际应用中，可不完全局限于数据统计分析手段，同时也应考虑对所收集的质量信息用定性和定量相结合的形式加以分析。传统的质量信息分析工具和方法有调查表法、分层法、相关图法、鱼刺图法、直方图法、排列图法、控制图法等，目前其他行业的一些分析工具也在被逐渐引入施工企业质量管理分析中，如质量功能配置（QFD）、失效模式分析（FMEA）等。另外，随着大数据分析技术的兴起，质量大数据分析也开始用于质量管理分析。

质量管理分析程序的第三步是确定质量管理状态。其目的是确定各项质量活动是否满足实现质量管理方针和目标的需要。

质量管理分析的第四步是形成信息分析结果。质量分析结果是质量管理评价和改进的依据。

【条文】

12.3.2 施工企业应规定收集质量管理信息的途径，获取下列相关信息：

1 质量方针和质量目标；

2 工程项目质量管理策划结果；

3 质量管理组织机构和人力资源管理；

4 合作方的质量管理能力；

5 工程设计校审和批准、工程质量检查和验收、各类质量管理检查和评价；

6 工程建设相关方对质量管理的评价；

7 法律法规、国家现行标准的执行情况；

8 外部供应方、分包方的绩效；

9 行业、专业机构的质量信息及其他施工企业的经验教训；

10 市场需求及工程质量发展趋势；

11 知识管理的情况。

【条文解读】

本条文明确了质量管理信息的获取路径。质量信息是指从各个渠道所获得的与质量管理有关的数据、文件资料、图纸、报表、记录、情报和知识等。施工企业应明确质量信息的范围、来源及其媒体形式，确定质量信息的管理手段，规定施工企业各层次的部门和岗位在质量信息管理中的职责和权限。质量信息的收集可以分类进行，从而提高信息收集的系统性。如可以将质量信息分为组织类信息、管理类信息、经济类信息、技术类信息和法规类信息。质量信息应通过合理的编码进行管理。施工企业应通过信息技术的应用，构建质量管理的信息化平台，使质量信息的存储和传输数字化、质量信息的处理和变换程序化、质量信息流扁平化，从而确保质量信息的查询及使用方便、快捷和安全。质量信息的管理是提高施工企业质量管理工作水平，提升施工企业质量管理能力的重要手段，也是目前我国质量管理工作的薄弱环节。

施工企业应该根据企业自身的需要逐步建立质量管理信息系统，并且与企业的办公自动化系统（OA）、企业资源规划系统（ERP）、顾客关系管理系统（CRM）等统筹实施。施工企业的质量管理信息系统也可以作为项目管理信息系统（PMIS）或企业管理信息系统（MIS）的子系统进行设计和开发。施工企业还可以将逐步完善的质量管理信息系统进一步开发为用于为质量管理提供决策支持的质量管理决策支持系统，以及基于网络平台的质量信息管理、沟通和决策支持系统。

在质量信息管理工作中，有一点需要特别注意。质量信息管理工作主要分为两个方面，一方面是质量信息资源的开发和利用，另一方面是采用先进的信息技术手段进行质量信息的管理。这两方面工作所涉及的人力资源是不同的。质量信息资源的开发和利用必须由质量管理的专业人士负责实施，采用先进的信息技术手段实施。质量信息管理则必须由 IT 方面的人士负责实施。施工企业可以根据本企业的需要引进相关的 IT 方面的人士，也可以通过委托的方式邀请专业化的 IT 公司来加强信息技术在本企业质量管理中的应用。

质量管理信息收集的途径还可包括：

1. 各种形式的工作检查（包括外部的检查、审核等）；

2. 各项工作报告及工作建议；

3. 业绩考核结果；

4. 各类专项报表；

5. 相关方的意见；

6. 各种媒体的报道等。

合作方是指与施工企业合作的相关方，如联合体中的合作者等。

【条文】

12.3.3 依据获取的质量管理信息，施工企业应进行质量管理分析，识别需要改进的领域和需求。质量管理分析的结果应包括下列内容：

   1 工程建设相关方对工程质量与质量管理的满意程度；

   2 工程设计、工程施工和服务质量满足要求的程度；

   3 与供应方、分包方合作的情况；

   4 工程质量、质量管理发展趋势以及改进的需求。

【条文解读】

本条主要是对质量信息分析和利用的基本要求。施工企业各管理层次应结合自身的管理职责有针对性地对质量信息进行分析，判断质量管理状况和质量目标实现的程度，识别需要改进的领域和机会，并采取有针对性的改进措施。

质量信息的分析是质量信息收集工作之后的重要工作，质量信息的分析工作必须以质量信息的收集工作为基础。质量信息分析的目的是找出质量管理中存在的问题，为质量改进提供依据。质量信息的分析应将收集到的质量信息经过分类和整理后，采用适用的分析工具和方法进行。

质量信息的分析可以分成不同的种类，按照分析的问题所涉及范围的不同可以分为单一质量问题的分析和综合质量问题的分析；按照分析问题性质的不同可以分为技术问题的分析和管理问题的分析等。施工企业应该根据所分析问题种类的不同对质量信息的分析进行分类管理。

施工企业进行质量分析的频度、时机应该具有及时性和有效性。分析结果应能够作为质量评价和改进的依据。

施工企业在识别需要改进的领域和机会时，应结合运用其他领域的管理分析方法，如 SWOT 分析、PEST 分析、企业级项目管理成熟度模型（OPM3）、精益建设（LC）、业务流程再造（BPR）等，用以发现质量管理中的不足、找出质量管理中存在的问题、识别发展的机会并确定持续改进的方向。

本 节 实 施 重 点

质量管理分析是质量管理评价和改进的重要依据。施工企业质量管理分析应该关注：所有质量管理部门和岗位都明确需要收集的信息、分析的责任、分析的方法和确定质量管理分析结果的要求；当需要对变更信息进行处理后再进行质量管理分析时，也需明确变更处理的规定。其中，重点管理内容包括：

（1）质量管理信息收集的充分性；

（2）数据统计分析的准确性；

（3）确定质量管理状态的客观性；

（4）形成信息分析结果的可靠性。

案例 12-3

某施工企业质量管理体系内部审核报告

Ⅰ．案例背景

某建设工程集团公司，拥有完整的管理部门和两个在施工地（具体见审核计划）。为了对企业实施质量管理体系测量、分析和改进，公司制订了审核计划，实施审核后，编写了审核报告，完整地体现了企业进行质量管理绩效测量的过程。

Ⅱ．质量管理体系内部审核报告

质量管理体系内部审核报告

审核编号：2017-01

编 制 人：　　　　　　　　　　　编制日期：2017 年 6 月 22 日

批 准 人：　　　　　　　　　　　批准日期：

某建设集团有限公司

说　明

1. 本报告的主要责任者是审核组长。

2. 审核员对其出具的《不符合报告》和《管理体系现场审核记录》负责。

3. 本报告及其附件装订成册，由审核组长提交管理者代表并汇报审核的实施情况，经管理者代表批准后，由经理办公室发放至有关部门。

4. 不符合的界定：

次要不符合：对不能满足质量管理体系程序中的某一条款的某一要求或不能遵守某一程序的单独错误；

主要不符合：根本不能满足质量管理体系程序中的某一条款或许多次要不符合同时违反了同一条款的错误。

5. 本报告有以下文件：

（1）质量管理体系文件审核报告一份；

（2）会议签到记录两份；

（3）会议记录两份；

（4）不符合报告七份；

（5）不合格分布表；

（6）审核报告发放范围一份。

表 12-3-1

1. 审核目的

检查公司质量管理体系运行是否满足 GB/T 50430—ISO 9001—2015 管理体系标准要求，验证是否与要达到的目标相适应。

检查复评审核中纠正措施的执行情况

2. 审核范围

管理体系覆盖的要素和施工过程。

涉及单位：总裁、管理者代表、办公室、工程管理部、市场经营部、技术质量部、后勤部、计划财务部、党工办、物资机械设备公司、装饰公司、防水公司、机电公司、钢结构公司、门窗公司、本市南站项目部、上海路 C 项目部

3. 审核依据

GB/T 50430—ISO 9001—2015 质量管理体系标准，公司管理手册、程序文件及其他相关体系文件

4. 审核组成员

审核组长：王×

审核员：刘×、尹×、李×

表 12-3-2

审 核 报 告

审核结束日期：2017 年 6 月 17 日

受审核单位：总裁、管理者代表、办公室、工程管理部、市场经营部、技术质量部、后勤部、计划财务部、党工办、物资机械设备公司、装饰公司、防水公司、机电公司、钢结构公司、门窗公司、本市南站项目部、上海路 C 项目部

某建设集团有限公司内部审核小组：

审核组长（签字）：	日期：	年　月　日
内审员　（签字）：	日期：	年　月　日
内审员　（签字）：	日期：	年　月　日
内审员　（签字）：	日期：	年　月　日
内审员　（签字）：	日期：	年　月　日

质量管理体系内部审核综述

一、综述

1. 对于防水、焊接、隐蔽施工、门窗制作和季节性施工等关键过程，编制了详细的施工组织设计方案；对于施工现场重要环境因素和重大危险源编制了管理方案并配备了符合要求的设备和经过培训的人员，可满足施工及相关方的要求。

2. 主要原材料的复试、噪声的监测、安全的防护按规定方法进行操作，符合要求。

3. 对工程质量、环境、职业健康安全问题和顾客（相关方）的反馈意见可较好地采取相应的纠正和应对风险措施。

4. 各种记录填写认真、收集保管及时，能够反映管理体系良好的运作情况。

5. 施工组织设计方案、试验方案、重要环境因素和重大危险源管理方案编制认真、到位，能够反映企业特点、能够满足产品特性和相关方的控制要求。

6. 集团公司的管理方针明确、目标具体，可体现员工的素质和最高管理者的承诺；目标可分解量化，操作性强，可实现。

7. 集团公司管理组织机构健全、职责分工明确，符合管理体系文件标准要求。

8. 集团公司的管理方针符合本企业的特点，从集团公司各方面的管理能够体现出来，集团公司职工能够理解、阐述管理方针的含义并能够贯彻执行。

9. 集团公司全体员工能够贯彻法律、法规并自觉地遵守执行。

二、有关问题的分析

本次审核也发现了公司存在的相关风险：

（1）施工过程的策划细节不能满足施工质量的要求，在施工现场发现了施工组织设计在技术参数和施工工艺的确定方面有多处遗漏，还有土方作业的放坡系数与实际情况不符。说明技术管理环节存在较大缺陷。

（2）安全和环保策划没有与施工技术交底匹配实施。安全技术方法形式化现象比较明显。

（3）施工安全防护工作缺陷较大，许多临时用电设施严重不到位，没有做到"一机一箱一闸"，还有五处高层施工的临边防护明显不符合要求。

以上问题的产生在于：一是个别管理人员的质量安全意识薄弱；二是策划的技术能力有待提高；三是项目在安全环保的资源投入方面存在比较大的缺口，根源是项目领导者试图降低项目的成本。

针对以上情况，我们建议完善项目管理制度，建立项目经理和技术人员的策划责任制，加强专项培训，提升领导人员的成本与安全环保资源提供的自觉性，尽快调整项目负责人的奖罚制度，确保施工现场的风险减少到最低限度。

三、审核结论

本次管理体系内部审核为期__2__天，审核集团公司__17__个单位。

审核组严格按现场审核计划以抽样的方式审核，审核内容涉及质量、环境、职业健康安全管理手册、程序文件、相关管理体系文件及执行部门，共发现__0__项主要不合格，__7__项次要不合格，出具__7__项不合格报告。对于极轻微的不合格和可接受的观察结果，已口头通知受审核方。

具体结论如下：

管理体系运行<u>符合</u>标准及集团公司管理手册、程序文件的要求。

管理体系运行是<u>有效的</u>。

存在的不合格项对集团公司管理方针的影响是<u>轻微的</u>。

对不合格项的纠正措施<u>已经完成并验证</u>。

审核报告发放范围 表 12-3-3

部门	职务	姓名	编号
领导班子	总裁	李　易	01
领导班子	常务副总裁	马　可	02
领导班子	管理者代表	廖　长	03
领导班子	副总裁	燕合肥	04
领导班子	副总裁	张　育	05
领导班子	副总裁	刘　水	06
领导班子	副总裁	宁　玉	07
领导班子	总经济师	薛　军	08
领导班子	财务总监	杨　宝	09
领导班子	总裁助理	朱　为	10
技术质量部			11

某建设集团有限公司内部质量管理体系审核

首 次 会 议 记 录

1. 宣布开会

2. 介绍检查组成员

审核组长：王×

审核组成员：刘×、尹×、李×

3. 宣布审核目的和审核要求

审核目的：检查集团公司质量管理体系运行情况和纠正措施执行情况。

要　　求：受审核部门有关人员必须到岗，积极协助检查，提供真实资料。

4. 宣布本次审核具体计划（见审核计划）

会议开始时间：2017 年 6 月 16 日上午 8：00

会议结束时间：2017 年 6 月 16 日上午 8：30

某建设集团有限公司内部质量管理体系审核

末 次 会 议 记 录

1. 宣布开会

2. 审核组长总结内审情况

本次管理体系内部审核为期 __2__ 天，对集团公司 __17__ 个单位进行检查，发现 __7__ 项次要不合格，出具 __7__ 份不合格报告。

3. 审核结论

通过本次内审证明质量管理体系运行是有效的，能满足标准管理体系的要求。各级管理人员，对待内审态度认真，整改及时，均对不合格提出了纠正措施并予以实施。

4. 管理者代表讲话

本次内审发现 7 项不合格，但是，不等于我们的工作已经完善、完美，希望各单位再接再厉，严格管理、认真自查，找出不足，不断持续改进。

会议开始时间：2017 年 6 月 17 日下午 16：30

会议结束时间：2017 年 6 月 17 日下午 17：00

12.4 评 价

【条文】

12.4.1 最高管理者应在规定的时间内组织策划并实施质量管理评价，识别改进机会、提出改进需求，并形成质量管理评价记录。

【条文解读】

质量管理评价是按计划要求对质量管理及体系进行的全面评估，以便寻求并实施质量管理改进。施工企业结合月度、半年度、年度等工作总结活动，进行质量管理评价，是一种行之有效的工作方式。

施工企业的最高管理者应确定对质量管理体系进行全面评价的周期、方法和流程。评价的时点可根据质量管理的需要加以确定。施工企业质量管理信息的收集、分析结果应能满足对质量管理进行评价的要求。需要指出的是质量管理评价不仅是为了找出企业自身质量管理的问题加以整改，而且要进行标杆分析，另外，更为重要的是要充分识别并挖掘潜在的机会，为质量管理水平的改进和提高提供依据。

【条文】

12.4.2 质量管理评价应包括下列内容：

1 质量管理体系的适宜性、充分性和有效性；

2 工程设计、施工和服务质量管理发展趋势、潜在问题预测；

3 应对风险和机遇措施的有效性；

4 以往质量管理评价的跟踪措施；

5 资源的充分性；

6 改进机会和体系变更需求。

【条文解读】

质量管理评价内容需满足施工企业质量管理改进的要求，施工企业需通过评价确保质量管理改进需求得到有效识别。

质量管理体系的适宜性是指质量管理体系能持续满足内外部环境变化需要的能力；质量管理体系的充分性是指质量管理体系的各项活动得到充分确定和实施，并可以满足预期要求的能力；有效性是指通过完成质量管理体系的活动而达到质量方针和质量目标的程度。

"潜在问题预测"是指在对影响质量管理体系运行的因素进行分析的基础上，找出潜在的问题，并提出改进的建议。

"资源的充分性"所提到的资源是指质量管理体系运行所需的人、基础设施、环境和信息等。

本 节 实 施 重 点

质量管理评价是由企业最高管理者组织实施的有计划、分层次的行动，对于质量管理改进具有承上启下的作用。施工企业应该关注：实施质量管理评价的时机与内容，确定质量管理体系充分性、适宜性与有效性的评价结论。其中，重点管理内容包括：

（1）对质量管理体系进行全面评价的周期、方法和流程；

（2）通过评价确保质量管理改进需求得到有效识别的水平。

12.5 改　　进

【条文】

12.5.1 施工企业可依据质量管理分析和评价结果，持续改进质量管理体系的效率与效益。

【条文解读】

施工企业质量管理分析和评价的结果是持续改进的重要依据。持续改进的核心目标是效率与效益。这里的效益包括经济效益与社会效益。在实施质量管理改进的过程中，首先应对发现的问题进行处理，然后结合对标分析和评价的结果，不断完善原有的质量管理体系，另外，还应结合企业发展的战略需要有针对性地实施质量管理改进。质量管理改进工作可以结合企业的其他管理工作的改进同步开展。如与环境管理体系或者职业健康安全管理体系的改进相结合。

为了确保质量管理体系的效率与效益，在实施质量管理改进过程中，不仅需要做好充分的准备工作，明确质量管理改进方法的应用范围、时机和步骤，而且还需要在改进过程中加强过程控制，另外，施工企业还应建立质量管理改进效果的评价方法和评价机制，从而确保质量改进效果实现预期的目标。

【条文】

12.5.2　根据已识别的质量改进需求，施工企业应确定改进的优先顺序、领域、目标和措施，实施与验证改进措施的有效性，并根据需求修改相应的管理制度。质量改进措施应符合下列规定：

1　应对已发生质量问题的原因进行分析，并制定和实施纠正措施；

2　应对质量问题可能导致的风险进行分析，并制定和实施应对措施；

3　应对质量改进有利的机遇进行分析，并制定和实施应对措施。

【条文解读】

本条款用于规范质量管理的改进活动。质量管理改进的第一步是识别改进需求，改进需求的产生源于三类原因：第一类是出现了质量问题，需要及时纠正；第二类是虽然没有出现质量问题，但是发现了导致质量问题出现的潜在隐患，如果不及时采取应对措施，将会造成不良的后果；第三类是虽然没有出现问题或者隐患，但是随着外部环境或者内部条件的变化出现了实施质量管理改进的有利机遇。通过实施改进可以使施工企业的质量管理提高到一个新的水平。这三类原因都可以导致质量管理改进需求的出现。针对这三类原因所采取的改进措施是不一样的，针对第一类原因导致的改进需求一般采取的是纠正措施；针对第二类原因导致的改进需求一般采取的是风险应对措施；针对第三类原因导致的改进需求一般采取的是提升措施。

另外，由于企业所拥有的资源是有限的，在面临各种质量管理需求而制订改进措施的时候，一是要分清轻重缓急，二是应通过有效的整合来制订满足多种需求的组合改进措施，从而提高质量改进活动的效率。

改进措施包括纠正措施、应对风险和机遇的措施。制订改进措施的原则是治本为主、标本兼治，目的是防止质量问题的再发生或发生。其中，纠正措施是指为消除已发现的不合格或其他不期望情况的原因所采取的措施。

【条文】

12.5.3 对改进措施中所识别的新的质量问题或控制需求，施工企业应对制定的纠正措施或应对风险和机遇的措施在实施前进行评价，以确保相关措施的充分性。

【条文解读】

质量改进过程是一个动态的过程，因此需要加强对质量改进活动的动态控制，当发现质量改进过程中出现了新的质量改进需求时，应及时调整原定的质量改进措施来应对发生的变化。因此，需要质量改进活动的实施者具备很强的应变能力。可以看出任何改进措施的充分性和有效性都是相对的，当外部环境和内部条件发生变化时，按部就班地执行原定的改进措施往往不能取得预期的效果。质量改进的直观效果就是：解决当前的问题，解决未来的前瞻性问题。

【条文】

12.5.4 按企业发展需求，施工企业应采用先进的质量管理方法和技术，创新质量管理机制、制度和方法。

【条文解读】

质量管理创新通常是指在原有质量管理基础上，为提高质量管理效率、降低质量管理成本而实施的质量管理制度、活动、方法的革新。

施工企业的质量管理创新过程可以始于施工技术和工法的创新，进而推动相应施工质量管理体制和机制的创新，也可以始于施工管理体制和机制的创新，从而为施工技术和工法的创新营造良好的管理环境，并进一步带动施工技术和工法的创新。

施工企业应结合自身的发展战略，不断创新质量管理机制、制度和方法，并根据企业的实际需要制定相应的创新管理体制和机制，创新管理机制可以包括创新的激励机制、创新实施结果的反馈机制、创新绩效的考核机制等。通过营造良好的创新氛围，可以使施工企业的质量管理工作不断地推陈出新，追求卓越。

创新活动往往存在着失败的可能性。施工企业应制定质量管理创新活动的实施办法以及创新效果的评估方法，确保在合理的成本下实施创新的活动，并对创新活动带来的风险加以有效控制。

施工企业最高管理者宜对质量管理创新作出安排，各管理层次、各职能部门需在有关活动计划中明确拟要采取的创新措施。项目部宜在工程项目质量管理策划中明确相应的创新措施。

施工企业宜对创新的效果进行评估，确保在合理的成本、风险条件下实施创新活动。

卓越绩效模式是提升企业质量管理水平的重要途径。施工企业可应用卓越绩效模式实施质量管理改进和创新，以全面提升企业质量管理的竞争力。

【条文】

12.5.5 施工企业应保存质量管理改进活动的相关记录。

【条文解读】

质量改进与创新的记录是质量信息的一部分，应该纳入到企业质量信息管理和知识管理中。施工企业质量改进和创新记录的管理应该符合本规范第3.5条款的规定。在质量管理改进与创新记录的管理制度中，应明确记录的管理职责，规定记录的填写、标识、收集、保管、检索、保存期限和处置等要求，对存档的记录管理应符合企业档案管理的有关规定。

本 节 实 施 重 点

改进是质量管理最高层次的管理活动，直接决定质量管理的有效性和可持续性。施工企业应该关注：改进的优先顺序、领域、目标和措施，实施与验证改进措施的有效性，改进措施中所识别的新的质量问题或控制需求，创新质量管理机制、制度和方法的有效性。其中，重点管理内容包括：

（1）应用质量管理改进方法的范围、时机和步骤；

（2）对制订的纠正措施或应对风险和机遇的措施在实施前进行评价的效果；

（3）应对风险与机遇的措施的可靠性。

案例 12-4

应用现代管理方法和信息技术实施项目改进

Ⅰ 案例背景

项目改进一直是施工企业质量管理的基本落脚点。随着知识经济的全球化发展，信息技术已成为企业的一种资本和生产力，有效地、充分地运用信息技术这类跨时空可无限增值的资源实现生产要素的优化配置，不仅是提高管理效率和效益的关键，也是拓展社会财富，促进建设工程项目管理优化升级和企业可持续发展的重要内容。奥运等工程项目在这方面提供了很好的应用案例。

Ⅱ 案例分析与解决方案

1. 奥运工程建设项目的管理信息平台

建立奥运工程建设项目管理信息平台，解决了奥运工程建设中成本、进度和质量目标的控制难度大、组织协调工作量巨大等困难。国家体育场工程总承包部通过与建研科技股份有限公司、清华大学合作，开发完成并投入使用了"国家体育场工程总承包信息化管理平台"和"国家体育场工程协同资料管理平台（Epims）"；北京银泰大厦、五棵松文化体育中心、奥运村、国家体育馆等多个工程移植应用了建设项目管理信息平台，在各工程的总承包管理中发挥了较好的作用。

通过建立适合奥运工程、适合总承包管理模式的建设工程项目管理信息平台，满足了工程建设过程中协同工作、数据交流、深层挖掘、增强效率对信息化的需求。为有关上级单位和领导及时了解国家体育场工程施工情况提供了有效的手段，提高了工作效率，转变了工作模式。

2. 工程施工的实时监控系统

通过建立"08"工程视频监控系统及 PKPM 平台，实现了施工现场可视化，有利于监督管理部门对施工现场的全方位、全过程监控。北京射击馆施工项目部借助于计算机网络技术、监控设备等高科技产品，在施工现场设置了五个摄像头，建立了"08"工程管理信息平台，通过自动化办公实现了项目管理信息的共享。

通过开发应用工程施工实时监控系统，有利于规范建设工程施工现场管理，使监督管理部门能够有效而及时地掌握奥运工程的最新建设情况，使奥运工程始终处于有序的受控状态，不仅提高了项目管理水平，也充分体现了"科技奥运"理念。

3. 项目信息化平台的系统建设

项目信息化平台的系统建设是现代工程项目管理的重要工作。国家体育场项目信息化平台的系统建设正是这方面的典范。

（1）研究内容及要解决的主要问题

国家体育场工程信息化系统建设，主要研究内容是如何在诸如国家体育场工程这样的大型建安工程总承包管理模式下进行信息化管理，探索分布式计算机网络技术支撑的 B/S 架构的信息管理平台的建设方式，推广和加强信息化管理工作，切实促进和提高管理效率和经济效益。通过建立一套适用的、卓有成效的辅助大型建安工程总承包项目管理的软硬件信息平台，通过应用，提高总承包管理的效率和能力，使扁平化的总分包管理模式能够有效地运转。

本项目要解决的主要技术难点和问题是总承包管理模式下的信息化建设方式和途径；各业务系统数据资源的共享和流转；网络办公的工作流管理；视频监控系统的数据资源再利用。

（2）信息化系统建设的实施

1）网络系统策划

国家体育场工程信息化建设工作始于开工前进行的施工组织设计大纲编制阶段。在施工组织设计大纲中，进行了信息化建设与应用的初步规划，提出了建设一个适合国家体育场工程这类大型工程、适宜总承包管理为主要管理模型，涵盖施工管理的各个方面，主要体现的是协同作业、数据交流、深层挖掘、增强效率为目的，满足工程建设对信息化的需求的网络系统。

2）网络硬件系统建设

国家体育场工程总承包部建立了一套以总承包局域网为核心，连接各参施单位、监理单位的局域网系统。总承包局域网系统由两台服务器、路由系统、交换机系统、防火墙系统等组成，通过综合布线，连接总承包部各部门终端和各施工单位局域网，提供一个畅通的网络环境。

各分包方单位建立各自的局域网，通过五类线、光纤、无线路由等方式与总承包进行连接，共享总承包网络系统资源。总承包由两条 1M 带宽的 ADSL 线路为全部单位提供互联网接入服务。

3）总承包信息化管理平台

通过与建研科技股份有限公司的合作，在充分进行需求分析调研的基础上，开发了一套适合国家体育场工程施工管理的总承包信息化平台。该平台主要是基于 B/S 架构，包含了办公自动化、质量管理、技术管理、商务管理、机械管理、安全管理等业务管理功能。

总承包部和各参施单位的管理人员均为该平台的用户，通过该平台进行公文的发放、业务数据资料的共享、各种信息的下达和反馈等操作，实现了协同办公和网上业务处理的目标。

4）协同资料管理系统

通过与清华大学的合作，根据北京市质量管理规程的要求，编制开发了适合国家体育场工程施工管理的、基于 B/S 架构的工程资料协同管理平台。通过该平台，各单位可以直接进行工程资料的编制，而不需要再单独购买资料管理软件，实现了在网上进行工程资料的编制、审核、审批的过程，同时工程资料统一存放在总承包服务器上，便于工程资料的统一管理。

5）视频监控系统

北京城建集团国家体育场工程总承包部建设了一套由 2 台视频服务器、13 台摄像机组成的视频监控系统，覆盖了全部施工场区和主要出入口。该系统由两路组成，一路为由 4 台摄像机组成，主要出入口监控用的是有线视频监控系统，主要用于场区出入车辆和人员的监控；另一路由 9 台摄像机组成，用的是无线视频监控系统，主要用于施工现场文明施工、施工安全监控。

6）红外安防系统

布设于民工生活区周界，用于防范外部侵入和内部人员盗窃。由 6 对红外对射器组成，总防范长度 800m。

7）系统化的配套运作

在信息化系统建设过程中，国家体育场工程总承包部成立了专门的信息化领导小组，明确了职责和分工，并制定了国家体育场信息化管理办法，从组织上保证了信息化示范工作的顺利开展。同时，还开展了十余次信息化培训工作，提高了管理人员的信息化水平和意识。在信息化系统建设过程中，北京城建集团根据实际经验编制了一套适合大型工程总承包管理的信息化建设指南，还发表了有关信息化方面的论文五篇。通过信息化示范应用，对总承包管理效率有了极大的促进，提高了管理人员的信息化素质，节约了大量的管理成本。

附录 1

《工程建设施工企业质量管理规范》GB/T 50430—2017

与《质量管理体系　要求》GB/T 19001—2016 idt ISO 9001：2015 条款对照表

GB/T 50430—2017 规范条款		GB/T 19001—2016 标准条款	
前言		前言	
总则	1		引言
		0.1	总则
		0.2	质量管理原则
		0.3	过程方法
		0.4	与其他管理体系标准的关系
		1	范围
术语	2	3	术语和定义
基本规定（仅限于标题）	3		
一般规定	3.1	4	组织环境
		7.5	成文信息
质量方针和质量目标	3.2	5.2	方针
		6.2	质量目标及其实现的策划
		7.4	沟通
质量管理体系的策划和建立	3.3	4.1	理解组织及其环境
		4.2	理解相关方的需求和期望
		4.3	确定质量管理体系的范围
		4.4	质量管理体系及其过程
		6.1	应对风险和机遇的措施
		6.3	变更的策划
		7.1	资源
		7.1.6	组织知识
		7.4	沟通
		7.5.1	总则
质量管理体系的实施和改进	3.4	0.4	与其他管理体系标准的关系
		7.1	资源
		9	绩效评价
		10	改进
文件和记录管理	3.5	7.5	成文信息
组织机构和职责（仅限于标题）	4		

续表

GB/T 50430—2017 规范条款		GB/T 19001—2016 标准条款	
一般规定	4.1	5.1.1	总则
		5.3	组织的岗位、职责和权限
		7.1.2	人员
		7.5.2	创建和更新
组织机构	4.2	5.3	组织的岗位、职责和权限
		7.1.2	人员
领导作用和管理职责	4.3	5.1.1	总则
		5.3	组织的岗位、职责和权限
		7.5.2	创建和更新
人力资源管理（仅限于标题）	5		
一般规定	5.1	7.1.2	人员
		7.2	能力
		7.3	意识
人力资源配置	5.2	5.3	组织的岗位、职责和权限
		7.1.2	人员
		7.2	能力
		7.3	意识
		7.5.3	成文信息的控制
培训	5.3	7.2	能力
		7.3	意识
投标及合同管理（仅限于标题）	6		
一般规定	6.1	5.1.2	以顾客为关注焦点
		8.1	运行的策划和控制
		8.2	产品和服务的要求
		9.1	监视、测量、分析和评价
		10	改进
投标管理	6.2	7.5.3	成文信息的控制
		8.2.1	顾客沟通
		8.2.2	与产品和服务有关的要求的确定
		8.2.3	产品和服务有关的要求的评审
		8.2.4	产品和服务要求的更改

GB/T 50430—2017 规范条款		GB/T 19001—2016 标准条款	
合同管理	6.3	7.5.3	成文信息的控制
		8.2.1	顾客沟通
		8.2.2	与产品和服务有关的要求的确定
		8.2.3	产品和服务有关的要求的评审
		8.2.4	产品和服务要求的更改
		9.1	监视、测量、分析和评价
		10	改进
施工机具与设施管理（仅限于标题）	7		
一般规定	7.1	5.3	组织的岗位、职责和权限
		7.1	资源
		8.1	运行的策划和控制
配备	7.2	7.1.3	基础设施
		7.5.3	成文信息的控制
		8.4	外部提供过程、产品和服务的控制
安装、拆除与验收	7.3	7.1.2	人员
		7.5.3	成文信息的控制
		8.5.1	生产和服务提供的控制
		8.5.3	顾客或外部供方的财产
使用与维护	7.4	7.5.3	成文信息的控制
		8.4	外部提供过程、产品和服务的控制
		8.5.1	生产和服务提供的控制
		9.1	监视、测量、分析和评价
		10	改进
工程材料、构配件和设备管理（仅限于标题）	8		
一般规定	8.1	8.1	运行的策划和控制
		8.4	外部提供的过程、产品和服务的控制
		8.5	生产和服务提供
		9.1	监视、测量、分析和评价
		10	改进
采购	8.2	7.5.3	成文信息的控制
		8.4.1	总则
		8.4.2	控制类型和程度
		8.4.3	提供给外部供方的信息

续表

GB/T 50430—2017 规范条款		GB/T 19001—2016 标准条款	
进场验收	8.3	7.5.3 8.5.2 8.5.3 8.6 8.7	成文信息的控制 标识和可追溯性 顾客或外部供方的财产 产品和服务的放行 不合格输出的控制
现场管理	8.4	7.5.3 8.2 8.4 8.5.1 8.5.2 8.5.3 8.5.4 8.5.6	成文信息的控制 产品和服务的要求 外部提供过程、产品和服务的控制 生产和服务提供的控制 标识和可追溯性 顾客或外部供方的财产 防护 更改控制
不合格工程材料、构配件和设备的控制	8.5	7.5.3 8.7	成文信息的控制 不合格输出的控制
分包管理（仅限于标题）	9		
一般规定	9.1	8.1 8.5 9.1 10	运行的策划和控制 生产和服务提供 监视、测量、分析和评价 改进
分包方选择	9.2	7.5.3 8.4	成文信息的控制 外部提供的过程、产品和服务的控制
分包项目实施过程管理	9.3	7.5.3 8.4 8.5.1 8.5.2 8.5.6	成文信息的控制 外部提供过程、产品和服务的控制 生产和服务提供的控制 标识和可追溯性 更改控制
分包工程质量验收	9.4	7.5.3 8.6 8.7 10.2	成文信息的控制 产品和服务的放行 不合格输出的控制 不合格和纠正措施
工程项目质量管理（仅限于标题）	10		

续表

GB/T 50430—2017 规范条款		GB/T 19001—2016 标准条款	
一般规定	10.1	5.3	组织的岗位、职责和权限
		8.1	运行的策划和控制
		8.5	生产和服务提供
策划	10.2	7.5.3	成文信息的控制
		8.1	运行的策划和控制
工程设计	10.3	8.3	产品和服务的设计和开发
施工准备	10.4	7.1.3	基础设施
		7.1.4	过程运行环境
		8.5.1	生产和服务提供的控制
过程控制	10.5	7.1.4	过程运行环境
		7.4	沟通
		7.5.3	成文信息的控制
		8.4	外部提供过程、产品和服务的控制
		8.5.1	生产和服务提供的控制
		8.5.2	标识和可追溯性
		8.5.3	顾客或外部供方的财产
		8.5.4	防护
变更控制	10.6	7.5.3	成文信息的控制
		8.5.6	更改控制
交付与服务	10.7	7.5.3	成文信息的控制
		8.5.5	交付后的活动
		8.6	产品和服务的放行
		9.1.2	顾客满意
工程质量检查与验收（仅限于标题）	11		
一般规定	11.1	7.2	能力
		8.1	运行的策划和控制
		9.1	监视、测量、分析和评价
		10	改进
检查	11.2	7.5.3	成文信息的控制
		7.4	沟通
		9.1	监视、测量、分析和评价
		10	改进

GB/T 50430—2017 规范条款		GB/T 19001—2016 标准条款	
验收	11.3	7.5.3	成文信息的控制
		8.6	产品和服务的放行
		8.7	不合格输出的控制
		10.2	不合格和纠正措施
检测设备管理	11.4	7.1.5	监视和测量资源
		7.5.3	成文信息的控制
		8.4	外部提供过程、产品和服务的控制
质量问题与事故处理	11.5	7.5.3	成文信息的控制
		8.7	不合格输出的控制
		10.2	不合格和纠正措施
		10.3	持续改进
质量管理检查、分析、评价与改进（仅限于标题）	12		
一般规定	12.1	5.3	组织的岗位、职责和权限
		7.1.3	基础设施
		7.2	能力
		9.1	监视、测量、分析和评价
		10.1	总则
检查	12.2	7.2	能力
		7.5.3	成文信息的控制
		9.1	监视、测量、分析和评价
		9.2	内部审核
		10.2	不合格和纠正措施
分析	12.3	7.1.6	组织的知识
		7.5.3	成文信息的控制
		9.1.3	分析与评价
评价	12.4	7.5.3	成文信息的控制
		9.1.3	分析与评价
		9.3	管理评审
		10.1	总则
		10.3	持续改进

续表

GB/T 50430—2017 规范条款		GB/T 19001—2016 标准条款	
改进	12.5	7.5.3	成文信息的控制
		10.1	总则
		10.2	不合格和纠正措施
		10.3	持续改进

附录 2

《质量管理体系　要求》GB/T 19001—2016 idt ISO 9001：2015
与《工程建设施工企业质量管理规范》GB/T 50430—2017 条款对照表

GB/T 19001—2016 标准条款		GB/T 50430—2017 规范条款	
前言			前言
引言		1	总则
范围	1	1	总则
规范性引用文件	2		
术语和定义	3	2	术语
组织环境	4	3.1	一般规定
		3.3	质量管理体系的策划和建立
		3.4	质量管理体系的实施和改进
领导作用（仅限于标题）	5		
领导作用和承诺	5.1	4.1	一般规定
		4.3	领导作用与管理职责
		6	投标和合同管理
		10.7	交付与服务
方针	5.2	3.2	质量方针和质量目标
组织的岗位、职责和权限	5.3	4.1	一般规定
		4.2	组织机构
		4.3	领导作用与管理职责
策划（仅限于标题）	6		
应对风险和机遇的措施	6.1	3.1	一般规定
		3.3	质量管理体系的策划和建立
质量目标及其实现的策划	6.2	3.2	质量方针和质量目标
变更的策划	6.3	3.3	质量管理体系的策划和建立
支持（仅限于标题）	7		
资源	7.1	3.4	质量管理体系的实施和改进
总则	7.1.1	3.4	质量管理体系的实施和改进
人员	7.1.2	3.4	质量管理体系的实施和改进
		5	人力资源管理
		5.1	一般规定
		5.2	人力资源配置

GB/T 19001—2016 标准条款		GB/T 50430—2017 规范条款	
基础设施	7.1.3	3.4	质量管理体系的实施和改进
		7	施工机具与设施管理
		7.1	一般规定
		7.2	配备
		11.4	检测设备管理
		12.1	一般规定
过程运行环境	7.1.4	10.1	一般规定
		10.2	策划
		10.4	施工准备
		10.5	过程控制
		10.6	变更控制
监视和测量资源	7.1.5	11.1	一般规定
		11.4	检测设备管理
组织的知识	7.1.6	3.3	质量管理体系的策划和建立
		12.3	分析
能力	7.2	3.5	文件和记录管理
		5	人力资源管理
		5.1	一般规定
		5.2	人力资源配置
		5.3	培训
意识	7.3	5.2	人力资源配置
沟通	7.4	3.3	质量管理体系的策划和建立
成文的信息	7.5	3.3	质量管理体系的策划和建立
		3.5	文件和记录管理
运行（仅限于标题）	8		
运行的策划和控制	8.1	3.5	文件和记录管理
		7	施工机具与设施管理
		9	分包管理
		10.1	一般规定
		10.2	策划
		10.4	施工准备

GB/T 19001—2016 标准条款		GB/T 50430—2017 规范条款	
产品和服务的要求	8.2	3.5	文件和记录管理
		6	投标及合同管理
		6.1	一般规定
		6.2	投标管理
		6.3	合同管理
产品和服务的设计和开发	8.3	10.3	工程设计
外部提供的过程、产品和服务的控制	8.4	3.5	文件和记录管理
		7.2	配备
		7.4	使用与维护
		8	工程材料、构配件和设备管理
		8.1	一般规定
		8.2	采购
		8.3	进场验收
		9	分包管理
		9.1	一般规定
		9.2	分包方选择
		9.3	分包项目实施过程管理
		9.4	分包工程质量验收
		10.5	过程控制
		11.4	检测设备管理
生产和服务提供（仅限于标题）	8.5		
生产和服务提供的控制	8.5.1	3.5	文件和记录管理
		6.3	合同管理
		7.1	一般规定
		7.3	安装、拆除与验收
		7.4	使用与维护
		8.1	一般规定
		8.4	现场管理
		9.1	一般规定
		9.3	分包项目实施过程管理
		9.4	分包工程质量验收
		10.1	一般规定
		10.4	施工准备
		10.5	过程控制
		10.7	交付与服务
		11	工程质量检查与验收
		11.1	一般规定
		11.2	检查

续表

GB/T 19001—2016 标准条款		GB/T 50430—2017 规范条款	
标识和可追溯性	8.5.2	8.3	进场验收
		8.4	现场管理
		10.5	过程控制
顾客或外部供方的财产	8.5.3	3.5	文件和记录管理
		8.3	进场验收
		8.4	现场管理
		8.5	不合格工程材料、构配件和设备的控制
		10.5	过程控制
防护	8.5.4	8.4	现场管理
		10.5	过程控制
交付后活动	8.5.5	10.7	交付与服务
更改控制	8.5.6	3.5	文件和记录管理
		10.6	变更控制
产品和服务放行	8.6	3.5	文件和记录管理
		8.3	进场验收
		9.4	分包工程质量验收
		10.7	交付与服务
		11	工程质量检查与验收
		11.1	一般规定
		11.2	检查
		11.3	验收
不合格输出的控制	8.7	3.5	文件和记录管理
		8.5	不合格工程材料、构配件和设备的控制
		9.4	分包工程质量验收
		11.5	质量问题与事故处理
绩效评价	9	12	质量管理检查、分析、评价与改进
监视、测量、分析和评价（仅限于标题）	9.1		
总则	9.1.1	3.5	文件和记录管理
		11.1	一般规定
		12.1	一般规定
顾客满意	9.1.2	3.5	文件和记录管理
		10.7	交付与服务
		12.3	分析

续表

GB/T 19001—2016 标准条款		GB/T 50430—2017 规范条款	
分析与评价	9.1.3	12.3	分析
		12.4	评价
内部审核	9.2	3.5	文件和记录管理
		12.2	检查
管理评审	9.3	3.5	文件和记录管理
		12.3	分析
		12.4	评价
改进（仅限于标题）	10		
总则	10.1	12.1	一般规定
不符合和纠正措施	10.2	3.5	文件和记录管理
		12.2	检查
		12.3	分析
		12.4	评价
		12.5	改进
持续改进	10.3	3.5	文件和记录管理
		12.4	评价
		12.5	改进

附录 3

中华人民共和国国家标准

建筑工程施工质量验收统一标准

Unified standard for constructional quality
acceptance of building engineering

GB 50300 - 2013

批准部门：中华人民共和国住房和城乡建设部
批准部门：中华人民共和国住房和城乡建设部
施行日期：２０１４年６月１日

中华人民共和国住房和城乡建设部
公　　告

第 193 号

住房城乡建设部关于发布国家标准
《建筑工程施工质量验收统一标准》的公告

现批准《建筑工程施工质量验收统一标准》为国家标准，编号为 GB 50300 - 2013，自 2014 年 6 月 1 日起实施。其中，第 5.0.8、6.0.6 条为强制性条文，必须严格执行。原《建筑工程施工质量验收统一标准》GB 50300 - 2001 同时废止。

本标准由我部标准定额研究所组织中国建筑工业出版社出版发行。

中华人民共和国住房和城乡建设部

2013 年 11 月 1 日

前　言

本标准是根据原建设部《关于印发〈2007 年工程建设标准制订、修订计划（第一批）〉的通知》（建标［2007］125 号）的要求，由中国建筑科学研究院会同有关单位在原《建筑工程施工质量验收统一标准》GB 50300－2001 的基础上修订而成。

本标准在修订过程中，编制组经广泛调查研究，认真总结实践经验，根据建筑工程领域的发展需要，对原标准进行了补充和完善，并在广泛征求意见的基础上，最后经审查定稿。

本标准共分 6 章和 8 个附录，主要技术内容包括：总则，术语，基本规定，建筑工程质量验收的划分、建筑工程质量验收、建筑工程质量验收的程序和组织等。

本标准修订的主要内容是：

1　增加符合条件时，可适当调整抽样复验、试验数量的规定；

2　增加制定专项验收要求的规定；

3　增加检验批最小抽样数量的规定；

4　增加建筑节能分部工程，增加铝合金结构、地源热泵系统等子分部工程；

5　修改主体结构、建筑装饰装修等分部工程中的分项工程划分；

6　增加计数抽样方案的正常检验一次、二次抽样判定方法；

7　增加工程竣工预验收的规定；

8　增加勘察单位应参加单位工程验收的规定；

9　增加工程质量控制资料缺失时，应进行相应的实体检验或抽样试验的规定；

10　增加检验批验收应具有现场验收检查原始记录的要求。

本标准中以黑体字标志的条文为强制性条文，必须严格执行。

本标准由住房和城乡建设部负责管理和对强制性条文的解释，由中国建筑科学研究院负责具体技术内容的解释。在执行过程中，请各单位注意总结经验，积累资料，并及时将意见和建议反馈给中国建筑科学研究院（地址：北京市朝阳区北三环东路 30 号，邮政编码：100013，电子邮箱：GB 50300@163.com），以便今后修订时参考。

本标准主编单位：中国建筑科学研究院

本标准参编单位：北京市建设工程安全质量监督总站

中国新兴（集团）总公司

北京市建设监理协会

北京城建集团有限责任公司

深圳市建设工程质量监督检验总站

深圳市科源建设集团有限公司

浙江宝业建设集团有限公司

国家建筑工程质量监督检验中心

同济大学建筑设计研究院（集团）有限公司

重庆市建筑科学研究院

金融街控股股份有限公司

本标准主要起草人：邸小坛　陶　里（以下按姓氏笔画排列）

吕　洪　李丛笑　李伟兴　宋　波　汪道金　张元勃

张晋勋　林文修　罗　璇　袁欣平　高新京　葛兴杰

本标准主要审查人：杨嗣信　张昌叙　王　鑫　李明安　张树君　宋义仲

顾海欢　贺贤娟　霍瑞琴　张耀良　孙述璞　肖家远

傅慈英　路　戈　王庆辉　付建华

目　　次

Contents

1 总 则

1.0.1 为了加强建筑工程质量管理，统一建筑工程施工质量的验收，保证工程质量，制定本标准。

1.0.2 本标准适用于建筑工程施工质量的验收，并作为建筑工程各专业验收规范编制的统一准则。

1.0.3 建筑工程施工质量验收，除应符合本标准外，尚应符合国家现行有关标准的规定。

2 术 语

2.0.1 建筑工程 building engineering

通过对各类房屋建筑及其附属设施的建造和与其配套线路、管道、设备等的安装所形成的工程实体。

2.0.2 检验 inspection

对被检验项目的特征、性能进行量测、检查、试验等，并将结果与标准规定的要求进行比较，以确定项目每项性能是否合格的活动。

2.0.3 进场检验 site inspection

对进入施工现场的建筑材料、构配件、设备及器具，按相关标准的要求进行检验，并对其质量、规格及型号等是否符合要求作出确认的活动。

2.0.4 见证检验 evidential testing

施工单位在工程监理单位或建设单位的见证下，按照有关规定从施工现场随机抽取试样，送至具备相应资质的检测机构进行检验的活动。

2.0.5 复验 repeat test

建筑材料、设备等进入施工现场后，在外观质量检查和质量证明文件核查符合要求的基础上，按照有关规定从施工现场抽取试样送至试验室进行检验的活动。

2.0.6 检验批 inspection lot

按相同的生产条件或按规定的方式汇总起来供抽样检验用的，由一定数量样本组成的检验体。

2.0.7 验收 acceptance

建筑工程质量在施工单位自行检查合格的基础上，由工程质量验收责任方组织，工程建设相关单位参加，对检验批、分项、分部、单位工程及其隐蔽工程的质量进行抽样检验，对技术文件进行审核，并根据设计文件和相关标准以书面形式对工程质量是否达到合格作出确认。

2.0.8 主控项目 dominant item

建筑工程中对安全、节能、环境保护和主要使用功能起决定性作用的检验项目。

2.0.9 一般项目 general item

除主控项目以外的检验项目。

2.0.10 抽样方案 sampling scheme

根据检验项目的特性所确定的抽样数量和方法。

2.0.11 计数检验 inspection by attributes

通过确定抽样样本中不合格的个体数量，对样本总体质量做出判定的检验方法。

2.0.12 计量检验 inspection by variables

以抽样样本的检测数据计算总体均值、特征值或推定值，并以此判断或评估总体质量的检验方法。

2.0.13 错判概率 probability of commission

合格批被判为不合格批的概率，即合格批被拒收的概率，用 α 表示。

2.0.14 漏判概率 probability of omission

不合格批被判为合格批的概率，即不合格批被误收的概率，用 β 表示。

2.0.15 观感质量 quality of appearance

通过观察和必要的测试所反映的工程外在质量和功能状态。

2.0.16 返修 repair

对施工质量不符合标准规定的部位采取的整修等措施。

2.0.17 返工 rework

对施工质量不符合标准规定的部位采取的更换、重新制作、重新施工等措施。

3 基本规定

3.0.1 施工现场应具有健全的质量管理体系、相应的施工技术标准、施工质量检验制度和综合施工质量水平评定考核制度。施工现场质量管理可按本标准附录

A 的要求进行检查记录。

3.0.2　未实行监理的建筑工程，建设单位相关人员应履行本标准涉及的监理职责。

3.0.3　建筑工程的施工质量控制应符合下列规定：

　　1　建筑工程采用的主要材料、半成品、成品、建筑构配件、器具和设备应进行进场检验。凡涉及安全、节能、环境保护和主要使用功能的重要材料、产品，应按各专业工程施工规范、验收规范和设计文件等规定进行复验，并应经监理工程师检查认可；

　　2　各施工工序应按施工技术标准进行质量控制，每道施工工序完成后，经施工单位自检符合规定后，才能进行下道工序施工。各专业工种之间的相关工序应进行交接检验，并应记录；

　　3　对于监理单位提出检查要求的重要工序，应经监理工程师检查认可，才能进行下道工序施工。

3.0.4　符合下列条件之一时，可按相关专业验收规范的规定适当调整抽样复验、试验数量，调整后的抽样复验、试验方案应由施工单位编制，并报监理单位审核确认。

　　1　同一项目中由相同施工单位施工的多个单位工程，使用同一生产厂家的同品种、同规格、同批次的材料、构配件、设备；

　　2　同一施工单位在现场加工的成品、半成品、构配件用于同一项目中的多个单位工程；

　　3　在同一项目中，针对同一抽样对象已有检验成果可以重复利用。

3.0.5　当专业验收规范对工程中的验收项目未作出相应规定时，应由建设单位组织监理、设计、施工等相关单位制定专项验收要求。涉及安全、节能、环境保护等项目的专项验收要求应由建设单位组织专家论证。

3.0.6　建筑工程施工质量应按下列要求进行验收：

　　1　工程质量验收均应在施工单位自检合格的基础上进行；

　　2　参加工程施工质量验收的各方人员应具备相应的资格；

　　3　检验批的质量应按主控项目和一般项目验收；

　　4　对涉及结构安全、节能、环境保护和主要使用功能的试块、试件及材料，应在进场时或施工中按规定进行见证检验；

　　5　隐蔽工程在隐蔽前应由施工单位通知监理单位进行验收，并应形成验收文件，验收合格后方可继续施工；

　　6　对涉及结构安全、节能、环境保护和使用功能的重要分部工程，应在验收前按规定进行抽样检验；

　　7　工程的观感质量应由验收人员现场检查，并应共同确认。

3.0.7 建筑工程施工质量验收合格应符合下列规定：

　　1　符合工程勘察、设计文件的要求；

　　2　符合本标准和相关专业验收规范的规定。

3.0.8 检验批的质量检验，可根据检验项目的特点在下列抽样方案中选取：

　　1　计量、计数或计量-计数的抽样方案；

　　2　一次、二次或多次抽样方案；

　　3　对重要的检验项目，当有简易快速的检验方法时，选用全数检验方案；

　　4　根据生产连续性和生产控制稳定性情况，采用调整型抽样方案；

　　5　经实践证明有效的抽样方案。

3.0.9 检验批抽样样本应随机抽取，满足分布均匀、具有代表性的要求，抽样数量应符合有关专业验收规范的规定。当采用计数抽样时，最小抽样数量应符合表 3.0.9 的要求。

　　明显不合格的个体可不纳入检验批，但应进行处理，使其满足有关专业验收规范的规定，对处理的情况应予以记录并重新验收。

表 3.0.9　检验批最小抽样数量

检验批的容量	最小抽样数量	检验批的容量	最小抽样数量
2～15	2	151～280	13
16～25	3	281～500	20
26～90	5	501～1200	32
91～150	8	1201～3200	50

3.0.10　计量抽样的错判概率 α 和漏判概率 β 可按下列规定采取：

　　1　主控项目：对应于合格质量水平的 α 和 β 均不宜超过 5%；

　　2　一般项目：对应于合格质量水平的 α 不宜超过 5%，β 不宜超过 10%。

4　建筑工程质量验收的划分

4.0.1 建筑工程施工质量验收应划分为单位工程、分部工程、分项工程和检验批。

4.0.2 单位工程应按下列原则划分：

　　1　具备独立施工条件并能形成独立使用功能的建筑物或构筑物为一个单位工程；

　　2　对于规模较大的单位工程，可将其能形成独立使用功能的部分划分为一个子单位工程。

4.0.3 分部工程应按下列原则划分：

   1 可按专业性质、工程部位确定；

   2 当分部工程较大或较复杂时，可按材料种类、施工特点、施工程序、专业系统及类别将分部工程划分为若干子分部工程。

4.0.4 分项工程可按主要工种、材料、施工工艺、设备类别进行划分。

4.0.5 检验批可根据施工、质量控制和专业验收的需要，按工程量、楼层、施工段、变形缝进行划分。

4.0.6 建筑工程的分部工程、分项工程划分宜按本标准附录 B 采用。

4.0.7 施工前，应由施工单位制定分项工程和检验批的划分方案，并由监理单位审核。对于附录 B 及相关专业验收规范未涵盖的分项工程和检验批，可由建设单位组织监理、施工等单位协商确定。

4.0.8 室外工程可根据专业类别和工程规模按本标准附录 C 的规定划分子单位工程、分部工程和分项工程。

5 建筑工程质量验收

5.0.1 检验批质量验收合格应符合下列规定：

   1 主控项目的质量经抽样检验均应合格；

   2 一般项目的质量经抽样检验合格。当采用计数抽样时，合格点率应符合有关专业验收规范的规定，且不得存在严重缺陷。对于计数抽样的一般项目，正常检验一次、二次抽样可按本标准附录 D 判定；

   3 具有完整的施工操作依据、质量验收记录。

5.0.2 分项工程质量验收合格应符合下列规定：

   1 所含检验批的质量均应验收合格；

   2 所含检验批的质量验收记录应完整。

5.0.3 分部工程质量验收合格应符合下列规定：

   1 所含分项工程的质量均应验收合格；

   2 质量控制资料应完整；

   3 有关安全、节能、环境保护和主要使用功能的抽样检验结果应符合相应规定；

   4 观感质量应符合要求。

5.0.4 单位工程质量验收合格应符合下列规定：

   1 所含分部工程的质量均应验收合格；

2 质量控制资料应完整；

3 所含分部工程中有关安全、节能、环境保护和主要使用功能的检验资料应完整；

4 主要使用功能的抽查结果应符合相关专业验收规范的规定；

5 观感质量应符合要求。

5.0.5 建筑工程施工质量验收记录可按下列规定填写：

1 检验批质量验收记录可按本标准附录 E 填写，填写时应具有现场验收检查原始记录；

2 分项工程质量验收记录可按本标准附录 F 填写；

3 分部工程质量验收记录可按本标准附录 G 填写；

4 单位工程质量竣工验收记录、质量控制资料核查记录、安全和功能检验资料核查及主要功能抽查记录、观感质量检查记录应按本标准附录 H 填写。

5.0.6 当建筑工程施工质量不符合要求时，应按下列规定进行处理：

1 经返工或返修的检验批，应重新进行验收；

2 经有资质的检测机构检测鉴定能够达到设计要求的检验批，应予以验收；

3 经有资质的检测机构检测鉴定达不到设计要求、但经原设计单位核算认可能够满足安全和使用功能的检验批，可予以验收；

4 经返修或加固处理的分项、分部工程，满足安全及使用功能要求时，可按技术处理方案和协商文件的要求予以验收。

5.0.7 工程质量控制资料应齐全完整。当部分资料缺失时，应委托有资质的检测机构按有关标准进行相应的实体检验或抽样试验。

5.0.8 经返修或加固处理仍不能满足安全或重要使用要求的分部工程及单位工程，严禁验收。

6 建筑工程质量验收的程序和组织

6.0.1 检验批应由专业监理工程师组织施工单位项目专业质量检查员、专业工长等进行验收。

6.0.2 分项工程应由专业监理工程师组织施工单位项目专业技术负责人等进行验收。

6.0.3 分部工程应由总监理工程师组织施工单位项目负责人和项目技术负责人等进行验收。

勘察、设计单位项目负责人和施工单位技术、质量部门负责人应参加地基与基础分部工程的验收。

　　设计单位项目负责人和施工单位技术、质量部门负责人应参加主体结构、节能分部工程的验收。

6.0.4　单位工程中的分包工程完工后，分包单位应对所承包的工程项目进行自检，并应按本标准规定的程序进行验收。验收时，总包单位应派人参加。分包单位应将所分包工程的质量控制资料整理完整，并移交给总包单位。

6.0.5　单位工程完工后，施工单位应组织有关人员进行自检。总监理工程师应组织各专业监理工程师对工程质量进行竣工预验收。存在施工质量问题时，应由施工单位整改。整改完毕后，由施工单位向建设单位提交工程竣工报告，申请工程竣工验收。

6.0.6　**建设单位收到工程竣工报告后，应由建设单位项目负责人组织监理、施工、设计、勘察等单位项目负责人进行单位工程验收。**

附录 A　施工现场质量管理检查记录

表 A　施工现场质量管理检查记录　　开工日期：

工程名称			施工许可证号	
建设单位			项目负责人	
设计单位			项目负责人	
监理单位			总监理工程师	
施工单位		项目负责人	项目技术负责人	
序号	项　　目		主要内容	
1	项目部质量管理体系			
2	现场质量责任制			
3	主要专业工种操作岗位证书			
4	分包单位管理制度			
5	图纸会审记录			
6	地质勘察资料			
7	施工技术标准			
8	施工组织设计、施工方案编制及审批			
9	物资采购管理制度			
10	施工设施和机械设备管理制度			
11	计量设备配备			
12	检测试验管理制度			
13	工程质量检查验收制度			
14				
自检结果：			检查结论：	
施工单位项目负责人：　　　　年　月　日			总监理工程师：　　　　年　月　日	

附录 B 建筑工程的分部工程、分项工程划分

表 B 建筑工程的分部工程、分项工程划分

序号	分部工程	子分部工程	分项工程
1	地基与基础	地基	素土、灰土地基，砂和砂石地基，土工合成材料地基，粉煤灰地基，强夯地基，注浆地基，预压地基，砂石桩复合地基，高压旋喷注浆地基，水泥土搅拌桩地基，土和灰土挤密桩复合地基，水泥粉煤灰碎石桩复合地基，夯实水泥土桩复合地基
		基础	无筋扩展基础，钢筋混凝土扩展基础，筏形与箱形基础，钢结构基础，钢管混凝土结构基础，型钢混凝土结构基础，钢筋混凝土预制桩基础，泥浆护壁成孔灌注桩基础，干作业成孔桩基础，长螺旋钻孔压灌桩基础，沉管灌注桩基础，钢桩基础，锚杆静压桩基础，岩石锚杆基础，沉井与沉箱基础
		基坑支护	灌注桩排桩围护墙，板桩围护墙，咬合桩围护墙，型钢水泥土搅拌墙，土钉墙，地下连续墙，水泥土重力式挡墙，内支撑，锚杆，与主体结构相结合的基坑支护
		地下水控制	降水与排水，回灌
		土方	土方开挖，土方回填，场地平整
		边坡	喷锚支护，挡土墙，边坡开挖
		地下防水	主体结构防水，细部构造防水，特殊施工法结构防水，排水，注浆
2	主体结构	混凝土结构	模板，钢筋，混凝土，预应力，现浇结构，装配式结构
		砌体结构	砖砌体，混凝土小型空心砌块砌体，石砌体，配筋砌体，填充墙砌体
		钢结构	钢结构焊接，紧固件连接，钢零部件加工，钢构件组装及预拼装，单层钢结构安装，多层及高层钢结构安装，钢管结构安装，预应力钢索和膜结构，压型金属板，防腐涂料涂装，防火涂料涂装
		钢管混凝土结构	构件现场拼装，构件安装，钢管焊接，构件连接，钢管内钢筋骨架，混凝土
		型钢混凝土结构	型钢焊接，紧固件连接，型钢与钢筋连接，型钢构件组装及预拼装，型钢安装，模板，混凝土

续表

序号	分部工程	子分部工程	分项工程
2	主体结构	铝合金结构	铝合金焊接，紧固件连接，铝合金零部件加工，铝合金构件组装，铝合金构件预拼装，铝合金框架结构安装，铝合金空间网格结构安装，铝合金面板，铝合金幕墙结构安装，防腐处理
		木结构	方木与原木结构，胶合木结构，轻型木结构，木结构的防护
3	建筑装饰装修	建筑地面	基层铺设，整体面层铺设，板块面层铺设，木、竹面层铺设
		抹灰	一般抹灰，保温层薄抹灰，装饰抹灰，清水砌体勾缝
		外墙防水	外墙砂浆防水，涂膜防水，透气膜防水
		门窗	木门窗安装，金属门窗安装，塑料门窗安装，特种门安装，门窗玻璃安装
		吊顶	整体面层吊顶，板块面层吊顶，格栅吊顶
		轻质隔墙	板材隔墙，骨架隔墙，活动隔墙，玻璃隔墙
		饰面板	石板安装，陶瓷板安装，木板安装，金属板安装，塑料板安装
		饰面砖	外墙饰面砖粘贴，内墙饰面砖粘贴
		幕墙	玻璃幕墙安装，金属幕墙安装，石材幕墙安装，陶板幕墙安装
		涂饰	水性涂料涂饰，溶剂型涂料涂饰，美术涂饰
		裱糊与软包	裱糊，软包
		细部	橱柜制作与安装，窗帘盒和窗台板制作与安装，门窗套制作与安装，护栏和扶手制作与安装，花饰制作与安装
4	屋面	基层与保护	找坡层和找平层，隔汽层，隔离层，保护层
		保温与隔热	板状材料保温层，纤维材料保温层，喷涂硬泡聚氨酯保温层，现浇泡沫混凝土保温层，种植隔热层，架空隔热层，蓄水隔热层
		防水与密封	卷材防水层，涂膜防水层，复合防水层，接缝密封防水
		瓦面与板面	烧结瓦和混凝土瓦铺装，沥青瓦铺装，金属板铺装，玻璃采光顶铺装
		细部构造	檐口，檐沟和天沟，女儿墙和山墙，水落口，变形缝，伸出屋面管道，屋面出入口，反梁过水孔，设施基座，屋脊，屋顶窗
5	建筑给水排水及供暖	室内给水系统	给水管道及配件安装，给水设备安装，室内消火栓系统安装，消防喷淋系统安装，防腐，绝热，管道冲洗、消毒，试验与调试
		室内排水系统	排水管道及配件安装，雨水管道及配件安装，防腐，试验与调试
		室内热水系统	管道及配件安装，辅助设备安装，防腐，绝热，试验与调试

续表

序号	分部工程	子分部工程	分项工程
5	建筑给水排水及供暖	卫生器具	卫生器具安装，卫生器具给水配件安装，卫生器具排水管道安装，试验与调试
		室内供暖系统	管道及配件安装，辅助设备安装，散热器安装，低温热水地板辐射供暖系统安装，电加热供暖系统安装，燃气红外辐射供暖系统安装，热风供暖系统安装，热计量及调控装置安装，试验与调试，防腐，绝热
		室外给水管网	给水管道安装，室外消火栓系统安装，试验与调试
		室外排水管网	排水管道安装，排水管沟与井池，试验与调试
		室外供热管网	管道及配件安装，系统水压试验，土建结构，防腐，绝热，试验与调试
		建筑饮用水供应系统	管道及配件安装，水处理设备及控制设施安装，防腐，绝热，试验与调试
		建筑中水系统及雨水利用系统	建筑中水系统、雨水利用系统管道及配件安装，水处理设备及控制设施安装，防腐，绝热，试验与调试
		游泳池及公共浴池水系统	管道及配件系统安装，水处理设备及控制设施安装，防腐，绝热，试验与调试
		水景喷泉系统	管道系统及配件安装，防腐，绝热，试验与调试
		热源及辅助设备	锅炉安装，辅助设备及管道安装，安全附件安装，换热站安装，防腐，绝热，试验与调试
		监测与控制仪表	检测仪器及仪表安装，试验与调试

续表

序号	分部工程	子分部工程	分项工程
6	通风与空调	送风系统	风管与配件制作，部件制作，风管系统安装，风机与空气处理设备安装，风管与设备防腐，旋流风口、岗位送风口、织物（布）风管安装，系统调试
		排风系统	风管与配件制作，部件制作，风管系统安装，风机与空气处理设备安装，风管与设备防腐，吸风罩及其他空气处理设备安装，厨房、卫生间排风系统安装，系统调试
		防排烟系统	风管与配件制作，部件制作，风管系统安装，风机与空气处理设备安装，风管与设备防腐，排烟风阀（口）、常闭正压风口、防火风管安装，系统调试
		除尘系统	风管与配件制作，部件制作，风管系统安装，风机与空气处理设备安装，风管与设备防腐，除尘器与排污设备安装，吸尘罩安装，高温风管绝热，系统调试
		舒适性空调系统	风管与配件制作，部件制作，风管系统安装，风机与空气处理设备安装，风管与设备防腐，组合式空调机组安装，消声器、静电除尘器、换热器、紫外线灭菌器等设备安装，风机盘管、变风量与定风量送风装置、射流喷口等末端设备安装，风管与设备绝热，系统调试
		恒温恒湿空调系统	风管与配件制作，部件制作，风管系统安装，风机与空气处理设备安装，风管与设备防腐，组合式空调机组安装，电加热器、加湿器等设备安装，精密空调机组安装，风管与设备绝热，系统调试
		净化空调系统	风管与配件制作，部件制作，风管系统安装，风机与空气处理设备安装，风管与设备防腐，净化空调机组安装，消声器、静电除尘器、换热器、紫外线灭菌器等设备安装，中、高效过滤器及风机过滤器单元等末端设备清洗与安装，洁净度测试，风管与设备绝热，系统调试
		地下人防通风系统	风管与配件制作，部件制作，风管系统安装，风机与空气处理设备安装，风管与设备防腐，过滤吸收器、防爆波活门、防爆超压排气活门等专用设备安装，系统调试
		真空吸尘系统	风管与配件制作，部件制作，风管系统安装，风机与空气处理设备安装，风管与设备防腐，管道安装，快速接口安装，风机与滤尘设备安装，系统压力试验及调试

续表

序号	分部工程	子分部工程	分项工程
6	通风与空调	冷凝水系统	管道系统及部件安装，水泵及附属设备安装，管道冲洗，管道、设备防腐，板式热交换器，辐射板及辐射供热、供冷地埋管，热泵机组设备安装，管道、设备绝热，系统压力试验及调试
		空调（冷、热）水系统	管道系统及部件安装，水泵及附属设备安装，管道冲洗，管道、设备防腐，冷却塔与水处理设备安装，防冻伴热设备安装，管道、设备绝热，系统压力试验及调试
		冷却水系统	管道系统及部件安装，水泵及附属设备安装，管道冲洗，管道、设备防腐，系统灌水渗漏及排放试验，管道、设备绝热
		土壤源热泵换热系统	管道系统及部件安装，水泵及附属设备安装，管道冲洗，管道、设备防腐，埋地换热系统与管网安装，管道、设备绝热，系统压力试验及调试
		水源热泵换热系统	管道系统及部件安装，水泵及附属设备安装，管道冲洗，管道、设备防腐，地表水源换热管与管网安装，除垢设备安装，管道、设备绝热，系统压力试验及调试
		蓄能系统	管道系统及部件安装，水泵及附属设备安装，管道冲洗，管道、设备防腐，蓄水罐与蓄冰槽、罐安装，管道、设备绝热，系统压力试验及调试
		压缩式制冷（热）设备系统	制冷机组及附属设备安装，管道、设备防腐，制冷剂管道及部件安装，制冷剂灌注，管道、设备绝热，系统压力试验及调试
		吸收式制冷设备系统	制冷机组及附属设备安装，管道、设备防腐，系统真空试验，溴化锂溶液加灌，蒸汽管道系统安装，燃气或燃油设备安装，管道、设备绝热，试验及调试
		多联机（热泵）空调系统	室外机组安装，室内机组安装，制冷剂管路连接及控制开关安装，风管安装，冷凝水管道安装，制冷剂灌注，系统压力试验及调试
		太阳能供暖空调系统	太阳能集热器安装，其他辅助能源、换热设备安装，蓄能水箱、管道及配件安装，防腐，绝热，低温热水地板辐射采暖系统安装，系统压力试验及调试
		设备自控系统	温度、压力与流量传感器安装，执行机构安装调试，防排烟系统功能测试，自动控制及系统智能控制软件调试

续表

序号	分部工程	子分部工程	分项工程
7	建筑电气	室外电气	变压器、箱式变电所安装，成套配电柜、控制柜（屏、台）和动力、照明配电箱（盘）及控制柜安装，梯架、支架、托盘和槽盒安装，导管敷设，电缆敷设，管内穿线和槽盒内敷线，电缆头制作、导线连接和线路绝缘测试，普通灯具安装，专用灯具安装，建筑照明通电试运行，接地装置安装
		变配电室	变压器、箱式变电所安装，成套配电柜、控制柜（屏、台）和动力、照明配电箱（盘）安装，母线槽安装，梯架、支架、托盘和槽盒安装，电缆敷设，电缆头制作、导线连接和线路绝缘测试，接地装置安装，接地干线敷设
		供电干线	电气设备试验和试运行，母线槽安装，梯架、支架、托盘和槽盒安装，导管敷设，电缆敷设，管内穿线和槽盒内敷线，电缆头制作、导线连接和线路绝缘测试，接地干线敷设
		电气动力	成套配电柜、控制柜（屏、台）和动力配电箱（盘）安装，电动机、电加热器及电动执行机构检查接线，电气设备试验和试运行，梯架、支架、托盘和槽盒安装，导管敷设，电缆敷设，管内穿线和槽盒内敷线，电缆头制作、导线连接和线路绝缘测试
		电气照明	成套配电柜、控制柜（屏、台）和照明配电箱（盘）安装，梯架、支架、托盘和槽盒安装，导管敷设，管内穿线和槽盒内敷线，塑料护套线直敷布线，钢索配线，电缆头制作、导线连接和线路绝缘测试，普通灯具安装，专用灯具安装，开关、插座、风扇安装，建筑照明通电试运行
		备用和不间断电源	成套配电柜、控制柜（屏、台）和动力、照明配电箱（盘）安装，柴油发电机组安装，不间断电源装置及应急电源装置安装，母线槽安装，导管敷设，电缆敷设，管内穿线和槽盒内敷线，电缆头制作、导线连接和线路绝缘测试，接地装置安装
		防雷及接地	接地装置安装，防雷引下线及接闪器安装，建筑物等电位连接，浪涌保护器安装

续表

序号	分部工程	子分部工程	分项工程
8	智能建筑	智能化集成系统	设备安装，软件安装，接口及系统调试，试运行
		信息接入系统	安装场地检查
		用户电话交换系统	线缆敷设，设备安装，软件安装，接口及系统调试，试运行
		信息网络系统	计算机网络设备安装，计算机网络软件安装，网络安全设备安装，网络安全软件安装，系统调试，试运行
		综合布线系统	梯架、托盘、槽盒和导管安装，线缆敷设，机柜、机架、配线架安装，信息插座安装，链路或信道测试，软件安装，系统调试，试运行
		移动通信室内信号覆盖系统	安装场地检查
		卫星通信系统	安装场地检查
		有线电视及卫星电视接收系统	梯架、托盘、槽盒和导管安装，线缆敷设，设备安装，软件安装，系统调试，试运行
		公共广播系统	梯架、托盘、槽盒和导管安装，线缆敷设，设备安装，软件安装，系统调试，试运行
		会议系统	梯架、托盘、槽盒和导管安装，线缆敷设，设备安装，软件安装，系统调试，试运行
		信息导引及发布系统	梯架、托盘、槽盒和导管安装，线缆敷设，显示设备安装，机房设备安装，软件安装，系统调试，试运行
		时钟系统	梯架、托盘、槽盒和导管安装，线缆敷设，设备安装，软件安装，系统调试，试运行
		信息化应用系统	梯架、托盘、槽盒和导管安装，线缆敷设，设备安装，软件安装，系统调试，试运行
		建筑设备监控系统	梯架、托盘、槽盒和导管安装，线缆敷设，传感器安装，执行器安装，控制器、箱安装，中央管理工作站和操作分站设备安装，软件安装，系统调试，试运行
		火灾自动报警系统	梯架、托盘、槽盒和导管安装，线缆敷设，探测器类设备安装，控制器类设备安装，其他设备安装，软件安装，系统调试，试运行
		安全技术防范系统	梯架、托盘、槽盒和导管安装，线缆敷设，设备安装，软件安装，系统调试，试运行

续表

序号	分部工程	子分部工程	分项工程
8	智能建筑	应急响应系统	设备安装，软件安装，系统调试，试运行
		机房	供配电系统，防雷与接地系统，空气调节系统，给水排水系统，综合布线系统，监控与安全防范系统，消防系统，室内装饰装修，电磁屏蔽，系统调试，试运行
		防雷与接地	接地装置，接地线，等电位联接，屏蔽设施，电涌保护器，线缆敷设，系统调试，试运行
9	建筑节能	围护系统节能	墙体节能，幕墙节能，门窗节能，屋面节能，地面节能
		供暖空调设备及管网节能	供暖节能，通风与空调设备节能，空调与供暖系统冷热源节能，空调与供暖系统管网节能
		电气动力节能	配电节能，照明节能
		监控系统节能	监测系统节能，控制系统节能
		可再生能源	地源热泵系统节能，太阳能光热系统节能，太阳能光伏节能
10	电梯	电力驱动的曳引式或强制式电梯	设备进场验收，土建交接检验，驱动主机，导轨，门系统，轿厢，对重，安全部件，悬挂装置，随行电缆，补偿装置，电气装置，整机安装验收
		液压电梯	设备进场验收，土建交接检验，液压系统，导轨，门系统，轿厢，对重，安全部件，悬挂装置，随行电缆，电气装置，整机安装验收
		自动扶梯、自动人行道	设备进场验收，土建交接检验，整机安装验收

附录 C 室外工程的划分

表 C 室外工程的划分

单位工程	子单位工程	分部工程
室外设施	道路	路基、基层、面层、广场与停车场、人行道、人行地道、挡土墙、附属构筑物
	边坡	土石方、挡土墙、支护
附属建筑及室外环境	附属建筑	车棚，围墙，大门，挡土墙
	室外环境	建筑小品，亭台，水景，连廊，花坛，场坪绿化，景观桥

附录 D 一般项目正常检验一次、二次抽样判定

D.0.1 对于计数抽样的一般项目，正常检验一次抽样可按表 D.0.1-1 判定，正常检验二次抽样可按表 D.0.1-2 判定。抽样方案应在抽样前确定。

D.0.2 样本容量在表 D.0.1-1 或表 D.0.1-2 给出的数值之间时，合格判定数可通过插值并四舍五入取整确定。

表 D.0.1-1 一般项目正常检验一次抽样判定

样本容量	合格判定数	不合格判定数	样本容量	合格判定数	不合格判定数
5	1	2	32	7	8
8	2	3	50	10	11
13	3	4	80	14	15
20	5	6	125	21	22

表 D.0.1-2 一般项目正常检验二次抽样判定

抽样次数	样本容量	合格判定数	不合格判定数	抽样次数	样本容量	合格判定数	不合格判定数
(1)	3	0	2	(1)	20	3	6
(2)	6	1	2	(2)	40	9	10
(1)	5	0	3	(1)	32	5	9
(2)	10	3	4	(2)	64	12	13
(1)	8	1	3	(1)	50	7	11
(2)	16	4	5	(2)	100	18	19
(1)	13	2	5	(1)	80	11	16
(2)	26	6	7	(2)	160	26	27

注：(1) 和 (2) 表示抽样次数，(2) 对应的样本容量为两次抽样的累计数量。

附录 E　检验批质量验收记录

表 E _____ 检验批质量验收记录　　　编号：____

单位(子单位)工程名称		分部(子分部)工程名称		分项工程名称	
施工单位		项目负责人		检验批容量	
分包单位		分包单位项目负责人		检验批部位	
施工依据			验收依据		

		验收项目	设计要求及规范规定	最小/实际抽样数量	检查记录	检查结果
主控项目	1					
	2					
	3					
	4					
	5					
	6					
	7					
	8					
	9					
	10					
一般项目	1					
	2					
	3					
	4					
	5					

施工单位检查结果	专业工长： 项目专业质量检查员： 　　　　　　　　年　月　日
监理单位验收结论	专业监理工程师： 　　　　　　　　年　月　日

附录 F 分项工程质量验收记录

表 F _____ 分项工程质量验收记录　　　　　编号：____

单位(子单位) 工程名称		分部(子分部) 工程名称			
分项工程数量		检验批数量			
施工单位		项目负责人		项目技术 负责人	
分包单位		分包单位 项目负责人		分包内容	

序号	检验批 名称	检验批 容量	部位/区段	施工单位检查结果	监理单位验收结论
1					
2					
3					
4					
5					
6					
7					
8					
9					
10					
11					
12					
13					
14					
15					

说明：

施工单位 检查结果	项目专业技术负责人： 年　月　日
监理单位 验收结论	专业监理工程师： 年　月　日

附录 G 分部工程质量验收记录

表 G _____ 分部工程质量验收记录   编号：____

单位(子单位)工程名称				子分部工程数量			分项工程数量	
施工单位				项目负责人			技术(质量)负责人	
分包单位				分包单位负责人			分包内容	

序号	子分部工程名称	分项工程名称	检验批数量	施工单位检查结果		监理单位验收结论		
1								
2								
3								
4								
5								
6								
7								
8								
质量控制资料								
安全和功能检验结果								
观感质量检验结果								
综合验收结论								

施工单位 项目负责人： 　年　月　日	勘察单位 项目负责人： 　年　月　日	设计单位 项目负责人： 　年　月　日	监理单位 总监理工程师： 　年　月　日

注：1 地基与基础分部工程的验收应由施工、勘察、设计单位项目负责人和总监理工程师参加并
　　　签字；
　　2 主体结构、节能分部工程的验收应由施工、设计单位项目负责人和总监理工程师参加并签字。

附录 H 单位工程质量竣工验收记录

H.0.1 单位工程质量竣工验收应按表 H.0.1-1 记录，单位工程质量控制资料及主要功能抽查核查应按表 H.0.1-2 记录，单位工程安全和功能检验资料核查应按表 H.0.1-3 记录，单位工程观感质量检查应按表 H.0.1-4 记录。

H.0.2 表 H.0.1-1 中的验收记录由施工单位填写，验收结论由监理单位填写。综合验收结论经参加验收各方共同商定，由建设单位填写，应对工程质量是否符合设计文件和相关标准的规定及总体质量水平作出评价。

表 H.0.1-1 单位工程质量竣工验收记录

工程名称		结构类型		层数/ 建筑面积	
施工单位		技术负责人		开工日期	
项目负责人		项目技术 负责人		完工日期	
序号	项 目		验收记录		验收结论
1	分部工程验收		共　　分部，经查符合设计及标准规定 　　分部		
2	质量控制资料核查		共　项，经核查符合规定　　项		
3	安全和使用功能 核查及抽查结果		共核查　项，符合规定　　项， 共抽查　项，符合规定　　项， 经返工处理符合规定　　项		
4	观感质量验收		共抽查　　项，达到"好"和"一般" 的　　项，经返修处理符合要求 的　　项		
	综合验收结论				
参加验收单位	建设单位	监理单位	施工单位	设计单位	勘察单位
	（公章） 项目负责人： 　年　月　日	（公章） 总监理工程师： 　年　月　日	（公章） 项目负责人： 　年　月　日	（公章） 项目负责人： 　年　月　日	（公章） 项目负责人： 　年　月　日

注：单位工程验收时，验收签字人员应由相应单位的法人代表书面授权。

表 H.0.1-2 单位工程质量控制资料核查记录

工程名称			施工单位				
序号	项目	资 料 名 称	份数	施工单位		监理单位	
				核查意见	核查人	核查意见	核查人
1	建筑与结构	图纸会审记录、设计变更通知单、工程洽商记录					
2		工程定位测量、放线记录					
3		原材料出厂合格证书及进场检验、试验报告					
4		施工试验报告及见证检测报告					
5		隐蔽工程验收记录					
6		施工记录					
7		地基、基础、主体结构检验及抽样检测资料					
8		分项、分部工程质量验收记录					
9		工程质量事故调查处理资料					
10		新技术论证、备案及施工记录					
1	给水排水与供暖	图纸会审记录、设计变更通知单、工程洽商记录					
2		原材料出厂合格证书及进场检验、试验报告					
3		管道、设备强度试验、严密性试验记录					
4		隐蔽工程验收记录					
5		系统清洗、灌水、通水、通球试验记录					
6		施工记录					
7		分项、分部工程质量验收记录					
8		新技术论证、备案及施工记录					

工程名称			施工单位				
序号	项目	资 料 名 称	份数	施工单位		监理单位	
				核查意见	核查人	核查意见	核查人
1	通风与空调	图纸会审记录、设计变更通知单、工程洽商记录					
2		原材料出厂合格证书及进场检验、试验报告					
3		制冷、空调、水管道强度试验、严密性试验记录					
4		隐蔽工程验收记录					
5		制冷设备运行调试记录					
6		通风、空调系统调试记录					
7		施工记录					
8		分项、分部工程质量验收记录					
9		新技术论证、备案及施工记录					
1	建筑电气	图纸会审记录、设计变更通知单、工程洽商记录					
2		原材料出厂合格证书及进场检验、试验报告					
3		设备调试记录					
4		接地、绝缘电阻测试记录					
5		隐蔽工程验收记录					
6		施工记录					
7		分项、分部工程质量验收记录					
8		新技术论证、备案及施工记录					

续表

工程名称			施工单位				
序号	项目	资 料 名 称	份数	施工单位		监理单位	
				核查意见	核查人	核查意见	核查人
1	智能建筑	图纸会审记录、设计变更通知单、工程洽商记录					
2		原材料出厂合格证书及进场检验、试验报告					
3		隐蔽工程验收记录					
4		施工记录					
5		系统功能测定及设备调试记录					
6		系统技术、操作和维护手册					
7		系统管理、操作人员培训记录					
8		系统检测报告					
9		分项、分部工程质量验收记录					
10		新技术论证、备案及施工记录					
1	建筑节能	图纸会审记录、设计变更通知单、工程洽商记录					
2		原材料出厂合格证书及进场检验、试验报告					
3		隐蔽工程验收记录					
4		施工记录					
5		外墙、外窗节能检验报告					
6		设备系统节能检测报告					
7		分项、分部工程质量验收记录					
8		新技术论证、备案及施工记录					

续表

工程名称			施工单位				
序号	项目	资料名称	份数	施工单位		监理单位	
				核查意见	核查人	核查意见	核查人
1	电梯	图纸会审记录、设计变更通知单、工程洽商记录					
2		设备出厂合格证书及开箱检验记录					
3		隐蔽工程验收记录					
4		施工记录					
5		接地、绝缘电阻试验记录					
6		负荷试验、安全装置检查记录					
7		分项、分部工程质量验收记录					
8		新技术论证、备案及施工记录					

结论：

施工单位项目负责人：　　　　　　　　　　　　　总监理工程师：

　　　　　　　年　月　日　　　　　　　　　　　　　　　　年　月　日

表 H.0.1-3　单位工程安全和功能检验资料核查及主要功能抽查记录

工程名称			施工单位			
序号	项目	安全和功能检查项目	份数	核查意见	抽查结果	核查（抽查）人
1	建筑与结构	地基承载力检验报告				
2		桩基承载力检验报告				
3		混凝土强度试验报告				
4		砂浆强度试验报告				
5		主体结构尺寸、位置抽查记录				

续表

工程名称			施工单位				
序号	项目	安全和功能检查项目	份数	核查意见	抽查结果	核查（抽查）人	
6	建筑与结构	建筑物垂直度、标高、全高测量记录					
7		屋面淋水或蓄水试验记录					
8		地下室渗漏水检测记录					
9		有防水要求的地面蓄水试验记录					
10		抽气（风）道检查记录					
11		外窗气密性、水密性、耐风压检测报告					
12		幕墙气密性、水密性、耐风压检测报告					
13		建筑物沉降观测测量记录					
14		节能、保温测试记录					
15		室内环境检测报告					
16		土壤氡气浓度检测报告					
1	给水排水与供暖	给水管道通水试验记录					
2		暖气管道、散热器压力试验记录					
3		卫生器具满水试验记录					
4		消防管道、燃气管道压力试验记录					
5		排水干管通球试验记录					
6		锅炉试运行、安全阀及报警联动测试记录					
1	通风与空调	通风、空调系统试运行记录					
2		风量、温度测试记录					
3		空气能量回收装置测试记录					
4		洁净室洁净度测试记录					
5		制冷机组试运行调试记录					

续表

工程名称				施工单位			
序号	项目	安全和功能检查项目	份数	核查意见	抽查结果	核查（抽查）人	
1	建筑电气	建筑照明通电试运行记录					
2		灯具固定装置及悬吊装置的载荷强度试验记录					
3		绝缘电阻测试记录					
4		剩余电流动作保护器测试记录					
5		应急电源装置应急持续供电记录					
6		接地电阻测试记录					
7		接地故障回路阻抗测试记录					
1	智能建筑	系统试运行记录					
2		系统电源及接地检测报告					
3		系统接地检测报告					
1	建筑节能	外墙节能构造检查记录或热工性能检验报告					
2		设备系统节能性能检查记录					
1	电梯	运行记录					
2		安全装置检测报告					

结论：

施工单位项目负责人：
　　　　　　　　　年　月　日

总监理工程师：
　　　　　　　　　年　月　日

注：抽查项目由验收组协商确定。

表 H.0.1-4　单位工程观感质量检查记录

工程名称			施工单位		
序号		项　目	抽　查　质　量　状　况	质量评价
1	建筑与结构	主体结构外观	共检查　点，好　点，一般　点，差　点	
2		室外墙面	共检查　点，好　点，一般　点，差　点	
3		变形缝、雨水管	共检查　点，好　点，一般　点，差　点	
4		屋面	共检查　点，好　点，一般　点，差　点	
5		室内墙面	共检查　点，好　点，一般　点，差　点	
6		室内顶棚	共检查　点，好　点，一般　点，差　点	
7		室内地面	共检查　点，好　点，一般　点，差　点	
8		楼梯、踏步、护栏	共检查　点，好　点，一般　点，差　点	
9		门窗	共检查　点，好　点，一般　点，差　点	
10		雨罩、台阶、坡道、散水	共检查　点，好　点，一般　点，差　点	
1	给水排水与供暖	管道接口、坡度、支架	共检查　点，好　点，一般　点，差　点	
2		卫生器具、支架、阀门	共检查　点，好　点，一般　点，差　点	
3		检查口、扫除口、地漏	共检查　点，好　点，一般　点，差　点	
4		散热器、支架	共检查　点，好　点，一般　点，差　点	
1	通风与空调	风管、支架	共检查　点，好　点，一般　点，差　点	
2		风口、风阀	共检查　点，好　点，一般　点，差　点	
3		风机、空调设备	共检查　点，好　点，一般　点，差　点	
4		管道、阀门、支架	共检查　点，好　点，一般　点，差　点	
5		水泵、冷却塔	共检查　点，好　点，一般　点，差　点	
6		绝热	共检查　点，好　点，一般　点，差　点	
1	建筑电气	配电箱、盘、板、接线盒	共检查　点，好　点，一般　点，差　点	
2		设备器具、开关、插座	共检查　点，好　点，一般　点，差　点	
3		防雷、接地、防火	共检查　点，好　点，一般　点，差　点	

续表

工程名称			施工单位							质量评价
序号		项　目	抽　查　质　量　状　况							质量评价
1	智能建筑	机房设备安装及布局	共检查　点，好　点，一般　点，差　点							
2		现场设备安装	共检查　点，好　点，一般　点，差　点							
1	电梯	运行、平层、开关门	共检查　点，好　点，一般　点，差　点							
2		层门、信号系统	共检查　点，好　点，一般　点，差　点							
3		机房	共检查　点，好　点，一般　点，差　点							
	观感质量综合评价									

结论：
施工单位项目负责人：　　　　　　　　　　　　　　总监理工程师：
　　　　　　　　　　　年　月　日　　　　　　　　　　　　　　　　年　月　日

注：1　对质量评价为差的项目应进行返修；
　　2　观感质量现场检查原始记录应作为本表附件。

本标准用词说明

1 为了便于在执行本标准条文时区别对待，对要求严格程度不同的用词说明如下：

 1）表示很严格，非这样做不可的用词：

  正面词采用"必须"，反面词采用"严禁"；

 2）表示严格，在正常情况下均应这样做的用词：

  正面词采用"应"，反面词采用"不应"或"不得"；

 3）表示允许稍有选择，在条件许可时首先应这样做的用词：

  正面词采用"宜"，反面词采用"不宜"；

 4）表示有选择，在一定条件下可以这样做的用词，采用"可"。

2 条文中指明应按其他有关标准、规范执行的写法为："应符合……规定"或"应按……执行"。

中华人民共和国国家标准

建筑工程施工质量验收统一标准

GB 50300－2013

条 文 说 明

修 订 说 明

《建筑工程施工质量验收统一标准》GB 50300－2013，经住房和城乡建设部 2013 年 11 月 1 日以第 193 号公告批准、发布。

本标准是在《建筑工程施工质量验收统一标准》GB 50300－2001 的基础上修订而成。上一版的主编单位是中国建筑科学研究院，参加单位是中国建筑业协会工程建设质量监督分会、国家建筑工程质量监督检验中心、北京市建筑工程质量监督总站、北京市城建集团有限责任公司、天津市建筑工程质量监督管理总站、上海市建设工程质量监督总站、深圳市建设工程质量监督检验总站、四川省华西集团总公司、陕西省建筑工程总公司、中国人民解放军工程质量监督总站。主要起草人是吴松勤、高小旺、何星华、白生翔、徐有邻、葛恒岳、刘国琦、王惠明、朱明德、杨南方、李子新、张鸿勋、刘俭。

本标准修订过程中，编制组进行了大量调查研究，鼓励"四新"技术的推广应用，提高检验批抽样检验的理论水平，解决建筑工程施工质量验收中的具体问题，丰富和完善了标准的内容。标准修订时与《建筑地基基础工程施工质量验收规范》GB 50202、《砌体结构工程施工质量验收规范》GB 50203、《建筑节能工程施工质量验收规范》GB 50411 等专业验收规范进行了协调沟通。

为便于广大设计、施工、科研、学校等单位有关人员在使用本标准时能正确理解和执行条文规定，《建筑工程施工质量验收统一标准》编制组按章、条顺序编制了本标准的条文说明，对条文规定的目的、依据以及在执行中应注意的有关事项进行了说明。但是，本条文说明不具备与标准正文同等的法律效力，仅供使用者作为理解和把握标准规定的参考。

目　次

1 总 则

1.0.1 本条是编制统一标准和建筑工程施工质量验收规范系列标准的宗旨和原则，以统一建筑工程施工质量的验收方法、程序和原则，达到确保工程质量的目的。本标准适用于施工质量的验收，设计和使用中的质量问题不属于本标准的范畴。

1.0.2 本标准主要包括两部分内容，第一部分规定了建筑工程各专业验收规范编制的统一准则。为了统一建筑工程各专业验收规范的编制，对检验批、分项工程、分部工程、单位工程的划分、质量指标的设置和要求、验收的程序与组织都提出了原则的要求，以指导和协调本系列标准各专业验收规范的编制。

第二部分规定了单位工程的验收，从单位工程的划分和组成，质量指标的设置到验收程序都做了具体规定。

1.0.3 建筑工程施工质量验收的有关标准还包括各专业验收规范、专业技术规程、施工技术标准、试验方法标准、检测技术标准、施工质量评价标准等。

2 术 语

本章中给出的 17 个术语，是本标准有关章节中所引用的。除本标准使用外，还可作为建筑工程各专业验收规范引用的依据。

在编写本章术语时，参考了《质量管理体系 基础和术语》GB/T 19000－2008、《建筑结构设计术语和符号标准》GB/T 50083－97、《统计学词汇及符号 第 1 部分：一般统计术语与用于概率的术语》GB/T 3358.1－2009、《统计学词汇及符号 第 2 部分：应用统计》GB/T 3358.2－2009 等国家标准中的相关术语。

本标准的术语是从本标准的角度赋予其含义的，主要是说明本术语所指的工程内容的含义。

3 基 本 规 定

3.0.1 建筑工程施工单位应建立必要的质量责任制度，应推行生产控制和合格控制的全过程质量控制，应有健全的生产控制和合格控制的质量管理体系。不仅包括原材料控制、工艺流程控制、施工操作控制、每道工序质量检查、相关工序间的交接检验以及专业工种之间等中间交接环节的质量管理和控制要求，还应包括满足施工图设计和功能要求的抽样检验制度等。施工单位还应通过内部的审核与管理者的评审，找出质量管理体系中存在的问题和薄弱环节，并制定改进的措施和跟踪检查落实等措施，使质量管理体系不断健全和完善，是使施工单位不断提高建筑工程施工质量的基本保证。

同时施工单位应重视综合质量控制水平，从施工技术、管理制度、工程质量控制等方面制定综合质量控制水平指标，以提高企业整体管理、技术水平和经济效益。

3.0.2 根据《建设工程监理范围和规模标准规定》（建设部令第86号），对国家重点建设工程、大中型公用事业工程等必须实行监理。对于该规定包含范围以外的工程，也可由建设单位完成相应的施工质量控制及验收工作。

3.0.3 本条规定了建筑工程施工质量控制的主要方面：

1 用于建筑工程的主要材料、半成品、成品、建筑构配件、器具和设备的进场检验和重要建筑材料、产品的复验。为把握重点环节，要求对涉及安全、节能、环境保护和主要使用功能的重要材料、产品进行复检，体现了以人为本、节能、环保的理念和原则。

2 为保障工程整体质量，应控制每道工序的质量。目前各专业的施工技术规范正在编制，并陆续实施，施工单位可按照执行。考虑到企业标准的控制指标应严格于行业和国家标准指标，鼓励有能力的施工单位编制企业标准，并按照企业标准的要求控制每道工序的施工质量。施工单位完成每道工序后，除了自检、专职质量检查员检查外，还应进行工序交接检查，上道工序应满足下道工序的施工条件和要求；同样相关专业工序之间也应进行交接检验，使各工序之间和各相关专业工程之间形成有机的整体。

3 工序是建筑工程施工的基本组成部分，一个检验批可能由一道或多道工序组成。根据目前的验收要求，监理单位对工程质量控制到检验批，对工序的质量一般由施工单位通过自检予以控制，但为保证工程质量，对监理单位有要求的重要工序，应经监理工程师检查认可，才能进行下道工序施工。

3.0.4 本条规定了可适当调整抽样复验、试验数量的条件和要求。

1 相同施工单位在同一项目中施工的多个单位工程，使用的材料、构配件、设备等往往属于同一批次，如果按每一个单位工程分别进行复验、试验势必会造成重复，且必要性不大，因此规定可适当调整抽样复检、试验数量，具体要求可根据相关专业验收规范的规定执行。

2 施工现场加工的成品、半成品、构配件等符合条件时，可适当调整抽样复验、试验数量。但对施工安装后的工程质量应按分部工程的要求进行检测试验，不能减少抽样数量，如结构实体混凝土强度检测、钢筋保护层厚度检测等。

3　在实际工程中，同一专业内或不同专业之间对同一对象有重复检验的情况，并需分别填写验收资料。例如混凝土结构隐蔽工程检验批和钢筋工程检验批，装饰装修工程和节能工程中对门窗的气密性试验等。因此本条规定可避免对同一对象的重复检验，可重复利用检验成果。

调整抽样复验、试验数量或重复利用已有检验成果应有具体的实施方案，实施方案应符合各专业验收规范的规定，并事先报监理单位认可。施工或监理单位认为必要时，也可不调整抽样复验、试验数量或不重复利用已有检验成果。

3.0.5　为适应建筑工程行业的发展，鼓励"四新"技术的推广应用，保证建筑工程验收的顺利进行，本条规定对国家、行业、地方标准没有具体验收要求的分项工程及检验批，可由建设单位组织制定专项验收要求，专项验收要求应符合设计意图，包括分项工程及检验批的划分、抽样方案、验收方法、判定指标等内容，监理、设计、施工等单位可参与制定。为保证工程质量，重要的专项验收要求应在实施前组织专家论证。

3.0.6　本条规定了建筑工程施工质量验收的基本要求：

1　工程质量验收的前提条件为施工单位自检合格，验收时施工单位对自检中发现的问题已完成整改。

2　参加工程施工质量验收的各方人员资格包括岗位、专业和技术职称等要求，具体要求应符合国家、行业和地方有关法律、法规及标准、规范的规定，尚无规定时可由参加验收的单位协商确定。

3　主控项目和一般项目的划分应符合各专业验收规范的规定。

4　见证检验的项目、内容、程序、抽样数量等应符合国家、行业和地方有关规范的规定。

5　考虑到隐蔽工程在隐蔽后难以检验，因此隐蔽工程在隐蔽前应进行验收，验收合格后方可继续施工。

6　本标准修订适当扩大抽样检验的范围，不仅包括涉及结构安全和使用功能的分部工程，还包括涉及节能、环境保护等的分部工程，具体内容可由各专业验收规范确定，抽样检验和实体检验结果应符合有关专业验收规范的规定。

7　观感质量可通过观察和简单的测试确定，观感质量的综合评价结果应由验收各方共同确认并达成一致。对影响观感及使用功能或质量评价为差的项目应进行返修。

3.0.7　本条明确给出了建筑工程施工质量验收合格的条件。需要指出的是，本标准及各专业验收规范提出的合格要求是对施工质量的最低要求，允许建设、设计等单位提出高于本标准及相关专业验收规范的验收要求。

3.0.8 对检验批的抽样方案可根据检验项目的特点进行选择。计量、计数检验可分为全数检验和抽样检验两类。对于重要且易于检查的项目，可采用简易快速的非破损检验方法时，宜选用全数检验。

本条在计量、计数抽样时引入了概率统计学的方法，提高抽样检验的理论水平，作为可采用的抽样方案之一。鉴于目前各专业验收规范在确定抽样数量时仍普遍采用基于经验的方法，本标准仍允许采用"经实践证明有效的抽样方案"。

3.0.9 本条规定了检验批的抽样要求。目前对施工质量的检验大多没有具体的抽样方案，样本选取的随意性较大，有时不能代表母体的质量情况。因此本条规定随机抽样应满足样本分布均匀、抽样具有代表性等要求。

对抽样数量的规定依据国家标准《计数抽样检验程序 第1部分：按接收质量限（AQL）检索的逐批检验抽样计划》GB/T 2828.1-2012，给出了检验批验收时的最小抽样数量，其目的是要保证验收检验具有一定的抽样量，并符合统计学原理，使抽样更具代表性。最小抽样数量有时不是最佳的抽样数量，因此本条规定抽样数量尚应符合有关专业验收规范的规定。表3.0.9适用于计数抽样的检验批，对计量-计数混合抽样的检验批可参考使用。

检验批中明显不合格的个体主要可通过肉眼观察或简单的测试确定，这些个体的检验指标往往与其他个体存在较大差异，纳入检验批后会增大验收结果的离散性，影响整体质量水平的统计。同时，也为了避免对明显不合格个体的人为忽略情况，本条规定对明显不合格的个体可不纳入检验批，但必须进行处理，使其符合规定。

3.0.10 关于合格质量水平的错判概率 α，是指合格批被判为不合格的概率，即合格批被拒收的概率；漏判概率 β 为不合格批被判为合格批的概率，即不合格批被误收的概率。抽样检验必然存在这两类风险，通过抽样检验的方法使检验批100%合格是不合理的也是不可能的，在抽样检验中，两类风险一向控制范围是：$\alpha=1\%\sim5\%$；$\beta=5\%\sim10\%$。对于主控项目，其 α、β 均不宜超过5%；对于一般项目，α 不宜超过5%，β 不宜超过10%。

4 建筑工程质量验收的划分

4.0.1 验收时，将建筑工程划分为单位工程、分部工程、分项工程和检验批的方式已被采纳和接受，在建筑工程验收过程中应用情况良好，本次修订继续执行该划分方法。

4.0.2 单位工程应具有独立的施工条件和能形成独立的使用功能。在施工前可由建设、监理、施工单位商议确定，并据此收集整理施工技术资料和进行验收。

4.0.3 分部工程是单位工程的组成部分，一个单位工程往往由多个分部工程组成。

当分部工程量较大且较复杂时，为便于验收，可将其中相同部分的工程或能形成独立专业体系的工程划分成若干个子分部工程。

本次修订，增加了建筑节能分部工程。

4.0.4 分项工程是分部工程的组成部分，由一个或若干个检验批组成。

4.0.5 多层及高层建筑的分项工程可按楼层或施工段来划分检验批，单层建筑的分项工程可按变形缝等划分检验批；地基基础的分项工程一般划分为一个检验批，有地下层的基础工程可按不同地下层划分检验批；屋面工程的分项工程可按不同楼层屋面划分为不同的检验批；其他分部工程中的分项工程，一般按楼层划分检验批；对于工程量较少的分项工程可划为一个检验批。安装工程一般按一个设计系统或设备组别划分为一个检验批。室外工程一般划分为一个检验批。散水、台阶、明沟等含在地面检验批中。

按检验批验收有助于及时发现和处理施工中出现的质量问题，确保工程质量，也符合施工实际需要。

地基基础中的土方工程、基坑支护工程及混凝土结构工程中的模板工程，虽不构成建筑工程实体，但因其是建筑工程施工中不可缺少的重要环节和必要条件，其质量关系到建筑工程的质量和施工安全，因此将其列入施工验收的内容。

4.0.6 本次修订对分部工程、分项工程的设置进行了适当调整。

4.0.7 随着建筑工程领域的技术进步和建筑功能要求的提升，会出现一些新的验收项目，并需要有专门的分项工程和检验批与之相对应。对于本标准附录B及相关专业验收规范未涵盖的分项工程、检验批，可由建设单位组织监理、施工等单位在施工前根据工程具体情况协商确定，并据此整理施工技术资料和进行验收。

4.0.8 给出了室外工程的子单位工程、分部工程、分项工程的划分方法。

5 建筑工程质量验收

5.0.1 检验批是施工过程中条件相同并有一定数量的材料、构配件或安装项目，由于其质量水平基本均匀一致，因此可以作为检验的基本单元，并按批验收。

检验批是工程验收的最小单位，是分项工程、分部工程、单位工程质量验收的基础。检验批验收包括资料检查、主控项目和一般项目检验。

质量控制资料反映了检验批从原材料到最终验收的各施工工序的操作依据、检查情况以及保证质量所必需的管理制度等。对其完整性的检查,实际是对过程控制的确认,是检验批合格的前提。

检验批的合格与否主要取决于对主控项目和一般项目的检验结果。主控项目是对检验批的基本质量起决定性影响的检验项目,须从严要求,因此要求主控项目必须全部符合有关专业验收规范的规定,这意味着主控项目不允许有不符合要求的检验结果。对于一般项目,虽然允许存在一定数量的不合格点,但某些不合格点的指标与合格要求偏差较大或存在严重缺陷时,仍将影响使用功能或观感质量,对这些部位应进行维修处理。

为了使检验批的质量满足安全和功能的基本要求,保证建筑工程质量,各专业验收规范应对各检验批的主控项目、一般项目的合格质量给予明确的规定。

依据《计数抽样检验程序 第1部分:按接收质量限(AQL)检索的逐批检验抽样计划》GB/T 2828.1-2012给出了计数抽样正常检验一次抽样、二次抽样结果的判定方法。具体的抽样方案应按有关专业验收规范执行。如有关规范无明确规定时,可采用一次抽样方案,也可由建设、设计、监理、施工等单位根据检验对象的特征协商采用二次抽样方案。

举例说明表 D.0.1-1 和表 D.0.1-2 的使用方法:对于一般项目正常检验一次抽样,假设样本容量为20,在20个试样中如果有5个或5个以下试样被判为不合格时,该检验批可判定为合格;当20个试样中有6个或6个以上试样被判为不合格时,则该检验批可判定为不合格。对于一般项目正常检验二次抽样,假设样本容量为20,当20个试样中有3个或3个以下试样被判为不合格时,该检验批可判定为合格;当有6个或6个以上试样被判为不合格时,该检验批可判定为不合格;当有4或5个试样被判为不合格时,应进行第二次抽样,样本容量也为20个,两次抽样的样本容量为40,当两次不合格试样之和为9或小于9时,该检验批可判定为合格,当两次不合格试样之和为10或大于10时,该检验批可判定为不合格。

表 D.0.1-1 和表 D.0.1-2 给出的样本容量不连续,对合格判定数有时需要进行取整处理。例如样本容量为15,按表 D.0.1-1 插值得出的合格判定数为3.571,取整可得合格判定数为4,不合格判定数为5。

5.0.2 分项工程的验收是以检验批为基础进行的。一般情况下,检验批和分项工程两者具有相同或相近的性质,只是批量的大小不同而已。分项工程质量合格的条件是构成分项工程的各检验批验收资料齐全完整,且各检验批均已验收合格。

5.0.3 分部工程的验收是以所含各分项工程验收为基础进行的。首先,组成分部工程的各分项工程已验收合格且相应的质量控制资料齐全、完整。此外，由于各分项工程的性质不尽相同，因此作为分部工程不能简单地组合而加以验收，尚须进行以下两类检查项目：

　　1　涉及安全、节能、环境保护和主要使用功能的地基与基础、主体结构和设备安装等分部工程应进行有关的见证检验或抽样检验。

　　2　以观察、触摸或简单量测的方式进行观感质量验收，并结合验收人的主观判断，检查结果并不给出"合格"或"不合格"的结论，而是综合给出"好"、"一般"、"差"的质量评价结果。对于"差"的检查点应进行返修处理。

5.0.4　单位工程质量验收也称质量竣工验收，是建筑工程投入使用前的最后一次验收，也是最重要的一次验收。验收合格的条件有以下五个方面：

　　1　构成单位工程的各分部工程应验收合格。

　　2　有关的质量控制资料应完整。

　　3　涉及安全、节能、环境保护和主要使用功能的分部工程检验资料应复查合格，这些检验资料与质量控制资料同等重要。资料复查要全面检查其完整性，不得有漏检缺项，其次复核分部工程验收时要补充进行的见证抽样检验报告，这体现了对安全和主要使用功能等的重视。

　　4　对主要使用功能应进行抽查。这是对建筑工程和设备安装工程质量的综合检验，也是用户最为关心的内容，体现了本标准完善手段、过程控制的原则，也将减少工程投入使用后的质量投诉和纠纷。因此，在分项、分部工程验收合格的基础上，竣工验收时再作全面检查。抽查项目是在检查资料文件的基础上由参加验收的各方人员商定，并用计量、计数的方法抽样检验，检验结果应符合有关专业验收规范的规定。

　　5　观感质量应通过验收。观感质量检查须由参加验收的各方人员共同进行，最后共同协商确定是否通过验收。

5.0.5　检验批验收时，应进行现场检查并填写现场验收检查原始记录。该原始记录应由专业监理工程师和施工单位专业质量检查员、专业工长共同签署，并在单位工程竣工验收前存档备查，保证该记录的可追溯性。现场验收检查原始记录的格式可由施工、监理等单位确定，包括检查项目、检查位置、检查结果等内容。

　　检验批质量验收记录应根据现场验收检查原始记录按附录 E 的格式填写，并由专业监理工程师和施工单位专业质量检查员、专业工长在检验批质量验收记录上签字，完成检验批的验收。

　　附录 E 和附录 F 及附录 G 分别规定了检验批、分项工程、分部工程验收记录的填写要求，为各专业验收规范提供了表格的基本格式，具体内容应由各专业验收规范规定。

附录 H 规定了单位工程质量验收记录的填写要求。单位工程观感质量检查记录中的质量评价结果填写"好"、"一般"或"差"，可由各方协商确定，也可按以下原则确定：项目检查点中有 1 处或多于 1 处"差"可评价为"差"，有 60％及以上的检查点"好"可评价为"好"，其余情况可评价为"一般"。

5.0.6　一般情况下，不合格现象在检验批验收时就应发现并及时处理，但实际工程中不能完全避免不合格情况的出现，本条给出了当质量不符合要求时的处理办法：

　　1　检验批验收时，对于主控项目不能满足验收规范规定或一般项目超过偏差限值的样本数量不符合验收规定时，应及时进行处理。其中，对于严重的缺陷应重新施工，一般的缺陷可通过返修、更换予以解决，允许施工单位在采取相应的措施后重新验收。如能够符合相应的专业验收规范要求，应认为该检验批合格。

　　2　当个别检验批发现问题，难以确定能否验收时，应请具有资质的法定检测机构进行检测鉴定。当鉴定结果认为能够达到设计要求时，该检验批应可以通过验收。这种情况通常出现在某检验批的材料试块强度不满足设计要求时。

　　3　如经检测鉴定达不到设计要求，但经原设计单位核算、鉴定，仍可满足相关设计规范和使用功能要求时，该检验批可予以验收。这主要是因为一般情况下，标准、规范的规定是满足安全和功能的最低要求，而设计往往在此基础上留有一些余量。在一定范围内，会出现不满足设计要求而符合相应规范要求的情况，两者并不矛盾。

　　4　经法定检测机构检测鉴定后认为达不到规范的相应要求，即不能满足最低限度的安全储备和使用功能时，则必须进行加固或处理，使之能满足安全使用的基本要求。这样可能会造成一些永久性的影响，如增大结构外形尺寸，影响一些次要的使用功能。但为了避免建筑物的整体或局部拆除，避免社会财富更大的损失，在不影响安全和主要使用功能条件下，可按技术处理方案和协商文件进行验收，责任方应按法律法规承担相应的经济责任和接受处罚。需要特别注意的是，这种方法不能作为降低质量要求、变相通过验收的一种出路。

5.0.7　工程施工时应确保质量控制资料齐全完整，但实际工程中偶尔会遇到因遗漏检验或资料丢失而导致部分施工验收资料不全的情况，使工程无法正常验收。对此可有针对性地进行工程质量检验，采取实体检测或抽样试验的方法确定工程质量状况。上述工作应由有资质的检测机构完成，出具的检验报告可用于施工质量验收。

5.0.8　分部工程及单位工程经返修或加固处理后仍不能满足安全或重要的使用功能时，表明工程质量存在严重的缺陷。重要的使用功能不满足要求时，将导致建筑物无法正常使用，安全不满足要求时，将危及人身健康或财产安全，严重时会给社会带来巨大的安全隐患，因此对这类工程严禁通过验收，更不得擅自投入使用，需要专门研究处置方案。

6 建筑工程质量验收的程序和组织

6.0.1 检验批验收是建筑工程施工质量验收的最基本层次，是单位工程质量验收的基础，所有检验批均应由专业监理工程师组织验收。验收前，施工单位应完成自检，对存在的问题自行整改处理，然后申请专业监理工程师组织验收。

6.0.2 分项工程由若干个检验批组成，也是单位工程质量验收的基础。验收时在专业监理工程师组织下，可由施工单位项目技术负责人对所有检验批验收记录进行汇总，核查无误后报专业监理工程师审查，确认符合要求后，由项目专业技术负责人在分项工程质量验收记录中签字，然后由专业监理工程师签字通过验收。

在分项工程验收中，如果对检验批验收结论有怀疑或异议时，应进行相应的现场检查核实。

6.0.3 本条给出了分部工程验收组织的基本规定。就房屋建筑工程而言，在所包含的十个分部工程中，参加验收的人员可有以下三种情况：

1 除地基基础、主体结构和建筑节能三个分部工程外，其他七个分部工程的验收组织相同，即由总监理工程师组织，施工单位项目负责人和项目技术负责人等参加。

2 由于地基与基础分部工程情况复杂，专业性强，且关系到整个工程的安全，为保证质量，严格把关，规定勘察、设计单位项目负责人应参加验收，并要求施工单位技术、质量部门负责人也应参加验收。

3 由于主体结构直接影响使用安全，建筑节能是基本国策，直接关系到国家资源战略、可持续发展等，故这两个分部工程，规定设计单位项目负责人应参加验收，并要求施工单位技术、质量部门负责人也应参加验收。

参加验收的人员，除指定的人员必须参加验收外，允许其他相关人员共同参加验收。

由于各施工单位的机构和岗位设置不同，施工单位技术、质量负责人允许是两位人员，也可以是一位人员。

勘察、设计单位项目负责人应为勘察、设计单位负责本工程项目的专业负责人，不应由与本项目无关或不了解本项目情况的其他人员、非专业人员代替。

6.0.4 《建设工程承包合同》的双方主体是建设单位和总承包单位，总承包单位应按照承包合同的权利义务对建设单位负责。总承包单位可以根据需要将建设工程的一部分依法分包给其他具有相应资质的单位，分包单位对总承包单位负责，亦应对建设单位负责。总承包单位就分包单位完成的项目向建设单位承担连带责任。因此，分包单位对承建的项目进行验收时，总承包单位应参加，检验合格后，分包单位应将工程的有关资料整理完整后移交给总承包单位，建设单位组织单位工程质量验收时，分包单位负责人应参加验收。

6.0.5 单位工程完成后，施工单位应首先依据验收规范、设计图纸等组织有关人员进行自检，对检查发现的问题进行必要的整改。监理单位应根据本标准和《建设工程监理规范》GB/T 50319 的要求对工程进行竣工预验收。符合规定后由施工单位向建设单位提交工程竣工报告和完整的质量控制资料，申请建设单位组织竣工验收。

工程竣工预验收由总监理工程师组织，各专业监理工程师参加，施工单位由项目经理、项目技术负责人等参加，其他各单位人员可不参加。工程预验收除参加人员与竣工验收不同外，其方法、程序、要求等均应与工程竣工验收相同。竣工预验收的表格格式可参照工程竣工验收的表格格式。

6.0.6 单位工程竣工验收是依据国家有关法律、法规及规范、标准的规定，全面考核建设工作成果，检查工程质量是否符合设计文件和合同约定的各项要求。竣工验收通过后，工程将投入使用，发挥其投资效应，也将与使用者的人身健康或财产安全密切相关。因此工程建设的参与单位应对竣工验收给予足够的重视。

单位工程质量验收应由建设单位项目负责人组织，由于勘察、设计、施工、监理单位都是责任主体，因此各单位项目负责人应参加验收，考虑到施工单位对工程负有直接生产责任，而施工项目部不是法人单位，故施工单位的技术、质量负责人也应参加验收。

在一个单位工程中，对满足生产要求或具备使用条件，施工单位已自行检验，监理单位已预验收的子单位工程，建设单位可组织进行验收。由几个施工单位负责施工的单位工程，当其中的子单位工程已按设计要求完成，并经自行检验，也可按规定的程序组织正式验收，办理交工手续。在整个单位工程验收时，已验收的子单位工程验收资料应作为单位工程验收的附件。

附录 4

中华人民共和国国家标准

建筑工程施工质量评价标准

Evaluating standard for excellent quality of
building engineering

GB/T 50375 - 2016

主编部门：中华人民共和国住房和城乡建设部
批准部门：中华人民共和国住房和城乡建设部
施行日期：2 0 1 7 年 4 月 1 日

中华人民共和国住房和城乡建设部
公　　告

第 1253 号

住房城乡建设部关于发布国家标准
《建筑工程施工质量评价标准》的公告

现批准《建筑工程施工质量评价标准》为国家标准，编号为 GB/T 50375 - 2016，自 2017 年 4 月 1 日起实施。原国家标准《建筑工程施工质量评价标准》GB/T 50375 - 2006 同时废止。

本标准由我部标准定额研究所组织中国建筑工业出版社出版发行。

中华人民共和国住房和城乡建设部

2016 年 8 月 18 日

前　言

根据住房和城乡建设部《关于印发〈2014 年工程建设标准规范制订、修订计划〉的通知》（建标［2013］169 号）的要求，标准编制组经广泛调查研究，认真总结实践经验，参考有关国际标准和国外先进标准，并在广泛征求意见的基础上，修订了本标准。

本标准的主要技术内容是：1. 总则；2. 术语；3. 基本规定；4. 地基与基础工程质量评价；5. 主体结构工程质量评价；6. 屋面工程质量评价；7. 装饰装修工程质量评价；8. 安装工程质量评价；9. 建筑节能工程质量评价；10. 施工质量综合评价。

本标准修订的主要技术内容是：

1. 原"施工现场质量保证条件"评价项目，调整为评价条文，不单独列为评价项目。

2. 原"尺寸偏差及限值实测"项目调整为"允许偏差"项目，并以规范指标的达标率来评价，取消了提高标准的做法。

3. 增加了"建筑节能工程"。对"燃气工程"的评价推荐了参考表格及内容。

4. 对"质量记录"项目的应得分值作了调整，突出了施工过程施工试验、检测的质量控制。

5. 将原各项目中的"检验项目"和"评分表"予以合并。

6. 将地下防水工程列入地基与基础工程评价。将地基与基础工程中的地基部分及地下室的结构列入主体结构工程评价。

7. "评价项目"由三个档次改为两个档次。

8. 评价等级由原"优良、高等级优良"两个等级改为"优良"一个等级。

本标准由住房和城乡建设部负责管理，由中国建筑业协会工程建设质量监督与检测分会负责具体技术内容的解释。执行过程中如有意见和建议，请寄送中国建筑业协会工程建设质量监督与检测分会（地址：北京市海淀区三里河路 9 号；邮政编码：100835）。

本 标 准 主 编 单 位：中国建筑业协会工程建设质量监督与检测分会
　　　　　　　　　　成都市第一建筑工程公司
本 标 准 参 编 单 位：上海市建设工程设计文件审查管理事务中心

北京市住房和城乡建设委员会

山西省建筑节能监管中心

湖北省建设工程质量安全监督总站

中国建筑业协会

广东金辉华集团有限公司

甘肃省建设工程安全质量监督管理局

北京市建设工程安全质量监督总站

上海市建设工程安全质量监督总站

宁波建工股份有限公司

北京建工集团有限责任公司

甘肃第一建设集团有限责任公司

中冶建筑研究总院有限公司

广西建设工程质量安全监督总站

厦门市建设工程质量安全监督站

宁波市建筑工程安全质量监督总站

美信佳集团建设有限公司

北京港源建筑装饰工程有限公司

上海家树建筑工程有限公司

厦门中联建设工程有限公司

浙江中天房地产集团有限公司

北京市轨道交通建设管理有限公司

浙江欣捷建设有限公司

宁波市建设集团股份有限公司

中国工程建设标准化协会建筑施工专业委员会

本标准主要起草人员：　吴松勤　胡静民　杨玉江　史　捷　潘延平

高新京　梁建民　丁　胜　景　万　王　建

叶　兵　李　甫　董文斌　姜显明　顾　胜

刘爱玲　辛达帆　贾便利　胡继河　翁海勇

卢文权　郑肃宁　邹小锋　陈　维　张益堂

陈隽峰　邱敏华　赵　军　周永松　徐桂珍

杨　琳　张　峻　张素英　杜晓宇　江兆尧

刘瑞瑞

本标准主要审查人员：　肖绪文　张建明　张元勃　傅慈英　王金玉

宋　军　周九仪　薛　刚　王桂玲　王自福

王金良

目　　次

Contents

1　总　　则

1.0.1　为促进建筑工程质量管理和质量水平的提高，统一建筑工程施工质量评价的内容和方法，制定本标准。

1.0.2　本标准适用于建筑工程施工质量优良等级的评价。

1.0.3　建筑工程施工质量评价除应符合本标准外，尚应符合国家现行有关标准的规定。

2　术　　语

2.0.1　施工质量评价　construction quality evaluating

工程施工质量满足规范要求程度所做的检查、量测、试验等活动，包括工程施工过程质量控制、原材料、操作工艺、功能效果、工程实体质量和工程资料等。

2.0.2　性能检测　performance test

对检验项目中的各项性能进行检查、量测、试验等，并将检测结果与设计要求及标准规定进行比较，以确定各项性能达到标准规定程度的活动。

2.0.3　质量记录　quality records

参与工程建设的责任主体及检测机构在工程建设过程中，为反映工程质量，按照国家有关技术标准的规定，在参与工程施工活动中所形成的质量控制、质量验收等文件及音像资料。

2.0.4　权重　weight

在质量评价体系中，将一个工程分为若干评价部位、系统，按各部位、系统所占工作量的大小及影响整体能力的重要程度，规定的所占比重。

2.0.5　优良工程　fine building engineering

在满足相关技术标准规定合格的基础上，经过对工程结构安全、使用功能、建筑节能、观感质量以及工程资料的综合评价，达到本标准规定的优良标准的建筑工程。

2.0.6　结构工程　structural engineering

在房屋建筑中，由地基与基础和主体结构组成的结构体系，能承受预期荷载的工程实体。

3 基 本 规 定

3.1 评 价 基 础

3.1.1 建筑工程施工质量评价应实施目标管理，健全质量管理体系，落实质量责任，完善控制手段，提高质量保证能力和持续改进能力。

3.1.2 建筑工程质量管理应加强对原材料、施工过程的质量控制和结构安全、功能效果检验，具有完整的施工控制资料和质量验收资料。

3.1.3 工程质量验收应完善检验批的质量验收，具有完整的施工操作依据和现场验收检查原始记录。

3.1.4 建筑工程施工质量评价应对工程结构安全、使用功能、建筑节能和观感质量等进行综合核查。

3.1.5 建筑工程施工质量评价应按分部工程、子分部工程进行。

3.2 评 价 体 系

3.2.1 建筑工程施工质量评价应根据建筑工程特点分为地基与基础工程、主体结构工程、屋面工程、装饰装修工程、安装工程及建筑节能工程等六个部分（图3.2.1）。

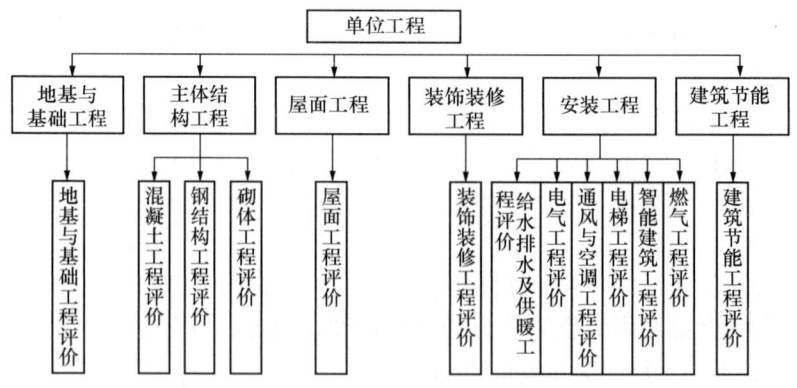

注：1 地下防水工程的质量评价列入地基与基础工程。
　　2 地基与基础工程中的基础部分的质量评价列入主体结构工程。

图 3.2.1 工程质量评价内容

3.2.2 每个评价部分应根据其在整个工程中所占的工作量及重要程度给出相应的权重，其权重应符合表3.2.2的规定。

表 3.2.2　工程评价部分权重

工程评价部分	权重（%）	工程评价部分	权重（%）
地基与基础工程	10	装饰装修工程	15
主体结构工程	40	安装工程	20
屋面工程	5	建筑节能工程	10

注：1　主体结构、安装工程有多项内容时，其权重可按实际工作量分配，但应为整数。

　　2　主体结构中的砌体工程若是填充墙时，最多只占 10% 的权重。

　　3　地基与基础工程中基础及地下室结构列入主体结构工程中评价。

3.2.3　每个评价部分应按工程质量的特点，分为性能检测、质量记录、允许偏差、观感质量等四个评价项目。

　　每个评价项目应根据其在该评价部分内所占的工作量及重要程度给出相应的项目分值，其项目分值应符合表 3.2.3 的规定。

表 3.2.3　评价项目分值

序号	评价项目	地基与基础工程	主体结构工程	屋面工程	装饰装修工程	安装工程	节能工程
1	性能检测	40	40	40	30	40	40
2	质量记录	40	30	20	20	20	30
3	允许偏差	10	20	10	10	10	10
4	观感质量	10	10	30	40	30	20

注：用本标准各检查评分表检查评分后，将所得分换算为本表项目分值，再按规定换算为本标准表 3.2.2 的权重。

3.2.4　每个评价项目应包括若干项具体检查内容，对每一具体检查内容应按其重要性给出分值，其判定结果分为两个档次：一档应为 100% 的分值；二档应为 70% 的分值。

3.2.5　结构工程、单位工程施工质量评价综合评分达到 85 分及以上的建筑工程应评为优良工程。

3.3　评　价　方　法

3.3.1　性能检测评价方法应符合下列规定：

　　1　检查标准：检查项目的检测指标一次检测达到设计要求及规范规定的应为一档，取 100% 的分值；按相关规范规定，经过处理后满足设计要求及规范规定的应为二档，取 70% 的分值。

　　2　检查方法：核查性能检测报告。

3.3.2　质量记录评价方法应符合下列规定：

　　1　检查标准：材料、设备合格证、进场验收记录及复试报告、施工记录及施工试验等资料完整，能满足设计要求及规范规定的应为一档，取 100% 的分值；资料基本完整并能满足设计要求及规范规定的应为二档，取70%的分值。

    2 检查方法：核查资料的项目、数量及数据内容。

3.3.3 允许偏差评价方法应符合下列规定：

    1 检查标准：检查项目90%及以上测点实测值达到规范规定值的应为一档，取100%的分值；检查项目80%及以上测点实测值达到规范规定值，但不足90%的应为二档，取70%的分值。

    2 检查方法：在各相关检验批中，随机抽取5个检验批，不足5个的取全部进行核查。

3.3.4 观感质量评价方法应符合下列规定：

    1 检查标准：每个检查项目以随机抽取的检查点按"好"、"一般"给出评价。项目检查点90%及其以上达到"好"，其余检查点达到"一般"的应为一档，取100%的分值；项目检查点80%及其以上达到"好"，但不足90%，其余检查点达到"一般"的应为二档，取70%的分值。

    2 检查方法：核查分部（子分部）工程质量验收资料。

4 地基与基础工程质量评价

4.1 性 能 检 测

4.1.1 地基与基础工程性能检测项目及评分应符合表4.1.1的规定。

表4.1.1 地基与基础工程性能检测项目及评分

工程名称				建设单位		
施工单位				评价单位		
序号	检 查 项 目	应得分	判定结果		实得分	备注
			100%	70%		
1	地基承载力	60				
	复合地基承载力					
	桩基单桩承载力及桩身质量检验					
2	地下渗漏水检验	20				
3	地基沉降观测	20				
	合计得分					
核查结果	性能检测项目分值40分。 应得分合计： 实得分合计： <div align="center">地基与基础工程性能检测得分=实得分合计/应得分合计×40=</div> <div align="right">评价人员： 年 月 日</div>					

4.1.2 地基与基础工程性能检测评价方法应符合本标准第3.3.1条和下列规定：

1 地基承载力、复合地基承载力、单桩承载力。检查标准和方法应符合本标准第3.3.1条的规定。

2 桩身质量检验

　　1） 检查标准：桩身质量检验一次检测结果为90％及其以上达到Ⅰ类桩，其余达到Ⅱ类桩时应为一档，取100％的分值；一次检测结果为80％及其以上，但不足90％达到Ⅰ类桩，其余达到Ⅱ类桩时应为二档，取70％的分值。

　　2） 检查方法：核查桩身质量检验报告。

3 地下渗漏水检验

　　1） 检查标准：无渗漏、结构表面无湿渍的应为一档，取100％的分值；无漏水，总湿渍面积应不大于总防水面积（包括墙、顶、地面）的1/1000，任意100m² 防水面积不超过1处，每处面积不大于0.1m² 的应为二档，取70％的分值。

　　2） 检查方法：核查地下渗漏水检验记录，也可现场观察检查。

4 地基沉降观测

　　1） 检查标准：要求进行沉降变形观测的工程，施工期间按设计要求设置沉降观测点，记录完整，各观测点沉降值符合设计要求的应为一档，取100％的分值；施工期间观测点设置滞后或不够完整，各观测点沉降值符合设计要求的应为二档，取70％的分值。

　　2） 检查方法：核查沉降观测记录。

4.2　质　量　记　录

4.2.1 地基与基础工程质量记录项目及评分应符合表4.2.1的规定。

表4.2.1　地基与基础工程质量记录项目及评分

工程名称				建设单位				
施工单位				评价单位				
序号	检　查　项　目			应得分	判定结果		实得分	备注
					100％	70％		
1	材料合格证、进场验收记录及复试报告	钢筋、水泥、外加剂合格证、进场验收记录及复试报告，混凝土进场坍落度测试记录		30				
		预制桩合格证及进场验收记录、桩强度试验报告						
		防水材料合格证、进场验收记录及复试报告						

续表

工程名称			建设单位		
施工单位		.	评价单位		

序号	检查项目		应得分	判定结果		实得分	备注
				100%	70%		
2	施工记录	地基处理、验槽、钎探施工记录	30				
		预制桩接头施工记录 打（压）桩及试桩施工记录					
		灌注桩成孔、钢筋笼、混凝土灌注桩浇筑施工记录					
		防水层施工记录及隐蔽工程验收记录					
3	施工试验	有关地基材料配合比试验报告 压实系数、桩体及桩间土干密度试验报告	40				
		钢筋连接试验报告					
		混凝土试件强度评定报告					
		预制桩龄期及试件强度试验报告					
		防水材料配合比试验报告					
	合计得分						

核查结果	质量记录项目分值 40 分。 应得分合计： 实得分合计： 地基与基础工程质量记录得分 = $\dfrac{实得分合计}{应得分合计} \times 40 =$ 评价人员：　　　　　年　月　日

4.2.2 地基与基础工程质量记录评价方法应符合本标准第 3.3.2 条的规定。

4.3 允 许 偏 差

4.3.1 地基与基础工程允许偏差项目及评分应符合表 4.3.1 的规定。

表 4.3.1 地基与基础工程允许偏差项目及评分

工程名称				建设单位		
施工单位				评价单位		
序号	检 查 项 目	应得分	判定结果		实得分	备注
			100%	70%		
1	天然地基标高及基槽尺寸偏差	80				
	复合地基桩位偏差					
	打（压）桩桩位偏差					
	灌注桩桩位偏差					
2	防水卷材、塑料板搭接宽度偏差	20				
	合计得分					
核查结果	允许偏差项目分值 10 分。 应得分合计： 实得分合计： 地基与基础工程允许偏差得分＝$\dfrac{实得分合计}{应得分合计}\times10=$ 评价人员：　　　　　年　月　日					

4.3.2 地基与基础工程允许偏差评价方法应符合本标准第 3.3.3 条和下列规定：

1 检查标准

1）天然地基与基础工程允许偏差项目检查标准：

基底标高允许偏差 −50mm；基槽长度、宽度允许偏差 ＋200mm、−50mm。

2）复合地基桩位允许偏差项目检查标准：

桩位允许偏差：振冲桩允许偏差不应大于 100mm；高压喷射注浆桩允许偏差不应大于 0.2D；水泥土搅拌桩允许偏差不应大于 50mm；土和灰土挤密桩、水泥粉煤灰碎石桩、夯实水泥土桩的满堂桩允许偏差不应大于 0.4D。

注：D 为桩体直径或边长。

3）打（压）桩桩位允许偏差应符合表 4.3.2-1 的规定。

表 4.3.2-1　打（压）桩桩位允许偏差

序号	项　目	允许偏差（mm）
1	有基础梁的桩： （1）垂直基础梁的中心线 （2）沿基础梁的中心线	$100+0.01H$ $150+0.01H$
2	桩数为 1～3 根桩基中的桩	100
3	桩数为 4～16 根桩基中的桩	1/2 桩径或边长
4	桩数大于 16 根桩基中的桩： （1）外边的桩 （2）中间桩	1/3 桩径或边长 1/2 桩径或边长

注：H 为施工现场地面标高与桩顶设计标高的距离。

　　4）灌注桩桩位允许偏差应符合表 4.3.2-2 的规定。

表 4.3.2-2　灌注桩桩位允许偏差

序号	成孔方法		桩位允许偏差（mm）	
			1～3 根、单排桩基垂直于中心线方向和群桩基础的边桩	条形桩基沿中心线方向和群桩基础的中间桩
1	泥浆护壁钻孔桩	$D \leqslant 1000mm$	$D/6$，且不大于 100	$D/4$，且不大于 150
		$D > 1000mm$	$100+0.01H$	$150+0.01H$
2	套管成孔灌注桩	$D \leqslant 500mm$	70	150
		$D > 500mm$	100	150
3	人工挖孔桩	混凝土护壁	50	150
		钢套管护壁	100	200

注：1　D 为桩径。
　　2　H 为施工现场地面标高与桩顶设计标高的距离。

　　5）防水卷材、塑料板搭接宽度允许偏差－10mm。

2　检查方法

随机抽取 5 个检验批进行核查，不足 5 个时全部核查。

4.4　观　感　质　量

4.4.1　地基与基础工程观感质量项目及评分应符合表 4.4.1 的规定。

表 4.4.1 地基与基础工程观感质量项目及评分

工程名称				建设单位			
施工单位				评价单位			
序号	检 查 项 目		应得分	判定结果		实得分	备注
				100%	70%		
1	地基、复合地基	标高、表面平整、边坡	80				
	桩基	桩头、桩顶标高、场地平整					
2	地下防水	表面质量、细部处理（施工缝、变形缝、穿墙管、预埋件、孔口、坑池等）	20				
	合计得分						
核查结果	观感质量项目分值10分。 应得分合计： 实得分合计： 地基与基础工程观感质量得分＝$\dfrac{实得分合计}{应得分合计}×10＝$ 评价人员： 年 月 日						

4.4.2 地基与基础工程观感质量评价方法应符合本标准第3.3.4条的规定。

5 主体结构工程质量评价

5.1 混凝土结构工程

5.1.1 混凝土结构工程性能检测项目及评分应符合表5.1.1的规定。

表 5.1.1 混凝土结构工程性能检测项目及评分

工程名称			建设单位			
施工单位			评价单位			
序号	检 查 项 目	应得分	判定结果		实得分	备注
			100%	70%		
1	结构实体混凝土强度	40				
2	结构实体钢筋保护层厚度	40				
3	结构实体位置与尺寸偏差	20				
	合计得分					
核查结果	性能检测项目分值40分。 应得分合计： 实得分合计： 混凝土结构工程性能检测得分＝$\dfrac{实得分合计}{应得分合计}×40＝$ 评价人员： 年 月 日					

5.1.2 混凝土结构工程性能检测评价方法应符合本标准第3.3.1条和下列规定：

1 结构实体混凝土强度检验

1）检查标准：结构实体混凝土强度应按不同强度等级分别验证，检验方法宜采用同条件养护试件方法，检验符合规范规定的应为一档，取100％的分值；当未取得同条件养护试件强度或同条件养护试件强度不符合要求时，可采用回弹-取芯法进行检验，检验符合规范规定的应为二档，取70％的分值。

2）检查方法：核查混凝土结构子分部工程验收资料。

2 结构实体钢筋保护层厚度检验

1）检查标准：梁类、板类构件纵向受力钢筋的保护层厚度允许偏差应符合表5.1.2-1的规定。

表 5.1.2-1　结构实体纵向受力钢筋保护层厚度允许偏差

构件类型	允许偏差（mm）
梁	+10，−7
板	+8，−5

结构实体钢筋保护层厚度一次检测合格率达到90％及以上时应为一档，取100％的分值；一次检测合格率小于90％但不小于80％时，可再抽取相同数量的构件进行检验，当按两次抽样总和计算合格率达到90％及以上时应为二档，取70％的分值。

抽样检验结果中不合格点的最大偏差均不应大于本规定允许偏差的1.5倍。

2）检查方法：核查混凝土结构子分部工程验收资料。

3 结构实体位置及尺寸偏差检验

1）检查标准：允许偏差及检验方法应符合表5.1.2-2的规定。

结构实体位置与尺寸偏差检验项目的合格率为80％及以上的应为一档，取100％的标准值；当检验项目的合格率小于80％，但不小于70％时，可抽取相同数量的构件进行检验；当按两次抽样总和计算的合格率为80％及以上时，应为二档，取70％的标准值。

2）检查方法：核查混凝土结构子分部工程验收资料。

表 5.1.2-2　结构实体位置与尺寸偏差检验项目及检验方法

位置、尺寸允许偏差项目			检验方法
项目	允许偏差（mm）		
	现浇结构	装配式结构	
柱截面尺寸	+10，−5	±5	选取柱的一边量测柱中部、下部及其他部位，取3点平均值

续表

位置、尺寸允许偏差项目			检验方法
项目	允许偏差（mm）		
	现浇结构	装配式结构	
层高柱垂直度 ≤6m	10	5	沿两个方向分别量测，取较大值
层高柱垂直度 >6m	12	10	
墙厚	+10，−5	±4	墙身中部测3点，取平均值；测点间距不应小于1m
梁高、宽	+10，−5	±5	量测一侧边跨中及两个距离支座0.1m处，取3点平均值；量测值可取腹板高度加上此处楼板的实测厚度
板厚	+10，−5	±5	悬挑板取距离支座0.1m处，沿宽度方向取包括中心位置在内的随机3点取平均值；其他楼板，在同一对角线上量测中间及距离两端各0.1m处，取3点平均值
层高	设计层高	设计层高	与板厚测点相同，量测板顶至上层楼板板底净高，层高量测值为净高与板厚之和，取3点平均值

5.1.3 混凝土结构工程质量记录项目及评分应符合表5.1.3的规定。

表5.1.3 混凝土结构工程质量记录项目及评分

工程名称				建设单位				
施工单位				评价单位				

序号	检 查 项 目		应得分	判定结果		实得分	备注
				100%	70%		
1	材料合格证、进场验收记录及复试报告	钢筋、混凝土拌合物合格证、进场坍落度测试记录、进场验收记录，钢筋复试报告，钢筋连接材料合格证及复试报告	30				
		预制构件合格证、出厂检验报告及进场验收记录					
		预应力锚夹具、连接器合格证、出厂检验报告、进场验收记录及复试报告					

续表

工程名称					建设单位		
施工单位					评价单位		

序号	检 查 项 目		应得分	判定结果		实得分	备注
				100%	70%		
2	施工记录	预拌混凝土进场工作性能测试记录	30				
		混凝土施工记录					
		装配式结构安装施工记录					
		预应力筋安装、张拉及灌浆封锚施工记录					
		隐蔽工程验收记录					
3	施工试验	混凝土配合比试验报告、开盘鉴定报告	40				
		混凝土试件强度试验报告及强度评定报告					
		钢筋连接试验报告					
		无粘结预应力筋防水检测记录，预应力筋断丝检测记录					
		装配式构件安装连接检验报告					
	合计得分						
核查结果	质量记录项目分值 30 分。 应得分合计： 实得分合计： 混凝土结构工程质量记录得分 $=\dfrac{实得分合计}{应得分合计} \times 30 =$ 评价人员：　　　　　年　月　日						

5.1.4　混凝土结构工程质量记录评价方法应符合本标准第 3.3.2 条的规定。

5.1.5　混凝土结构工程允许偏差项目及评分应符合表 5.1.5 的规定。

表 5.1.5　混凝土结构工程允许偏差项目及评分

工程名称				建设单位			
施工单位				评价单位			

序号	检　查　项　目		应得分	判定结果		实得分	备注
				100%	70%		
1	混凝土现浇结构	轴线位置　墙、柱、梁 8mm	40				
		标高　层高 ±10mm，全高 ±30mm					
		全高垂直度　$H \leqslant 300m$　$H/30000 + 20mm$　$H > 300m$　$H/10000$ 且 $\leqslant 80mm$	40				
		表面平整度　8mm	20				
2	装配式结构	轴线位置　柱、墙 8mm	40				
		梁、板 5mm					
		标高　柱、梁、墙板、楼板底面 ±5mm	40				
		构件搁置长度　梁、板 ±10mm	20				
	合计得分						
核查结果	允许偏差项目分值 20 分。 应得分合计： 实得分合计： 　　　　混凝土结构工程允许偏差得分 = $\dfrac{实得分合计}{应得分合计} \times 20 =$						

评价人员：　　　　　　年　月　日

5.1.6 混凝土结构工程允许偏差评价方法应符合本标准第 3.3.3 条的规定。

5.1.7 混凝土结构工程观感质量项目及评分应符合表 5.1.7 的规定。

表 5.1.7 混凝土结构工程观感质量项目及评分

工程名称				建设单位			
施工单位				评价单位			
序号	检 查 项 目	应得分	判定结果		实得分	备注
			100%	70%		
1	露筋	15				
2	蜂窝	10				
3	孔洞	10				
4	夹渣	10				
5	疏松	10				
6	裂缝	15				
7	连接部位缺陷	15				
8	外形缺陷	10				
9	外表缺陷	5				
	合计得分					
核查结果	观感质量项目分值 10 分。 应得分合计： 实得分合计： $$混凝土结构工程观感质量得分 = \frac{实得分合计}{应得分合计} \times 10 =$$ 评价人员： 年 月 日					

5.1.8 混凝土结构工程观感质量评价方法应符合本标准 3.3.4 条的规定。

5.2 钢 结 构 工 程

5.2.1 钢结构工程性能检测项目及评分应符合表 5.2.1 的规定。

表 5.2.1　钢结构工程性能检测项目及评分

工程名称			建设单位				
施工单位			评价单位				
序号	检 查 项 目		应得分	判定结果		实得分	备注
				100%	70%		
1	焊缝内部质量		60				
2	高强度螺栓连接副紧固质量						
3	防腐涂装		20				
4	防火涂装		20				
	合计得分						
核查结果	性能检测项目分值 40 分。 应得分合计： 实得分合计： $$钢结构工程性能检测得分 = \frac{实得分合计}{应得分合计} \times 40 =$$ 评价人员：　　　　　　　　　年 月 日						

5.2.2　钢结构工程性能检测评价方法应符合本标准第 3.3.1 条和下列规定：

1　焊缝内部质量检测

1）检查标准：设计要求全焊透的一、二级焊缝应采用无损探伤进行内部缺陷的检验，其评定等级、检验等级及检验比例应符合表 5.2.2-1 的规定。

焊缝检验返修率不大于 2% 时应为一档，取 100% 的分值；返修率大于 2%，但不大于 5% 时应为二档，取 70% 的分值。所有焊缝经返修后均应达到合格质量标准。

表 5.2.2-1　质量检验标准检验等级及缺陷分级

焊缝质量等级		一级	二级
内部缺陷 超声波探伤	评定等级	Ⅱ	Ⅲ
	检验等级	B 级	B 级
	检验比例	100%	20%
内部缺陷 射线探伤	评定等级	Ⅱ	Ⅲ
	检验等级	B 级	B 级
	检验比例	100%	20%

　　2）检查方法：核查超声波或射线探伤记录。

2　高强度螺栓连接副紧固质量检测

　　1）检查标准：高强度螺栓连接副终拧完成 1h 后，48h 内应进行紧固质量检查，其检查标准应符合表 5.2.2-2 的规定。

　　　　高强度螺栓连接副紧固质量检测点优良点达到 95％及以上，其余点达到合格点时应为一档，取 100％的分值；当检测点优良点达到 80％及以上，但不足 95％时，其余点达到合格点时应为二档，取 70％的分值。

表 5.2.2-2　高强度螺栓连接副紧固质量检验标准

紧固方法	判　定　结　果	
	优良点	合格点
扭矩法紧固	终拧扭矩偏差 $\Delta T \leqslant 5\% T$	终拧扭矩偏差 $5\% T < \Delta T \leqslant 10\% T$
转角法紧固	终拧角度偏差 $\Delta \theta \leqslant 15°$	终拧角度偏差 $15° < \Delta \theta \leqslant 30°$
扭剪型高强度螺栓 施工扭矩	尾部梅花头未拧掉比例 $\delta \leqslant 2\%$	尾部梅花头未拧掉比例 $2\% < \delta \leqslant 5\%$

　　注：T 为扭矩法紧固时终拧扭矩值，θ 为终拧扭矩角度值，ΔT、$\Delta \theta$ 均为绝对值，δ 为百分数。

　　2）检查方法：核查扭矩法或转角法紧固检测报告。

3　钢结构涂装质量检测

　　1）检查标准：钢结构涂装后，应对涂层干漆膜厚度进行检测，其检测标准应符合表 5.2.2-3 的规定。

表 5.2.2-3　钢结构涂装干漆膜厚度质量检测标准

涂装类型	判　定　结　果	
	优良点	合格点
防腐涂料	干漆膜总厚度允许偏差（Δ） $\Delta \leqslant -10\mu m$	干漆膜总厚度允许偏差（Δ） $-10\mu m < \Delta \leqslant -25\mu m$
薄涂型防火涂料	涂层厚度（δ）允许偏差（Δ） $\Delta \leqslant -5\%\delta$	涂层厚度（δ）允许偏差（Δ） $-5\%\delta < \Delta \leqslant -10\%\delta$
厚涂型防火涂料	90％及以上面积符合设计厚度，且最薄处厚度不应低于设计厚度的 90％	80％及以上面积应符合设计厚度，且最薄处厚度不应低于设计厚度的 85％

全部涂装干漆膜厚度检测点优良点达到 95% 及以上，其余点达到合格点时应为一档，取 100% 的分值；当检测点优良点达到 80% 及以上，但不足 95% 时，其余点达到合格点时应为二档，取 70% 的分值。

2）检查方法：核查检测报告。

5.2.3 钢结构工程质量记录项目及评分应符合表 5.2.3 的规定。

表 5.2.3　钢结构工程质量记录项目及评分

工程名称							
施工单位				建设单位			
				评价单位			
序号	检 查 项 目		应得分	判定结果		实得分	备注
				100%	70%		
1	材料合格证、进场验收记录及复试报告	钢材、焊材、紧固连接件出厂合格证，进场验收记录，复试报告	30				
		加工件出厂合格证（出厂检验报告）及进场验收记录					
		防火及防腐涂装材料出厂合格证、出厂检验报告、进场验收记录，耐火极限、涂层附着力试验报告					
2	施工记录	焊接施工记录	30				
		预拼装及构件吊装记录					
		网架结构屋面施工记录					
		高强度螺栓连接副施工记录					
		焊缝外观及焊缝尺寸检查记录					
		隐蔽工程验收记录					
3	施工试验	网架结构节点承载力试验记录	40				
		高强度螺栓预拉力复验报告及螺栓最小荷载试验报告、高强度大六角头螺栓连接副扭矩系数复试报告、摩擦面抗滑移系数检验报告					
		焊接工艺评定报告					
		金属屋面系统抗风能力试验报告					
	合计得分						
核查结果	质量记录项目分值 30 分。应得分合计：实得分合计： $$钢结构工程质量记录得分 = \frac{实得分合计}{应得分合计} \times 30 =$$ 评价人员：　　　　年　月　日						

5.2.4 钢结构工程质量记录评价方法应符合本标准第 3.3.2 条的规定。

5.2.5 钢结构工程允许偏差项目及评分应符合表 5.2.5 的规定。

表 5.2.5 钢结构工程允许偏差项目及评分

工程名称				建设单位			
施工单位				评价单位			
序号	检 查 项 目		应得分	判定结果		实得分	备注
				100%	70%		
1	柱脚底座中心线对定位轴线偏移或支座锚栓偏移 5mm		10				
2	结构尺寸	单层结构整体垂直度 $H/1000$，且≤25mm	25				
		多层结构整体垂直度（$H/2500+10$），且≤50mm					
		主体结构整体平面弯曲 $L/1500$，且≤25mm	25				
3	钢管结构	总拼完成后挠度值≤1.15 倍设计值	40				
		屋面工程完成后挠度值≤1.15 倍设计值					
	合计得分						
核查结果	允许偏差项目分值 20 分。 应得分合计： 实得分合计： <div style="text-align:center">钢结构工程允许偏差得分 = $\dfrac{实得分合计}{应得分合计} \times 20 =$</div> <div style="text-align:right">评价人员：　　　　　　年　月　日</div>						

5.2.6 钢结构工程允许偏差评价方法应符合本标准第 3.3.3 条的规定。

5.2.7 钢结构工程观感质量项目及评分应符合表 5.2.7 的规定。

表 5.2.7　钢结构工程观感质量项目及评分

工程名称					建设单位			
施工单位					评价单位			
序号	检 查 项 目		应得分	判定结果		实得分	备注	
				100%	70%			
1	焊缝外观质量		10					
2	普通紧固件连接外观质量		10					
3	高强度螺栓连接外观质量		10					
4	主体钢结构构件表面质量		10					
5	钢网架结构表面质量		10					
6	普通涂层表面质量		15					
7	防火涂层表面质量		15					
8	压型金属板安装质量		10					
9	钢平台、钢梯、钢栏杆安装外观质量		10					
	合计得分							
核查结果	观感质量项目分值 10 分。 应得分合计： 实得分合计： $$钢结构工程观感质量得分 = \frac{实得分合计}{应得分合计} \times 10 =$$							
							评价人员：　　　　　年　月　日	

5.2.8 钢结构工程观感质量评价方法应符合本标准3.3.4条的规定。

5.3 砌 体 结 构 工 程

5.3.1 砌体结构工程性能检测项目及评分应符合表5.3.1的规定。

表5.3.1 砌体结构工程性能检测项目及评分

工程名称						建设单位	
施工单位						评价单位	
序号	检 查 项 目		应得分	判定结果		实得分	备注
				100%	70%		
1	砂浆强度		30				
2	混凝土强度		30				
3	全高砌体垂直度		40				
	合计得分						
核查结果	性能检测项目分值40分。 应得分合计： 实得分合计： $$砌体结构工程性能检测得分=\frac{实得分合计}{应得分合计}×40=$$ <div align=right>评价人员：　　　年　月　日</div>						

5.3.2 砌体结构工程性能检测评价方法应符合本标准第3.3.1条和下列规定：

1 检查标准

1） 砂浆强度、混凝土强度检测标准和方法应符合本标准第3.3.1条的规定。

2） 全高砌体垂直度

全高不大于10m时垂直度允许偏差不应大于10mm。

全高大于10m时垂直度允许偏差不应大于20mm。

全高垂直度允许偏差各检测点均达到规范规定值的应为一档，取100%的分值；各检测点80%及以上达到规范规定值，但不足100%的应为二档，取70%的分值。

抽样检测结果中，不合格点的最大偏差均不应大于本标准规定允许偏差的1.5倍。

2 检查方法：核查分项工程质量验收资料。

5.3.3 砌体结构工程质量记录项目及评分应符合表5.3.3的规定。

表 5.3.3　砌体结构工程质量记录项目及评分

工程名称				建设单位			
施工单位				评价单位			

序号	检 查 项 目		应得分	判定结果		实得分	备注
				100%	70%		
1	材料合格证、进场验收记录及复试报告	水泥、砌块、预拌砌筑砂浆合格证，进场验收记录；水泥、砌块复试报告	30				
2	施工记录	构造柱、圈梁施工记录	30				
		砌筑砂浆使用施工记录					
		隐蔽工程验收记录					
3	施工试验	砂浆、混凝土配合比试验报告	40				
		砂浆、混凝土试件强度试验报告及强度评定					
		水平灰缝砂浆饱满度检测记录					
	合计得分						

核查结果	质量记录项目分值 30 分。 应得分合计： 实得分合计： $$砌体结构工程质量记录得分 = \frac{实得分合计}{应得分合计} \times 30 =$$

评价人员：　　　　　　　年　月　日

5.3.4 砌体结构工程质量记录评价方法应符合本标准第3.3.2条的规定。

5.3.5 砌体结构工程允许偏差项目及评分应符合表5.3.5的规定。

表5.3.5 砌体结构工程允许偏差项目及评分

工程名称				建设单位		
施工单位				评价单位		

序号	检 查 项 目		应得分	判定结果		实得分	备注
				100%	70%		
1	轴线位移	10mm	40				
2	层高垂直度	5mm	40				
3	上下窗口偏移	20mm	20				
	合计得分						

核查结果

允许偏差项目分值20分。

应得分合计：

实得分合计：

$$砌体结构工程允许偏差得分 = \frac{实得分合计}{应得分合计} \times 20 =$$

评价人员： 年 月 日

5.3.6 砌体结构工程允许偏差评价方法应符合本标准第3.3.3条的规定。

5.3.7 砌体结构工程观感质量项目及评分应符合表5.3.7的规定。

表 5.3.7 砌体结构工程观感质量项目及评分

工程名称						
				建设单位		
施工单位				评价单位		

序号	检 查 项 目	应得分	判定结果		实得分	备注
			100%	70%		
1	砌筑留槎	20				
2	过梁、压顶	10				
3	构造柱、圈梁	10				
4	砌体表面质量	10				
5	网状配筋及位置	10				
6	组合砌体及马牙槎拉结筋	10				
7	预留孔洞、预埋件	10				
8	细部质量	20				
	合计得分					

核查结果

观感质量项目分值 10 分。

应得分合计：

实得分合计：

$$砌体结构工程观感质量得分=\frac{实得分合计}{应得分合计}\times 10=$$

评价人员：   年 月 日

5.3.8 砌体结构工程观感质量评价方法应符合本标准第 3.3.4 条的规定。

6 屋面工程质量评价

6.1 性 能 检 测

6.1.1 屋面工程性能检测项目及评分应符合表6.1.1的规定。

表6.1.1 屋面工程性能检测项目及评分

工程名称				建设单位		
施工单位				评价单位		
序号	检 查 项 目	应得分	判定结果		实得分	备注
			100%	70%		
1	屋面防水效果检查	50				
2	保温层厚度测试	50				
	合 计 得 分					
核查结果	性能检测项目分值40分。 应得分合计： 实得分合计： $$屋面工程性能检测得分 = \frac{实得分合计}{应得分合计} \times 40 =$$ 评价人员：　　　　　年 月 日					

6.1.2 屋面工程性能检测评价方法应符合本标准第3.3.1条及下列规定：

1 检查标准

　1）屋面防水效果：屋面淋水、蓄水或雨后检查，无渗漏、无积水和排水畅通的应为一档，取100%的分值；无渗漏及排水畅通，但局部有少量积水，水深不超过30mm应为二档，取70%的分值。

　2）保温层厚度：抽样测试点全部达到设计厚度的应为一档，取100%的分值；抽样测试点95%及以上，但不足100%达到设计厚度的，且平均厚度达到设计要求，最薄点不应小于设计厚度的95%的应为二档，取70%的分值。

2 检查方法：核查测试记录。

6.2 质 量 记 录

6.2.1 屋面工程质量记录项目及评分应符合表6.2.1的规定。

表 6.2.1　屋面工程质量记录项目及评分

工程名称				建设单位				
施工单位				评价单位				

序号	检 查 项 目		应得分	判定结果		实得分	备注
				100%	70%		
1	材料合格证、进场验收记录及复试报告	瓦及板材等屋面材料合格证、进场验收记录	30				
		防水与密封材料合格证、进场验收记录及复试报告					
		保温材料合格证、进场验收记录及复试报告					
2	施工记录	保温层及基层施工记录	30				
		防水与密封工程施工记录；瓦面与板面施工记录					
		天沟、檐沟、泛水和变形缝等细部施工记录					
3	施工试验	保护层配合比试验报告，防水涂料、密封材料配合比试验报告	40				
	合计得分						

核查结果

质量记录项目分值 20 分。

应得分合计：

实得分合计：

$$屋面工程质量记录得分 = \frac{实得分合计}{应得分合计} \times 20 =$$

评价人员：　　　　　年　月　日

6.2.2 屋面工程质量记录评价方法应符合本标准第 3.3.2 条的规定。

6.3 允许偏差

6.3.1 屋面工程允许偏差项目及评分应符合表 6.3.1 的规定。

表 6.3.1 屋面工程允许偏差项目及评分

工程名称				建设单位			
施工单位				评价单位			

序号	检 查 项 目		应得分	判定结果		实得分	备注
				100%	70%		
1	卷材与涂膜屋面	屋面及排水沟坡度符合设计要求	70				
		防水卷材搭接宽度的允许偏差为 −10mm					
		涂料防水层平均厚度达到设计值、最小厚度不小于设计值的 80%					
	瓦面与板面屋面	压型板纵向搭接及泛水搭接长度、挑出墙面长度不小于 200mm					
		脊瓦搭盖坡瓦宽度不小于 40mm 瓦伸入天沟、檐沟、檐口的长度 50mm～70mm					
	刚性屋面与隔热屋面	刚性防水层表面平整度 5mm 架空屋面架空隔热制品距周边墙不小于 250mm					
2	细部构造	防水层伸入水落口杯长度不小于 50mm	30				
		变形缝、女儿墙防水层立面泛水高度不小于 250mm					
	合计得分						
核查结果	允许偏差项目分值 10 分。 应得分合计： 实得分合计： 屋面工程允许偏差得分 $=\dfrac{\text{实得分合计}}{\text{应得分合计}}\times 10=$						

评价人员： 年 月 日

6.3.2 屋面工程允许偏差评价方法应符合本标准第3.3.3条的规定。

6.4 观 感 质 量

6.4.1 屋面工程观感质量项目及评分应符合表6.4.1的规定。

表6.4.1 屋面工程观感质量项目及评分

工程名称						建设单位		
施工单位						评价单位		

序号	检 查 项 目		应得分	判定结果		实得分	备注
				100%	70%		
1	卷材、涂膜屋面	卷材铺设质量	50				
		涂膜防水层质量					
		排气道设置质量					
		上人屋面面层铺设质量					
	瓦、板屋面	瓦及板材铺设质量					
	刚性、隔热等屋面	其他材料屋面					
2	细部构造		50				
	合计得分						
核查结果	观感质量项目分值30分。 应得分合计： 实得分合计： $$屋面工程观感质量得分 = \frac{实得分合计}{应得分合计} \times 30 =$$ 评价人员： 年 月 日						

6.4.2 屋面工程观感质量评价方法应符合本标准第3.3.4条的规定。

7 装饰装修工程质量评价

7.1 性 能 检 测

7.1.1 装饰装修工程性能检测项目及评分应符合表7.1.1的规定。

表 7.1.1 装饰装修工程性能检测项目及评分

工程名称			建设单位			
施工单位			评价单位			
序号	检 查 项 目	应得分	判定结果		实得分	备注
			100%	70%		
1	外窗三性检测	10				
2	外窗、门的安装牢固检验	10				
3	装饰吊挂件和预埋件检验或拉拔力试验	10				
4	阻燃材料的阻燃性试验	10				
5	幕墙的三性及平面变形性能检测	10				
6	幕墙金属框架与主体结构连接检测	10				
7	幕墙后置预埋件拉拔力试验	10				
8	外墙块材镶贴的粘结强度检测	10				
9	有防水要求房间地面蓄水试验	10				
10	室内环境质量检测	10				
	合计得分					
核查结果	性能检测项目分值30分。 应得分合计： 实得分合计： $$装饰装修工程性能检测得分=\frac{实得分合计}{应得分合计}\times30=$$					

评价人员：　　　　　　年 月 日

7.1.2 装饰装修工程性能检测评价方法应符合本标准第 3.3.1 条的规定。

7.2 质 量 记 录

7.2.1 装饰装修工程质量记录项目及评分应符合表 7.2.1 的规定。

表 7.2.1　装饰装修工程质量记录项目及评分

工程名称					建设单位			
施工单位					评价单位			

序号	检 查 项 目		应得分	判定结果		实得分	备注
				100%	70%		
1	材料合格证、进场验收记录及复试报告	装饰装修、地面、门窗保温、阻燃防火材料合格证及进场验收记录，保温、阻燃材料复试报告	30				
		幕墙的玻璃、石材、板材、结构材料合格证及进场验收记录					
		有环境质量要求材料合格证、进场验收记录及复试报告					
2	施工记录	幕墙、外墙饰面砖（板）、预埋件及粘贴施工记录	30				
		门窗、吊顶、隔墙、地面、饰面砖（板）施工记录					
		抹灰、涂饰施工记录					
		隐蔽工程验收记录					
3	施工试验	有防水要求房间地面坡度检验记录	40				
		结构胶相容性试验报告					
		有关胶料配合比试验单					
	合计得分						
核查结果	质量记录项目分值 20 分。 应得分合计： 实得分合计： 　　　　装饰装修工程质量记录得分＝$\dfrac{实得分合计}{应得分合计}×20＝$						
	评价人员：　　　　　　年 月 日						

7.2.2 装饰装修工程质量记录评价方法应符合本标准第 3.3.2 条的规定。

7.3 允 许 偏 差

7.3.1 装饰装修工程允许偏差项目及评分应符合表 7.3.1 的规定。

表 7.3.1　装饰装修工程允许偏差项目及评分

工程名称				建设单位				
施工单位				评价单位				
序号	检 查 项 目		允许偏差（mm）	应得分	判定结果		实得分	备注
					100%	70%		
1	墙面抹灰工程	立面垂直度	4	20				
		表面平整度	4					
2	门窗工程	门窗框正、侧面垂直度	3	20				
		双层窗内外框间距	4					
	幕墙工程	幕墙垂直度 $H \leqslant 30m$	10					
		$30m < H \leqslant 60m$	15					
		$60m < H \leqslant 90m$	20					
		$H > 90m$	25					
3	地面工程	地面表面平整度	4	30				
4	吊顶工程	接缝直线度	3	10				
5	饰面板（砖）工程	表面平整度	3	10				
		接缝直线度	2					
6	细部工程	扶手高度	3	10				
		栏杆间距	3					
	合计得分							
核查结果	允许偏差项目分值 10 分。 应得分合计： 实得分合计： $$装饰装修工程允许偏差得分 = \frac{实得分合计}{应得分合计} \times 10 =$$ 　　　　　　　　　　　　　　　　　　　　　　　评价人员：　　　　　年　月　日							

注：H 为幕墙高度。

7.3.2　装饰装修工程允许偏差评价方法应符合本标准 3.3.3 条的规定。

7.4　观 感 质 量

7.4.1　装饰装修工程观感质量项目及评分应符合表 7.4.1 的规定。

表 7.4.1　装饰装修工程观感质量项目及评分

工程名称				建设单位			
施工单位				评价单位			

序号		检 查 项 目	应得分	判定结果		实得分	备注
				100%	70%		
1	地面	表面、分格缝、图案、有排水要求的地面的坡度、块材色差、不同材质分界缝	10				
2	墙面抹灰	表面、护角、阴阳角、分隔缝、滴水线槽	10				
	饰面板（砖）	排砖、表面质量、勾缝嵌缝、细部、边角					
3	门窗	安装固定、配件、位置、构造、玻璃质量、开启及密封	10				
	幕墙	主要构件外观、节点做法、玻璃质量、固定、打胶、配件、开启密闭					
4	吊顶	图案、颜色、灯具设备安装位置、交接缝处理、吊杆龙骨外观	10				
5	轻质隔墙	位置、墙面平整、连接件、接缝处理	10				
6	涂饰工程、裱糊与软包	表面质量、分色规矩、色泽协调	10				
		端正、边框、拼角、接缝、平整、对花规矩					
7	细部工程	柜、盒、护罩、栏杆、花式等安装、固定和表面质量	10				
8	外檐观感	室外墙面、大角、墙面横竖线（角）及滴水槽（线）、散水、台阶、雨罩、变形缝和泛水等	15				
9	室内观感	地面、墙面、墙面砖、顶棚、涂料、饰物、线条及不同做法的交接过渡、变形缝等	15				
	合计得分						

核查结果	观感质量项目分值40分。 应得分合计： 实得分合计： 　　　装饰装修工程观感质量得分 = $\dfrac{实得分合计}{应得分合计} \times 40 =$ 　　　　　　　　　　　　　　　　评价人员：　　　　　年　月　日

7.4.2 装饰装修工程观感质量评价方法应符合本标准第 3.3.4 条的规定。

8 安装工程质量评价

8.1 给水排水及供暖工程

8.1.1 给水排水及供暖工程性能检测项目及评分应符合表 8.1.1 的规定。

表 8.1.1 给水排水及供暖工程性能检测项目及评分

工程名称				建设单位			
施工单位				评价单位			
序号	检查项目		应得分	判定结果		实得分	备注
				100%	70%		
1	给水管道系统通水试验、水质检测		10				
2	承压管道、消防管道设备系统水压试验		30				
3	非承压管道和设备灌水试验，排水干管管道通球、系统通水试验，卫生器具满水试验		30				
4	消火栓系统试射试验		10				
5	锅炉系统、供暖管道、散热器压力试验、系统调试、试运行、安全阀、报警装置联动系统测试		20				
	合计得分						
核查结果	性能检测项目分值 40 分。 应得分合计： 实得分合计： 给水排水及供暖工程性能检测得分 $=\dfrac{实得分合计}{应得分合计}\times 40=$						

评价人员：   年 月 日

8.1.2 给水排水及供暖工程性能检测评价方法应符合本标准第 3.3.1 条的规定。

8.1.3 给水排水及供暖工程质量记录项目及评分应符合表 8.1.3 的规定。

表 8.1.3 给水排水及供暖工程质量记录项目及评分

工程名称						建设单位		
施工单位						评价单位		
序号	检查项目		应得分	判定结果		实得分	备注	
				100%	70%			
1	材料、设备合格证,进场验收记录及复试报告	管材及配件出厂合格证,进场验收记录	30					
		器具及设备出厂合格证,进场验收记录						
2	施工记录	主要管道施工及管道穿墙穿楼板套管安装施工记录	30					
		补偿器预拉伸记录						
		给水管道冲洗、消毒记录						
		隐蔽工程验收记录						
3	施工试验	管道阀门、设备强度和严密性试验	40					
		给水系统及排水系统通水、满水试验						
		水泵安装试运转						
	合计得分							
核查结果	质量记录项目分值 20 分。 应得分合计: 实得分合计: 给水排水及供暖工程质量记录得分$=\dfrac{实得分合计}{应得分合计}\times 20=$							

评价人员: 年 月 日

8.1.4 给水排水及供暖工程质量记录评价方法应符合本标准第 3.3.2 条的规定。

8.1.5 给水排水及供暖工程允许偏差项目及评分应符合表 8.1.5 的规定。

表 8.1.5　给水排水及供暖工程允许偏差项目及评分

工程名称				建设单位		
施工单位				评价单位		

序号	检查项目	应得分	判定结果		实得分	备注
			100%	70%		
1	管道坡度： 给水管为 2‰～5‰ 排水管铸铁管为 5‰～35‰，排水管塑料管为 4‰～25‰ 供暖管为不小于 5‰，散热器支管为 1‰。坡向利于排水	50				
2	箱式消火栓安装位置： 高度允许偏差为 ±15mm 垂直度允许偏差为 3mm	20				
3	卫生器具、淋浴器安装高度偏差为 ±15mm	30				
	合计得分					
核查结果	允许偏差项目分值 10 分。 应得分合计： 实得分合计： 　　　　给水排水及供暖工程允许偏差得分＝$\dfrac{实得分合计}{应得分合计}×10＝$					

评价人员：　　　　　　　　　　　年　月　日

8.1.6 给水排水及供暖工程允许偏差评价方法应符合本标准第 3.3.3 条的规定。

8.1.7 给水排水及供暖工程观感质量项目及评分应符合表 8.1.7 的规定。

表 8.1.7 给水排水及供暖工程观感质量项目及评分

工程名称				建设单位			
施工单位				评价单位			

序号	检查项目	应得分	判定结果 100%	判定结果 70%	实得分	备注
1	给水、排水、供暖管道及支架安装	20				
2	卫生洁具及给水、排水配件安装	20				
3	设备及配件安装	20				
4	管道、支架及设备的防腐及保温	10				
5	有排水要求房间地面的排水口及地漏的设置	20				
6	管道穿墙、穿楼板接口处	10				
	合计得分					

观感质量项目分值 30 分。

应得分合计：

实得分合计：

$$给水排水及供暖工程观感质量得分 = \frac{实得分合计}{应得分合计} \times 30 =$$

核查结果

评价人员：　　　　　　　　　　　　　年 月 日

8.1.8 给水排水及供暖工程观感质量评价方法应符合本标准第 3.3.4 条的规定。

8.2 电 气 工 程

8.2.1 电气工程性能检测项目及评分应符合表 8.2.1 的规定。

表 8.2.1 电气工程性能检测项目及评分

工程名称				建设单位		
施工单位				评价单位		
序号	检查项目	应得分	判定结果		实得分	备注
			100%	70%		
1	接地装置、防雷装置的接地电阻测试及接地（等电位）联结导通性测试	20				
2	剩余电流动作保护器测试	20				
3	照明全负荷试验	20				
4	大型灯具固定及悬吊装置过载测试	20				
5	电气设备空载试运行和负荷试运行试验	20				
	合计得分					
核查结果	性能检测项目分值 40 分。 应得分合计： 实得分合计： 电气工程性能检测得分＝$\dfrac{实得分合计}{应得分合计}$×40＝					

评价人员： 年 月 日

8.2.2 电气工程性能检测评价方法应符合本标准第 3.3.1 条的规定。

8.2.3 电气工程质量记录项目及评分应符合表 8.2.3 的规定。

表 8.2.3 电气工程质量记录项目及评分

工程名称						建设单位		
施工单位						评价单位		

序号	检查项目		应得分	判定结果		实得分	备注
				100%	70%		
1	材料、设备合格证，进场验收记录及复试报告	材料、元件及器具出厂合格证及进场验收记录	30				
		设备出厂合格证及进场验收记录，设备性能检测记录					
2	施工记录	电气装置安装施工记录	30				
		隐蔽工程验收记录					
3	施工试验	导线、设备、元件、器具绝缘电阻测试记录	40				
		接地故障回路阻抗测试记录					
		电气装置空载和负荷运行试验记录					
合计得分							

核查结果	质量记录项目分值 20 分。 应得分合计： 实得分合计： $$电气工程质量记录得分 = \frac{实得分合计}{应得分合计} \times 20 =$$

评价人员：   年 月 日

8.2.4 电气工程质量记录评价方法应符合本标准第 3.3.2 条的规定。

8.2.5 电气工程允许偏差项目及评分应符合表 8.2.5 的规定。

表 8.2.5　电气工程允许偏差项目及评分

工程名称				建设单位		
施工单位				评价单位		

序号	检查项目	应得分	判定结果		实得分	备注
			100%	70%		
1	柜、屏、台、箱、盘安装垂直度允许偏差为 1.5‰	40				
2	照明开关安装位置距门框边缘宜为 0.15m～0.2m	60				
	合计得分					

核查结果

允许偏差项目分值 10 分。
应得分合计：
实得分合计：

$$电气工程允许偏差得分 = \frac{实得分合计}{应得分合计} \times 10 =$$

评价人员：　　　　　　　年　月　日

8.2.6 电气工程允许偏差评价方法应符合本标准第 3.3.3 条的规定。

8.2.7 电气工程观感质量项目及评分应符合表 8.2.7 的规定。

表8.2.7　电气工程观感质量项目及评分

工程名称				建设单位			
施工单位				评价单位			

序号	检查项目	应得分	判定结果		实得分	备注
			100%	70%		
1	电线管、桥架、母线槽及其支吊架安装	20				
2	导线及电缆敷设（含回路标识）	10				
3	接地系统安装（含接地连接、等电位联结）	20				
4	开关、插座安装及接线	10				
5	灯具及其他用电器具安装及接线	20				
6	配电箱、柜安装及接线	10				
7	电气设备末端装置的安装	10				
	合计得分					

核查结果

观感质量项目分值30分。
应得分合计：
实得分合计：

$$电气工程观感质量得分 = \frac{实得分合计}{应得分合计} \times 30 =$$

评价人员：　　　　　　　　　年　月　日

8.2.8 电气工程观感质量评价方法应符合本标准第3.3.4条的规定。

8.3　通风与空调工程

8.3.1 通风与空调工程性能检测项目及评分应符合表8.3.1的规定。

表 8.3.1 通风与空调工程性能检测项目及评分

工程名称				建设单位		
施工单位				评价单位		

序号	检查项目	应得分	判定结果		实得分	备注
			100%	70%		
1	空调水管道系统水压试验	10				
2	通风管道严密性试验及风量、温度测试	30				
3	通风、除尘系统联合试运转与调试	60				
	空调系统联合试运转与调试					
	制冷系统联合试运转与调试					
	净化空调系统联合试运转与调试、洁净室洁净度测试					
	防排烟系统联合试运转与调试					
	合计得分					

核查结果	性能检测项目分值 40 分。 应得分合计： 实得分合计： $$通风与空调工程性能检测得分 = \frac{实得分合计}{应得分合计} \times 40 =$$ 评价人员：　　　　　　　　　　　　　年　月　日

8.3.2 通风与空调工程性能检测评价方法应符合本标准第 3.3.1 条的规定。

8.3.3 通风与空调工程质量记录项目及评分应符合表 8.3.3 的规定。

表8.3.3　通风与空调工程质量记录项目及评分

工程名称				建设单位			
施工单位				评价单位			
序号	检查项目		应得分	判定结果		实得分	备注
				100%	70%		
1	材料、设备合格证，进场验收记录及复试报告	材料、风管及其部件、仪表、设备出厂合格证及进场验收记录；保温材料合格证及进场验收记录	30				
2	施工记录	风管及其部件加工制作记录	30				
		风管系统、管道系统安装记录					
		空调设备、管道保温施工记录					
		防火阀、防排烟阀、防爆阀等安装记录					
		水泵、风机、空气处理设备、空调机组、制冷设备等设备安装记录					
		隐蔽工程验收记录					
3	施工试验	阀门试验	40				
		空气能量回收装置试验					
		设备单机试运转及调试					
		防火阀、排烟阀（口）启闭联动试验					
	合计得分						

质量记录项目分值20分。

应得分合计：

实得分合计：

$$通风与空调工程质量记录得分 = \frac{实得分合计}{应得分合计} \times 20 =$$

核查结果

评价人员：　　　　　　　　　　　　　　　　年　月　日

8.3.4 通风与空调工程质量记录评价方法应符合本标准第3.3.2条的规定。

8.3.5 通风与空调工程允许偏差项目及评分应符合表8.3.5的规定。

表8.3.5 通风与空调工程允许偏差项目及评分

工程名称				建设单位			
施工单位				评价单位			
序号	检查项目		应得分	判定结果		实得分	备注
				100%	70%		
1	风口尺寸： 圆形 $\phi \leqslant 250mm$ 时，偏差为 $0 \sim -2mm$； $\phi > 250mm$ 时，偏差为 $0 \sim -3mm$。 矩形 $L < 300mm$ 时，偏差为 $0 \sim -1mm$； $L = 300mm \sim 800\ mm$ 时，偏差为 $0 \sim -2mm$； $L > 800\ mm$ 时，偏差为 $0 \sim -3\ mm$		40				
2	风口安装： 水平安装水平度偏差不应大于 $3/1000$， 垂直安装垂直度偏差不应大于 $2/1000$		30				
3	防火阀距墙表面的距离偏差不应大于200mm		30				
	合计得分						
核查结果	允许偏差项目分值10分。 应得分合计： 实得分合计： $$通风与空调工程允许偏差得分 = \frac{实得分合计}{应得分合计} \times 10 =$$						
	评价人员：					年 月 日	

8.3.6 通风与空调工程允许偏差评价方法应符合本标准第 3.3.3 条的规定。

8.3.7 通风与空调工程观感质量项目及评分应符合表 8.3.7 的规定。

表 8.3.7　通风与空调工程观感质量项目及评分

工程名称					建设单位		
施工单位					评价单位		

序号	检查项目	应得分	判定结果		实得分	备注
			100%	70%		
1	风管及风口安装	20				
2	风管、部件、支吊架安装	20				
3	设备及配件安装	20				
4	空调水管道安装	10				
5	风管及管道穿墙穿楼板	10				
6	风管、管道防腐及保温	20				
	合计得分					

核查结果

观感质量项目分值 30 分。
应得分合计：
实得分合计：

$$通风与空调工程观感质量得分 = \frac{实得分合计}{应得分合计} \times 30 =$$

评价人员：　　　　　　　　　年　月　日

8.3.8 通风与空调工程观感质量评价方法应符合本标准第 3.3.4 条的规定。

8.4　电　梯　工　程

8.4.1 电梯工程性能检测项目及评分应符合表 8.4.1 的规定。

表 8.4.1　电梯工程性能检测项目及评分

工程名称					建设单位		
施工单位					评价单位		

序号	检查项目	应得分	判定结果		实得分	备注
			100%	70%		
1	电梯、自动扶梯、人行道电气装置接地、绝缘电阻测试	30				
2	电力驱动、液压电梯安全保护测试、性能运行试验	40				
	自动扶梯、人行道自动停止运行测试、性能运行试验					
3	电力驱动电梯限速器安全钳联动试验、电梯层门与轿门试验	30				
	液压电梯限速器安全钳联动试验，电梯层门与轿门试验					
	自动扶梯、人行道性能试验					
	合计得分					
核查结果	性能检测项目分值 40 分。 应得分合计： 实得分合计： $$电梯工程性能检测得分 = \frac{实得分合计}{应得分合计} \times 40 =$$ 评价人员：　　　　　　　　　　　　年　月　日					

8.4.2　电梯工程性能检测评价方法应符合本标准第 3.3.1 条的规定。

8.4.3　电梯工程质量记录项目及评分应符合表 8.4.3 的规定。

表 8.4.3　电梯工程质量记录项目及评分

工程名称				建设单位			
施工单位				评价单位			

序号	检查项目		应得分	判定结果		实得分	备注
				100%	70%		
1	材料、设备出厂合格证，进场验收记录和安装使用技术文件	电梯产品（整机）出厂合格证，开箱单及开箱检查记录	30				
		重要（安全）零（部）件和材料产品出厂合格证及型式试验证书					
		安装说明书（图）和使用维护说明书					
2	施工记录	动力电路和安全电路的电气原理图、液压系统图	30				
		机房、井道土建交接验收检查记录					
		设备零部件、电气装置安装施工记录					
3	施工试验	隐蔽工程验收记录	40				
		安装过程的设备、电气调整测试记录					
		整机空载、额定载荷、超载荷下运行试验记录					
	合计得分						

核查结果	质量记录项目分值 20 分。 应得分合计： 实得分合计： $$电梯工程质量记录得分 = \frac{实得分合计}{应得分合计} \times 20 =$$

评价人员：　　　　　　　　　　　　　　　　　年　月　日

8.4.4　电梯工程质量记录评价方法应符合本标准第 3.3.2 条的规定。

8.4.5　电梯工程允许偏差项目及评分应符合表 8.4.5 的规定。

表 8.4.5　电梯工程允许偏差项目及评分

工程名称					建设单位			
施工单位					评价单位			
序号		检查项目	应得分	判定结果		实得分	备注
				100%	70%		
1	电梯	层门地坎至轿厢地坎之间水平距离	100				
		平层准确度					
2		自动扶梯、人行道扶手带的运行速度相对梯级、踏板或胶带的速度差	100				
		合计得分					
核查结果	允许偏差项目分值10分。 应得分合计： 实得分合计： 　　　　电梯工程允许偏差得分＝$\dfrac{实得分合计}{应得分合计}\times 10=$ 　　　　　　　　　　　　评价人员：　　　　　　　　　　年　月　日						

8.4.6　电梯工程允许偏差项目评价方法应符合本标准第 3.3.3 条及下列规定：

1　检查标准

　　1）层门地坎至轿厢地坎之间的水平距离偏差为 0～＋3mm，且最大距离不大于 20mm 应为一档，取 100％的分值；偏差为 0～＋3mm，且最大距离大于 20mm 但严禁超过 35mm 应为二档，取 70％的分值。

　　2）平层准确度

　　　　额定速度 $v\leqslant 0.63$m/s 的交流双速电梯和其他调速方式的电梯：平层准确度偏差不超过 ±8mm 的应为一档，取 100％的分值；偏差超过 ±8mm，但不超过 ±15mm 的应为二档，取 70％的分值。

　　　　额定速度 0.63m/s$<v\leqslant 1.0$m/s 的交流双速电梯：平层准确度偏差不超过 ±15mm 的应为一档，取 100％的分值；偏差超过 ±15mm，但不超过 ±30mm 的应为二档，取 70％的分值。

　　　　其他调速方式的电梯平层准确度同 $v\leqslant 0.63$m/s 的交流双速电梯。

　　3）自动扶梯、人行道扶手带的运行速度相对梯级、踏板或胶带的速度允许偏差：偏差值在 0～＋0.5％的应为一档，取 100％的分值；偏差值在 0～＋（0.5～2）％的应为二档，取 70％的分值。

2　检查方法：核查试验记录。

8.4.7　电梯工程观感质量项目及评分应符合表 8.4.7 的规定。

表 8.4.7 电梯工程观感质量项目及评分

工程名称						建设单位		
施工单位						评价单位		
序号	检查项目		应得分	判定结果		实得分	备注	
				100%	70%			
1	电力驱动、液压式电梯	外观	30					
		机房（如有时）及相关设备安装	30					
		井道及相关设备安装	20					
		门系统和层站设施安装	20					
2	自动扶梯、人行道	外观	40					
		机房及其设备安装	30					
		周边相关设施安装	30					
	合计得分							
核查结果	观感质量项目分值30分。 应得分合计： 实得分合计： $$电梯工程观感质量得分=\frac{实得分合计}{应得分合计}\times30=$$ 评价人员： 年 月 日							

注：电梯、自动扶梯、人行道应每台梯单独评价。

8.4.8 电梯工程观感质量评价方法应符合本标准第3.3.4条的规定。

8.5 智 能 建 筑 工 程

8.5.1 智能建筑工程性能检测项目及评分应符合表8.5.1的规定。

表 8.5.1 智能建筑工程性能检测项目及评分

工程名称					建设单位		
施工单位					评价单位		
序号	检查项目	应得分	判定结果		实得分	备注	
			100%	70%			
1	接地电阻测试	20					
2	系统检测	40					
3	系统集成检测	40					
	合计得分						
核查结果	性能检测项目分值40分。 应得分合计： 实得分合计： $$智能建筑工程性能检测得分=\frac{实得分合计}{应得分合计}\times40=$$ 评价人员： 年 月 日						

8.5.2 智能建筑工程性能检测评价方法应符合本标准第 3.3.1 条和下列规定：

1 检查标准

接地电阻测试：一次检测达到设计要求的应为一档，取 100% 的分值；经整改达到设计要求的应为二档，取 70% 的分值。

系统检测、系统集成检测：按设计安装的系统应全部检测。火灾自动报警、安全防范、通信网络等系统应由专业检测机构进行检测。按先各系统后系统集成进行检测。系统检测、系统集成检测一次检测主控项目达到合格，一般项目中有不超过 5% 的项目经整改后达到要求的应为一档，取 100% 的分值；一次检测主控项目达到合格，一般项目中有超过 5% 项目，但不超过 10% 的项目经整改后达到要求的应为二档，取 70% 的分值。

2 检查方法：核查检测报告。

8.5.3 智能建筑工程质量记录项目及评分应符合表 8.5.3 的规定。

表 8.5.3　智能建筑工程质量记录项目及评分

工程名称				建设单位		
施工单位				评价单位		
序号	检查项目		应得分	判定结果		实得分	备注
				100%	70%		
1	材料、设备、软件合格证及进场验收记录	材料、设备、软件出厂合格证及进场验收记录	30				
		随机文件（设备生产许可证、产品说明书、软件资料、程序结构、调试使用、维护说明书）及检查记录					
2	施工记录	系统安装施工记录	30				
		隐蔽工程验收记录					
3	施工试验	硬件、软件产品设备测试记录	40				
		系统运行调试记录					
	合计得分						
核查结果	质量记录项目分值 20 分。 应得分合计： 实得分合计： 　　　　智能建筑工程质量记录得分 $=\dfrac{实得分合计}{应得分合计} \times 20 =$ 　　　　　　　　　　评价人员：　　　　　　　　　年　月　日						

8.5.4 智能建筑质量记录评价方法应符合本标准第 3.3.2 条的规定。

8.5.5 智能建筑工程允许偏差项目及评分应符合表 8.5.5 的规定。

表 8.5.5　智能建筑工程允许偏差项目及评分

工程名称					建设单位		
施工单位					评价单位		
序号	检查项目		应得分	判定结果		实得分	备注
				100%	70%		
1	机柜、机架安装垂直度偏差不应大于 3mm		50				
2	桥架及线槽安装水平度不应大于 2mm；垂直度不应大于 3mm		50				
	合计得分						
核查结果	允许偏差项目分值 10 分。 应得分合计： 实的分合计： 智能建筑工程允许偏差得分＝$\dfrac{实得分合计}{应得分合计}\times10=$						
	评价人员：　　　　　　　　　　　　　　　　　年　月　日						

8.5.6 智能建筑工程允许偏差项目及评价方法应符合本标准第 3.3.3 条的规定。

8.5.7 智能建筑工程观感质量项目及评价应符合表 8.5.7 的规定。

表 8.5.7　智能建筑工程观感质量项目及评分

工程名称					建设单位		
施工单位					评价单位		
序号	检查项目		应得分	判定结果		实得分	备注
				100%	70%		
1	综合布线、电源及接地线等安装		35				
2	机柜、机架和配线架安装		35				
3	模块、信息插座安装		30				
	合计得分						
核查结果	观感质量项目分值 30 分。 应得分合计： 实得分合计： 智能建筑工程观感质量得分＝$\dfrac{实得分合计}{应得分合计}\times30=$						
	评价人员：　　　　　　　　　　　　　　　　　年　月　日						

8.5.8 智能建筑工程观感质量评价方法应符合本标准第 3.3.4 条的规定。

8.6 燃 气 工 程

8.6.1 燃气工程性能检测项目及评分应符合表 8.6.1 的规定。

表 8.6.1 燃气工程性能检测项目及评分

工程名称				建设单位		
施工单位				评价单位		
序号	检查项目	应得分	判定结果		实得分	备注
			100%	70%		
1	燃气管道强度、严密性试验	50				
2	燃气浓度检测报警器、自动切断阀和通风设施试验	20				
3	采暖、制冷、灶具熄火保护装置和排烟设施试验	20				
4	防雷、防静电接地检测	10				
	合计得分					
核查结果	性能检测项目分值 40 分。 应得分合计： 实得分合计： $$燃气工程性能检测得分＝\frac{实得分合计}{应得分合计}×40＝$$ 评价人员： 年 月 日					

8.6.2 燃气工程性能评价方法应符合本标准第 3.3.1 条和下列规定：

1 检查标准

    1）室内燃气管道强度试验应符合现行行业标准《城镇燃气室内工程施工与质量验收规范》CJJ 94 的规定：

        明管敷设、暗埋或暗封敷设的引入管，用设计压力的 1.5 倍且不得低于 0.1MPa 或按设计要求压力试压，在试验压力下稳压 1h，无压力降的应为一档，取 100% 的分值；经过整改二次试压达到无压力降的应为二档，取 70% 的分值。

    2）室内燃气管道严密性试验应符合现行行业标准《城镇燃气室内工程施工与质量验收规范》CJJ 94 的规定：

        在压力试压合格后，严密性试验在稳压下采用发泡剂检查所有接头，符合设计要求的应为一档，取 100% 的分值；经整改二次试验符合设计要求的应为二档，取 70% 的分值。

    3）燃气浓度检测报警器、自动切断阀和通风设施应符合现行国家标准《城镇燃气设计规范》GB 50028 的规定：

        燃气锅炉和冷热水机组管道及设备用气场所经试验一次符合设计

要求的应为一档，取 100% 的分值；经整改二次试验符合设计要求的应为二档，取 70% 的分值。

  4）采暖、制冷器具、灶具熄火保护装置和排烟设施应符合国家现行标准《城镇燃气设计规范》GB 50028 和《家用燃气燃烧器具安装及验收规程》CJJ 12 的规定：

    经试验一次符合设计要求的应为一档，取 100% 的分值；经整改二次试验符合设计要求的应为二档，取 70% 的分值。

  5）防雷、防静电接地检测应符合现行国家标准《城镇燃气设计规范》GB 50028 的规定：

    经试验一次符合设计要求的应为一档，取 100% 的分值；经整改二次试验符合设计要求的应为二档，取 70% 的分值。

  2　检查方法：核查检测报告。

8.6.3　燃气工程质量记录项目及评分应符合表 8.6.3 的规定。

表 8.6.3　燃气工程质量记录项目及评分

工程名称					建设单位		
施工单位					评价单位		
序号	检查项目		应得分	判定结果		实得分	备注
				100%	70%		
1	材料、设备合格证及进场验收记录	管道、配件产品合格证，进场验收记录	30				
		设备、计量仪表合格证，质量认证文件，进场验收记录					
		报警器、自动切断阀合格证，进场验收记录					
2	施工记录	管道、支架安装记录	30				
		计量仪表、设备及支架安装记录					
		焊工资格备案					
		隐蔽工程验收记录					
3	施工试验	管道连接、管道与仪表、设备连接试验记录	40				
		阀门试验记录，焊缝射线探伤、超声波检验记录					
		燃气管道、燃具与电气开关、插座的水平安全距离检查记录					
	合计得分						

核查结果	质量记录项目分值20分。
	应得分合计：
	实得分合计：
	
	   燃气工程质量记录得分＝$\dfrac{实得分合计}{应得分合计}×20＝$
	
	       评价人员： 年　月　日						

8.6.4 燃气工程质量记录评价方法应符合本标准第3.3.2条的规定。

8.6.5 燃气工程允许偏差项目及评分应符合表8.6.5的规定。

表8.6.5 燃气工程允许偏差项目及评分

工程名称					建设单位			
施工单位					评价单位			

序号	检查项目			应得分	判定结果		实得分	备注
					100%	70%		
1	室内管道安装	标高	±10mm	30				
		立管垂直度	钢管	3mm/m 且≤8mm				
			铝塑复合管	2mm/m 且≤8mm				
		引入管阀门	阀门中心距地面	±15mm				
2	燃气计量表安装	<25 m³/h	表底距地面	±15mm	30			
			中心线垂直度	1mm				
		≥25 m³/h	表底距地面	±15mm				
			中心线垂直度	表高的0.4%				
3	灶具安装	灶具与墙净距	≥10cm	40				
		灶具与侧面墙净距	≥15cm					
		灶具与木家具、门窗净距	≥20cm					
	合计得分							

允许偏差项目分值10分。

应得分合计：

实得分合计：

核查结果

$$燃气工程允许偏差得分=\frac{实得分合计}{应得分合计}\times 10=$$

评价人员： 年 月 日

8.6.6 燃气工程允许偏差评分方法应符合本标准第 3.3.3 条的规定。

8.6.7 燃气工程观感质量项目及评分应符合表 8.6.7 的规定。

表 8.6.7　燃气工程观感质量项目及评分

工程名称						建设单位		
施工单位						评价单位		

序号	检查项目	应得分	判定结果		实得分	备注
			100%	70%		
1	燃气管道及支架安装（牢固、坡度）	10				
2	计量仪表、灶具等设备安装	20				
3	燃气管道引入，与其他管道间距	20				
4	管道标识	10				
5	烟道设置	20				
6	排气管与周围安全距离	20				
	合计得分					

核查结果	观感质量项目分值 30 分。 应得分合计： 实得分合计： $$燃气工程观感质量得分 = \frac{实得分合计}{应得分合计} \times 30 =$$ 评价人员：　　　　　　　　　　　　　　年　月　日

8.6.8 燃气工程观感质量评价方法应符合本标准第 3.3.4 条的规定。

9　建筑节能工程质量评价

9.1　性　能　检　测

9.1.1 建筑节能工程性能检测项目及评分应符合表 9.1.1 的规定。

表 9.1.1　建筑节能工程性能检测项目及评分

工程名称			建设单位		
施工单位			评价单位		

序号	检查项目	应得分	判定结果		实得分	备 注
			100%	70%		
1	外围护结构节能实体检验	40				
2	外窗气密性现场实体检测	30				
3	建筑设备工程系统节能性能检验	30				
	合计得分					
核查结果	性能检测项目分值 40 分。 应得分合计： 实得分合计： 建筑节能工程性能检测得分 $=\dfrac{实得分合计}{应得分合计}\times 40=$ 　　　　　　　　　　　　　　　评价人员：　　　　　　　　　年 月 日					

9.1.2　建筑节能工程性能评价方法应符合本标准第 3.3.1 条的规定。

9.2　质　量　记　录

9.2.1　建筑节能工程质量记录项目及评分应符合表 9.2.1 的规定。

表 9.2.1 建筑节能工程质量记录项目及评分

工程名称							
施工单位				评价单位			

序号	检查项目		应得分	判定结果		实得分	备注
				100%	70%		
1	材料、设备合格证、进场验收记录及复试报告	墙体、地面、屋面保温材料合格证，进场验收记录及复试报告	30				
		幕墙、门窗玻璃、保温材料合格证，进场验收记录及复试报告					
		散热器、电气设备等设备性能合格证，进场验收记录及复试报告					
2	施工记录	墙体、地面、屋面保温层施工记录	30				
		外门窗框与墙体间缝隙密封施工记录					
		幕墙保温施工记录					
		建筑设备系统安装记录					
		隐蔽工程验收记录					
3	施工试验	室外管网的热输送效率检测报告	40				
		室内温度检测报告					
		墙面保温层后置锚固件拉拔试验报告					
		设备系统安装调试报告					
		节能检测监测与控制系统可靠性能的调试报告					
	合计得分						

质量记录项目分值 30 分。
应得分合计：
实得分合计：

$$建筑节能工程质量记录得分 = \frac{实得分合计}{应得分合计} \times 30 =$$

核查结果

评价人员：　　　　　　　　　　　年　月　日

9.2.2 建筑节能工程质量记录评价方法应符合本标准第 3.3.2 条的规定。

9.3 允 许 偏 差

9.3.1 建筑节能工程允许偏差项目及评分应符合表 9.3.1 的规定。

表 9.3.1 建筑节能工程允许偏差项目及评分

工程名称				建设单位			
施工单位				评价单位			
序号	检查项目	应得分	判定结果		实得分	备注	
			100%	70%			
1	墙体保温层厚度应大于或等于设计值的 95%	30					
2	屋面、地面保温层厚度应大于或等于设计值的 95%	20					
3	砌筑保温墙水平灰饱满度应不小于90%，竖缝应不小于80%	10					
4	室内温度差：冬季−2℃～+1℃；夏季−1℃～+2℃	10					
5	各风口风量偏差应不大于设计值的 15%	10					
6	平均照度与照明功率密度偏差应不大于设计值的 10%	10					
7	空调系统冷热水、冷却水总流量偏差应不大于10%	10					
	合计得分						
核查结果	允许偏差项目分值10分。 应得分合计： 实得分合计： $$建筑节能工程允许偏差得分 = \frac{实得分合计}{应得分合计} \times 10 =$$						

评价人员： 年 月 日

9.3.2 建筑节能工程允许偏差评分方法应符合本标准第 3.3.3 条的规定。

9.4 观 感 质 量

9.4.1 建筑节能工程观感质量项目及评分应符合表 9.4.1 的规定。

表 9.4.1   建筑节能工程观感质量项目及评分

工程名称				建设单位		
施工单位				评价单位		

序号	检查项目	应得分	判定结果 100%	判定结果 70%	实得分	备注
1	墙体、地面、屋面保温层外围护节能构造	30				
2	门窗框固定、接缝密封、打胶、开闭	20				
3	幕墙保温材料铺设构造	10				
4	散热器、管线安装	10				
5	风管、风机盘管、机组安装	10				
6	各种电器接线端子及接地线安装	10				
7	节能监控系统安装	10				
	合计得分					

核查结果：
观感质量项目分值 20 分。
应得分合计：
实得分合计：

$$建筑节能工程观感质量得分 = \frac{实得分合计}{应得分合计} \times 20 =$$

评价人员：   年 月 日

9.4.2 建筑节能工程观感质量评价方法应符合本标准第3.3.4条的规定。

10   施工质量综合评价

10.1   结构工程质量评价

10.1.1 建筑工程施工质量评价的程序和组织应符合现行国家标准《建筑工程施工质量验收统一标准》GB 50300的相关规定。

10.1.2 结构工程质量应包括地基与基础工程和主体结构工程。

10.1.3 结构工程质量核查评分应按式10.1.3计算:

$$P_s = A + B \qquad\qquad (10.1.3)$$

式中: P_s——结构工程评价得分;

   A ——地基与基础工程权重实得分;

   B ——主体结构工程权重实得分。

10.1.4 主体结构工程包括混凝土结构、钢结构、砌体结构等。根据工程实际情况,应按比例分配各项权重,总权重为40%。可按式10.1.4计算:

$$B = B_1 + B_2 + B_3 \qquad\qquad (10.1.4)$$

式中: B_1——混凝土结构工程权重实得分;

   B_2——钢结构工程权重实得分;

   B_3——砌体结构工程权重实得分。

10.2   单位工程质量评价

10.2.1 单位工程质量应包括结构工程、屋面工程、装饰装修工程、安装工程及建筑节能工程。

10.2.2 凡在施工中采用绿色施工、先进施工技术并获得省级及以上奖励的,可在单位工程核查后直接加1~2分。

10.2.3 单位工程质量核查评分应按式10.2.3计算:

$$P_c = P_s + C + D + E + F + G \qquad\qquad (10.2.3)$$

式中: P_c——单位工程质量核查得分;

   C ——屋面工程权重实得分;

   D ——装饰装修工程权重实得分;

   E ——安装工程权重实得分;

   F ——节能工程权重实得分;

G ——附加分。

10.2.4　安装工程应包括建筑给水排水及供暖工程、建筑电气工程、通风与空调工程、电梯工程、智能建筑工程、燃气工程等。各项权重分配应符合表 10.2.4 的规定。

表 10.2.4　安装工程权重分配

工程名称	权重值
建筑给水排水及供暖工程	4
建筑电气工程	4
通风与空调工程	3
电梯工程	3
智能建筑工程	3
燃气工程	3

可按式 10.2.4 计算：

$$E = E_1 + E_2 + E_3 + E_4 + E_5 + E_6 \qquad (10.2.4)$$

式中：E_1——建筑给水排水及供暖工程权重实得分；

E_2——建筑电气工程权重实得分；

E_3——通风与空调工程权重实得分；

E_4——电梯工程权重实得分；

E_5——智能建筑工程权重实得分；

E_6——燃气工程权重实得分。

10.2.5　单位工程评价结果可按表 10.2.5 进行计算。

表 10.2.5　单位工程核查评分汇总

序号	工程部分＼评价项目	地基与基础工程	主体结构工程	屋面工程	装饰装修工程	安装工程	建筑节能工程	备注
1	性能检测							
2	质量记录							
3	允许偏差							
4	观感质量							
	合　计							

10.2.6　结构工程、单位工程质量评价结果可按表 10.2.6 填写。

表 10.2.6 单位工程（结构工程）质量评价结果

项目名称：

建设单位		勘察单位	
施工单位		设计单位	
监理单位			
工程概况			
工程评价			
评价结论			

建设单位意见 项目负责人： （公章） 年 月 日	施工单位意见 项目负责人： （公章） 年 月 日	监理单位意见 总监理工程师： （公章） 年 月 日

本标准用词说明

1 为便于在执行本标准条文时区别对待，对要求严格程度不同的用词说明如下：

1）表示很严格，非这样做不可的：

正面词采用"必须"，反面词采用"严禁"；

2）表示严格，在正常情况下均应这样做的：

正面词采用"应"，反面词采用"不应"或"不得"；

3）表示允许稍有选择，在条件许可时首先应这样做的：

正面词采用"宜"，反面词采用"不宜"；

4）表示有选择，在一定条件下可以这样做的，采用"可"。

2 条文中指明应按其他有关标准执行的写法为："应符合……的规定"或"应按……执行"。

引 用 标 准 名 录

1 《城镇燃气设计规范》GB 50028

2 《建筑工程施工质量验收统一标准》GB 50300

3 《家用燃气燃烧器具安装及验收规程》CJJ 12

4 《城镇燃气室内工程施工与质量验收规范》CJJ 94

中华人民共和国国家标准

建筑工程施工质量评价标准

GB/T 50375 - 2016

条 文 说 明

修 订 说 明

《建筑工程施工质量评价标准》GB/T 50375－2016，经住房和城乡建设部 2016 年 8 月 18 日以第 1253 号公告批准、发布。

本标准是在《建筑工程施工质量评价标准》GB/T 50375－2006 的基础上修订而成的。上一版的主编单位是中国建筑业协会工程建设质量监督分会，参编单位是北京市建设委员会、北京建工集团有限责任公司、上海市建设工程安全质量监督总站、中天建设集团、解放军工程质量监督总站、上海市建设工程质量检测中心、山西省建设工程质量监督管理总站、重庆市建设工程质量监督总站、北京城乡欣瑞建设有限责任公司、浙江省宁波市建设委员会、厦门中联建设有限公司、深圳市建设工程质量监督总站、广州市建设工程质量监督站、北京市远达建设监理有限责任公司、北京港源建筑装饰工程有限公司、浙江舜杰建筑集团股份公司。主要起草人员是吴松勤、张玉平、艾永祥、潘延平、彭尚银、张益堂、梁建民、唐民、贺昌元、杨南方、邱峯、朱亚光、景万、郑肃宁、袁欣平、张力君、邓颖康、侯兆欣、杨玉江、李兴元、张晓光、顾福林、刘宴山、许建青。

本标准修订过程中，编制组进行了大量调查研究，总结了实践经验，针对执行中的具体问题，丰富和完善了标准的内容。标准修订时与现行国家标准《建筑工程施工质量验收统一标准》GB 50300、《建筑地基基础工程施工质量验收规范》GB 50202、《砌体结构工程施工质量验收规范》GB 50203 等专业验收规范进行了协调。

为便于广大施工、监理、设计、科研、学校等单位有关人员在使用本标准时能正确理解和执行条文规定，本标准编制组按章、节、条顺序编制了本标准的条文说明，对条文规定的目的、依据以及执行中需注意的有关事项进行了说明。但是，本条文说明不具备与标准正文同等的法律效力，仅供使用者作为理解和把握标准规定的参考。

目　　次

1 总　则

1.0.1　现行建筑工程施工质量验收规范只规定了质量合格标准，因为工程质量关系着人民生命财产安全和社会稳定，达不到合格的工程就不能交付使用。但目前施工单位的管理水平、技术水平差距较大，有的企业在工程达到合格之后，为了提高企业的竞争力和企业的管理水平，还要将工程质量水平再提高。也有些建设单位根据本单位的情况，要求高水平的工程质量。本标准的编制就是为了给提高施工质量提供一个统一方法和标准。以增加建设单位与施工单位的协调性，增强施工单位之间创优良工程质量的可比性。同时为各省、市和有关协会创建优质工程提供一个评价基础，以便相互之间有一定的可比性。同时，也是激励创优机制，为优质工程优质优价提供条件，也是为推动工程质量整体水平提高创造条件。

评定优良工程的方法是在工程质量验收合格基础上进行，通过抽查核验其质量水平，来提高达到标准的符合率，更好地促进验收规范的贯彻落实。从结构安全、使用功能、建筑节能等综合效果的质量指标方面来评价。

1.0.2　本标准适用于建筑工程施工质量评价，在合格验收基础上评定优良工程。即按现行国家标准《建筑工程施工质量验收统一标准》GB 50300 及其配套的各专业工程质量验收规范验收合格的基础上进行优良工程质量评价。配套的现行国家标准专业工程质量验收规范包括：《建筑工程施工质量验收统一标准》GB 50300、《建筑地基基础工程施工质量验收规范》GB 50202、《砌体结构工程施工质量验收规范》GB 50203、《混凝土结构工程施工质量验收规范》GB 50204、《钢结构工程施工质量验收规范》GB 50205、《木结构工程施工质量验收规范》GB 50206、《屋面工程质量验收规范》GB 50207、《地下防水工程质量验收规范》GB 50208、《建筑地面工程施工质量验收规范》GB 50209、《建筑装饰装修工程质量验收规范》GB 50210、《建筑给水排水及采暖工程施工质量验收规范》GB 50242、《通风与空调工程施工质量验收规范》GB 50243、《建筑电气工程施工质量验收规范》GB 50303、《电梯工程施工质量验收规范》GB 50310、《智能建筑工程质量验收规范》GB 50339、《建筑节能工程施工质量验收规范》GB 50411。此外，燃气工程没有通用规范，按专用规范及相关规范引用，主要有：《城镇燃气设计规范》GB 50028、《家用燃气燃烧器具安装及验收规程》CJJ 12、《城镇燃气室内工程施工与质量验收规范》CJJ 94 等。

1.0.3　建筑工程施工质量评价，除执行本标准规定外，很多具体质量要求还应符合国家现行的有关标准的规定。

3 基 本 规 定

3.1 评 价 基 础

3.1.1 建筑工程施工质量评价，应实施质量目标管理，建立健全质量管理体系，从技术、管理、组织、协调等方面采取措施，来保证质量目标的实现。创优良工程要事前制定质量目标，明确质量责任，按照事前、事中、事后对工程质量全面管理和控制，通过管理能随时发现不足随时改正，包括工程质量和管理能力，体现企业保证能力和持续改进能力，有效提高实体工程质量。

3.1.2 根据工程的特点，强调工程质量管理的过程控制，重点对原材料、构配件、设备的质量控制；对施工工序的管理，针对工程实际，制定有效的施工操作措施、技术规程、专项方案，作为控制施工工序过程的控制手段和操作依据。工程质量验收，加强工程竣工检测，用科学的数据来说明工程质量，并对施工过程作出真实的记录，包括质量管理、质量控制、质量保证和质量验收记录等，作为工程质量验收评价的依据。

3.1.3 在工程质量验收中，突出检验批质量的验收，检验批是质量控制的关键，各检验批质量有了保证，整个工程质量就有保证。不符合要求的，可返工补救等都相对方便。现行国家标准《建筑工程施工质量验收统一标准》GB 50300 为了落实过程控制，规定检验批验收，首先施工单位要加强控制，工序施工做好施工记录，检验批检查评定要做好现场检查原始记录，然后再交监理单位验收，来落实施工单位质量控制责任。

3.1.4 施工质量评价是在按现行国家标准《建筑工程施工质量验收统一标准》GB 50300 及其配套标准验收合格的基础上，对结构安全、使用功能、建筑节能和观感质量等进行综合核查其施工质量水平，达到本标准优良工程标准的评定为优良。

3.1.5 施工质量评价可随着施工进度，在各分部、子分部工程完工验收合格后进行优良工程评价。应分别填写各部位、系统的评价表格。

3.2 评 价 体 系

3.2.1 工程质量评价按建筑工程的特点，根据其内容分为 6 个部分。

3.2.2 将 6 个评价部分在建筑工程中占的工作量大小及重要程度规定其权重，用评分的方法来评价工程总体质量情况，并列出各评价部分的权重表 3.2.2。

评价部分中有的包括内容较多，如主体结构工程，有混凝土结构、砌体结构、钢结构、钢管混凝土结构、型钢混凝土结构、铝合金结构和木结构等；安装工程有建筑给水排水及供暖工程、通风与空调工程、建筑电气工程、智能建筑工程、电梯工程和燃气工程等。其权重可按所占工作量大小及重要性来确定，且权重应为整数，以方便计算。

评价体系中，为了突出重点，只将常用的内容列出，对一些不常用的子分部工程没有列出。主体结构中的钢管混凝土结构、型钢混凝土结构、铝合金结构、木结构等。暂未列出评价内容，在实际评价中如有，可自行制定专项质量评价的内容进行评价。

3.2.3 每个评价部分由 4 个评价项目内容来评价各评价部分的质量情况。把每个评价部分的 4 个评价项目又分别给出了分值，来确定每个项目的质量情况。

3.2.4 每个评价项目所包括的具体核查内容，按其所占工作量大小及重要性，给出相应的分值，并对每一个具体检查内容分为两个档次进行评价。

3.2.5 规定了结构工程、单位工程两个评价阶段，只有结构工程评为优良工程，单位工程才能继续进行评价。结构工程、单位工程施工质量评价综合评分达到85 分及以上的建筑工程评为优良工程。因为是在评定合格的基础上评价，达不到规定的只能是合格工程。

3.3 评 价 方 法

3.3.1 规定了性能检测的评价方法。对主要性能检测项目进行抽查，有特殊情况的，在项目评价时具体说明，并按其评价。对每个评价内容的评价都分为两个档次，一档 100% 的得分率，二档 70% 的得分率。

3.3.2 规定了质量记录的评价方法。质量记录统一分为材料、设备合格证、进场验收记录、有要求的复试报告，施工记录，施工试验等三部分。对施工试验资料在性能检测项目中核查的，质量记录不再核查。

3.3.3 规定了允许偏差的评价方法。允许偏差只是抽查。

3.3.4 规定了观感质量的评价方法。在现行国家标准《建筑工程施工质量验收统一标准》GB 50300 及其相关配套的各专业系列质量验收规范规定"好"、"一般"的评定点基础上按"好"的点达到的比重来评价。

这里讲的评价方法，就是在具体项目评价中，没有特殊情况的按本规定执行，有特殊情况的，在具体条文中列出，按其具体条文评价。

本标准的评价是在质量验收合格的基础上进行抽查核查，不是全面逐条检查。

4　地基与基础工程质量评价

4.1　性　能　检　测

4.1.1　规定了地基与基础工程性能检测评价项目及评分表。性能检测代表了该分部的总体质量水平，是评价标准的重要部分。

4.1.2　规定了地基与基础工程性能检测评价方法。符合基本规定的按第 3.3.1 条评价，有自身特点的"桩身质量检验"、"防水效果检验"按其具体规定进行。

4.2　质　量　记　录

4.2.1　规定了地基与基础工程质量记录评价项目及评分表。本标准将质量记录归纳为材料合格证、进场验收记录及复试报告，施工记录，施工试验三个部分，来进行验收核查。

4.2.2　规定了地基与基础工程的质量记录的评价方法。各评价项目是按基本方法 3.3.2 条评价。

4.3　允　许　偏　差

4.3.1　规定了地基与基础工程的允许偏差评价项目及评价表。允许偏差不是全面核查，只是抽查可测到的一些项目，原则上就按表列出的项目检查。主要是体现施工操作的水平。

　　检查达到标准的符合率，对达不到标准允许值的按现行国家标准《建筑工程施工质量验收统一标准》GB 50300 及相关配套的各专业质量验收规范执行，规范没有明确规定时，其最大值宜控制在 1.5 倍的允许值内。

4.3.2　本条规定了地基与基础工程允许偏差的评价方法。

8　安装工程质量评价

8.6　燃　气　工　程

　　燃气工程在国家标准《建筑工程施工质量验收统一标准》GB 50300-2001 及配套验收规范的修订时，根据建设部的要求单独列为一个燃气工程质量验收的分部工程。在《建筑给水排水及采暖工程施工质量验收规范》GB 50242-2002

的发布批准通知建标〔2002〕62号文中，只将原《建筑采暖卫生与煤气工程质量检验评定标准》GBJ 302-88中关于"采暖卫生工程"部分同时废止，煤气工程没有废止。由于多种原因至今该质量验收规范尚未编制与其配套的质量验收规范。由于房屋建筑工程是一个整体质量，长期缺少燃气工程质量的验收标准，对整个房屋建筑质量的验收是不全面的。不少地区及企业提出，要求建设部尽快完善这一质量验收规范。但这个配套的质量验收规范目前还没有。我们标准编制组引用了专用标准，主要标准是原《建筑采暖卫生与煤气工程质量检验评定标准》GBJ 302-88中第五章室内煤气工程、第九章室外煤气工程的有关内容，及国家现行标准《城镇燃气设计规范》GB 50028、《城镇燃气室内工程施工与质量验收规范》CJJ 94、《家用燃气燃烧器具安装及验收规程》CJJ 12，综合编制了这个评价标准参考内容，供验收评价时参考使用。

燃气工程分部工程，按原《建筑采暖卫生与煤气工程质量检验评定标准》GBJ 302-88的规定，煤气分部工程有室内煤气管道安装工程、室外煤气管道安装工程、煤气调压装置安装工程3个分项工程。按行业标准《城镇燃气室内工程施工与质量验收规范》CJJ 94-2009的规定，是一个单独体系。其分部（子分部）、分项工程的划分如表1所示。

表1　燃气室内工程分部（子分部）、分项工程划分

分部（子分部）工程	分项工程
引入管安装	管道沟槽、管道连接、管道防腐、沟槽回填、管道设施防护、阴极保护系统安装与测试、调压装置安装
室内燃气管道安装	管道及管道附件安装、暗埋或暗封管道及其管道附件安装、支架安装、计量装置安装
设备安装	用气设备安装、通风设备安装
电气系统安装	报警系统安装、接地系统安装、防爆电气系统安装、自动控制系统安装

另外还有行业标准《家用燃气燃烧器具安装及验收规程》CJJ 12-2013，其没有明确划分验收项目，是分为基本条件检验和燃具安装检验两个表统一验收的。

综合了有关规范的要求，提出了推荐评价标准。

8.6.1　规定了燃气工程性能检测的项目及评分表

8.6.2　规定了燃气工程性能检测的评价方法。具体规定了4个方面的评价内容：①燃气管道强度、严密性试验；②燃气浓度检测报警器、自动切断阀和通风设施；③采暖、制冷、灶具熄火保护装置和排烟设施；④防雷、静电接地检测。

8.6.3　规定了燃气工程质量记录的项目及评分表。

8.6.4　规定了燃气工程质量记录的评价方法。燃气工程的质量记录，按行业标准《城镇燃气室内工程施工与质量验收规范》CJJ 94-2009做了调整。

8.6.5 规定了燃气工程允许偏差的项目及评分表。

8.6.6 规定了燃气工程允许偏差的评价方法。燃气工程的允许偏差，按行业标准《城镇燃气室内工程施工与质量验收规范》CJJ 94-2009 列出了允许偏差评价抽查内容。

8.6.7 规定了燃气工程观感质量的项目及评分表。

8.6.8 规定了燃气工程的观感质量的评价方法。燃气工程的观感质量也按行业标准《城镇燃气室内工程施工与质量验收规范》CJJ 94-2009 及《家用燃气燃烧器具安装及验收规程》CJJ 12-2013 列出了观感质量评价抽查内容。

10 施工质量综合评价

10.1 结构工程质量评价

10.1.1 建筑工程质量评价遵照现行国家标准《建筑工程施工质量验收统一标准》GB 50300 规定的检验批、分项工程、分部工程和单位工程的验收程序和组织进行。

10.1.2 规定了结构工程质量评价包括地基与基础工程和主体结构工程两个部分。

10.1.3 规定了结构工程质量核查评分的计算公式。

10.1.4 规定了结构工程中包括混凝土结构、钢结构和砌体结构三项内容。对钢管混凝土结构、型钢混凝土结构、铝合金结构、木结构，由于目前使用较少，暂未列出。

例：有一主体结构中有混凝土结构、钢结构及砌体结构三种结构的工程。其中混凝土结构工程量占 70%，钢结构工程量占 15%、砌体工程量占 15%，按本标准 3.2.2 条的规定，主体结构工程权重占 40%。当砌体结构为填充墙时，其权重为 10%，各项目的权重分配为混凝土工程占 30%，钢结构工程占 6%，砌体结构占 4%。

10.2 单位工程质量评价

10.2.1 规定了单位工程质量评价的内容，包括结构工程（地基与基础工程和主体结构工程）、屋面工程、装饰装修工程、安装工程及建筑节能工程。

10.2.2 规定了单位工程评价时，凡符合本条规定加分规定的直接加分，只限一次。

10.2.3 规定了单位工程质量核查评分的计算公式。

10.2.4　规定了安装工程中包括六项安装内容，其评价分值的分配方法。当安装项目不全有时可进行调整，权重仍为 20%，且各项应为整数，以方便计算。

10.2.5　提供了单位工程评价评分汇总表。可以分析评价单位工程质量水平、评价工程部位的质量水平。

10.2.6　规定了工程质量评价完后应分别出具结构工程、单位工程的评价结果，并提出评价表样表如表 10.2.6 所示。

　　工程概况：主要说明工程名称、性质、规模、结构形式、开工竣工时间、质量验收情况及特点等。

　　工程评价：主要说明本工程评价依据、评价方法、评价人员、评价过程、评价结果（分值）。

　　评价结论：主要明确该工程是否达到了优良工程。

　　按表中要求各单位签字、盖章。

参 考 文 献

[1] 中国对外承包工程商会. 国际工程承包实用手册. 北京：中国铁道出版社，2007.

[2] 施骞. 工程质量管理教程. 上海：同济大学出版社，2010.

[3] 中国建筑业协会. 中国工程项目管理知识体系. 北京：中国建筑工业出版社，2011.

[4] 中华人民共和国国家标准. 卓越绩效评价准则(GB/T 19580—2012). 北京：中国标准出版社，2012.

[5] International code council. 2012 International Building Code. U. S. A. International code council，2012.

[6] 对外承包商会. 国际工程总承包项目管理导则. 北京：中国建筑工业出版社，2013.

[7] 李君. 建设工程项目质量管理及案例. 北京：中国电力出版社，2013.

[8] 中华人民共和国住房和城乡建设部. 建设工程施工合同(示范文本)(GF－2013－0201). 北京：中华人民共和国住房城乡建设部，2013.

[9] 中国认证认可协会. 质量管理体系审核员 2015 版标准转换培训教材. 北京：中国标准出版社，2015.

[10] 中华人民共和国国家标准. 质量管理体系　要求(GB/T 19001—2016). 北京：中国标准出版社，2016.

[11] 李君. 建设工程总承包项目管理实务. 北京：中国电力出版社，2017.

[12] 中华人民共和国国家标准. 工程建设施工企业质量管理规范(GB/T 50430—2017). 北京：中国建筑工业出版社，2017.

[13] 中华人民共和国国家标准. 建设工程项目管理规范(GB/T 50326—2017). 北京：中国建筑工业出版社，2017.

[14] 中华人民共和国国家标准. 建设项目工程总承包管理规范(GB/T 50358—2017). 北京：中国建筑工业出版社，2017.